Rolf Morrien | Judith Engst

BÖRSE

LEICHT VERSTÄNDLICH

Von der Depot-Eröffnung zum optimalen Depot

FBV

Bibliografische Information der Deutschen Nationalbibliothek
Die Deutsche Nationalbibliothek verzeichnet diese Publikation in der Deutschen Nationalbibliografie;
detaillierte bibliografische Daten sind im Internet über **http://d-nb.de** abrufbar.

Für Fragen und Anregungen:
info@finanzbuchverlag.de

5., aktualisierte und überarbeitete Auflage 2015

© 2011 FinanzBuch Verlag,
ein Imprint der Münchner Verlagsgruppe GmbH
Nymphenburger Straße 86
D-80636 München
Tel.: 089 651285-0
Fax: 089 652096

Satz: HJR, Manfred Zech, Landsberg am Lech
Druck: CPI books GmbH, Leck

ISBN Print 978-3-89879-630-9
ISBN E-Book (PDF) 978-3-86248-215-3
ISBN E-Book (EPUB, Mobi) 978-3-86248-312-9

Weitere Informationen zum Verlag finden Sie unter
www.finanzbuchverlag.de
Beachten Sie auch unsere weiteren Verlage unter
www.muenchner-verlagsgruppe.de

Inhalt

Vorwort

Die Deutschen gelten als extrem sparfreudiges Volk. Allerdings wird recht einseitig gespart. Es dominiert der Wunsch nach Sicherheit. So lassen sich in Deutschland seit Jahrzehnten Lebensversicherungen mit den Werbeargumenten »Sicherheit« und »Absicherung« bestens verkaufen. Rein statistisch betrachtet besitzt jeder Deutsche, im Durchschnitt fast 1,5 Lebensversicherungen. In der Disziplin »Lebensversicherungsverträge pro Einwohner« liegt Deutschland seit vielen Jahren einsam an der Spitze. Die Versicherungskonzerne freuen sich Jahr für Jahr über Beitragszahlungen in Höhe zweistelliger Milliardenbeträge. Ebenfalls sehr beliebt sind andere Sparformen wie Bausparverträge oder Sparbücher. Mit dieser konservativen Anlagestrategie sind die Deutschen in den vergangenen Jahrzehnten auch relativ gut über die Runden gekommen.

Deutschland:
kein Land der Aktionäre. Warum eigentlich?

Mit »offensiveren« Sparformen hatten die Deutschen dagegen weniger Glück. Im Aktienboom rund um die Jahrtausendwende stieg die Zahl der Aktien- und Aktienfondsbesitzer fast explosionsartig von 5,6 auf 12,9 Millionen. Der folgende Kurseinbruch mit dem mehrjährigen Crash hat das Vertrauen in die Anlageform Aktie nachhaltig erschüttert. Selbst der relativ solide deutsche Leitindex DAX musste einen Rückschlag von über 8.000 auf 2.200 Punkte hinnehmen. Die Verluste im Börsensegment »Neuer Markt« waren noch viel höher. Wer eine »Volksaktie« wie die Deutsche Telekom für 100 Euro gekauft und dann kurze Zeit später für 10 Euro verkauft hat, wird erst einmal die Finger von Aktien lassen.

Der Niedergang der Aktienkultur begann also vor gut zwölf Jahren und dauert noch immer an. Die Zahl der Aktionäre und Aktienfonds-Besitzer ist von 12,9 (2001) über 10,8 (2005) bis auf 8,7 Millionen (2011) gesunken und konnte sich in der sehr guten Börsenphase 2012 /2013 nur leicht auf 8,9 Millionen erhöhen. Dies entspricht 13,8 Prozent der Bevölkerung über 14 Jahre. In England – traditionell ein »Börsenland« – besitzt fast jeder vierte Einwohner Aktien oder Aktienfonds. Quoten über 20 Prozent werden aber nicht nur im angelsächsischen Bereich erreicht. In Schweden besitzt jeder vierte Einwohner Aktien – und Schweden ist nicht als »Zockerland« bekannt.

Die Zurückhaltung der deutschen Sparer hat natürlich auch Folgen bei den Besitzverhältnissen. Vor zehn Jahren kontrollierten heimische Anleger rund zwei Drittel der DAX-Aktien. Heute sind es weniger als die Hälfte. Die Mehrheit ist in der Hand ausländischer Investoren.

Für den Aktienmarkt spielt es keine große Rolle, woher das Kapital stammt. Die großen Mittelzuflüsse aus dem Ausland haben dazu geführt, dass der DAX im Jahr 2014 ein neues Allzeithoch erreichen konnte. Die deutschen Anleger haben vom Aufschwung jedoch kaum profitiert – sie haben den Aktienmarkt vorher verlassen. Angesichts der großen Herausforderungen im Bereich der privaten Altersvorsorge wahrscheinlich die falsche Entscheidung.

Mehrere Gründe sprechen dafür, dass die traditionell konservative Anlagestrategie nicht mehr zu den Herausforderungen des 21. Jahrhunderts passt. Exemplarisch möchten wir nur zwei Punkte nennen: das strukturell niedrige Zinsniveau und die demografische Entwicklung, die eine Versorgungslücke auslöst.

Niedrige Zinsen heißt: Lebensversicherungen werfen kaum mehr etwas ab

Nach der Pleite der US-Bank Lehman Brothers im Herbst 2008 wurde in einer Panikreaktion weltweit Kapital aus dem Markt gezogen. Cash war König! Da plötzlich das »Schmiermittel« für die Weltwirtschaft fehlte, senkten die Notenbanken weltweit die Zinsen, um schnell wieder Geld verfügbar zu machen. In den wichtigen Wirtschaftsregionen USA, Europa und Japan liegen die Leitzinsen noch heute – ca. 7 Jahre nach der Lehman-Pleite – bei 0 bis 1 Prozent.

Die Flucht in sichere Anlageformen und das niedrige Zinsniveau sorgten dafür, dass die Durchschnittsrendite der deutschen Staatsanleihen im Frühjahr 2014 bei unter 1 Prozent sank – ein historisches Tief. Noch niedriger sind die Renditen, wenn das Geld nur kurzfristig angelegt werden soll. Wer im Jahr 2014 sein Geld relativ sicher beim Bund parken wollte und in kurzlaufende Bundespapiere investierte, musste zeitweise sogar negative Renditen hinnehmen – hat also dafür bezahlt, Geld beim Staat parken zu dürfen.

Diese Zinspolitik hat Auswirkungen auf die Lebensversicherungen. Denn die legen ihr Geld natürlich auch am Kapitalmarkt an. Die Renditen bei Kapitallebensversicherungen werden weiter sinken. Der ausgewiesene Garantiezins ist von 4,00 Prozent im Jahr 2000 auf nur noch 1,75 Prozent im Jahr 2014 gesunken und wird ab Januar 2015 noch weiter auf 1,25% gekürzt. Der Trend geht weiter. Der Grund ist einfach: Fast 90 Prozent der über 700 Mrd. Euro, die die Lebensversicherungen für ihre Kunden anlegen, stecken in festverzinslichen Wertpapieren (auf die Details gehen wir in einem späteren Kapitel ein). Wenn diese Anleihen aber nur 0 bis 3 Prozent Rendite abwerfen, kann die Gesamtrendite nicht bei über 3 Prozent liegen. Schließlich fallen auch noch Verwaltungskosten an, und die Eigentümer der Versicherungskonzerne wollen auch noch bedient werden (die Aktionäre der Allianz erhalten zum Beispiel eine attraktive Dividende).

Da eine kurzfristige Zinswende nicht in Sicht ist, werden die Durchschnittsrenditen der Versicherungen voraussichtlich weiter fallen. Die Frage lautet: Welche Neukunden investieren dann noch in Lebensversicherungen? Noch trösten die Versicherungskonzerne ihre Kunden damit, dass das Zinstief bald überwunden wird. Doch die Hoffnung trügt. Eine radikale Zinserhöhung ist dauerhaft nicht in Sicht. Sie müssen nur die Zinsentwicklung im weltweit wichtigsten Markt – den USA – seit 1980 betrachten. In der Tendenz sinkt das Zinsniveau seit über 30 Jahren!

1980 hat die amerikanische Notenbank die letzte große Schlacht gegen die Inflation geschlagen. Die Zinsen stiegen in den zweistelligen Bereich. Die Renditen der fünfjährigen US-Staatsanleihen kletterten auf 12 bis 16 Prozent. 1990 lag die Rendite noch bei rund 8 Prozent, im Jahr 2000 bei 6 Prozent, 2010 bei rund 3 Prozent und seit 2012 bei unter 1 Prozent. Es gibt immer wieder Schwankungen, aber die langfristige Tendenz zeigt eindeutig nach unten.

Wenn Sie eine Erklärung dafür suchen, müssen Sie nur auf eine einzige Statistik schauen: die Staatsverschuldung. Seit der Aufhebung des Goldstandards (der Bindung des Dollars an Gold) Anfang der 70er-Jahre steigt die Verschuldung in den USA. Erst langsam, dann immer schneller. Seit Ausbruch der Finanzkrise kann das Tempo nur noch als rasant bezeichnet werden. Die US-Staatsverschuldung erreicht 2014 einen Rekordwert von rund 18 Billionen Dollar. Kombinieren Sie jetzt einfach die beiden Statistiken: Würden die Zinsen in den USA auf das Niveau von 1980 steigen, müssten die USA pro Jahr über 2 Billionen Dollar Zinsen zahlen. Eine utopische Zahl.

Daher unsere Schlussfolgerung: Da die formal mehr oder weniger unabhängigen Notenbanken die Schuldenproblematik kennen, werden sie das Zinsniveau so niedrig wie möglich halten, damit die Zinslast noch zu schultern ist. Wenn die Konjunktur wieder gut läuft, wird es Zinserhöhungen geben, diese werden aber deutlich geringer ausfallen als in früheren Aufschwungphasen. In schwachen Konjunkturphasen wird das Zinsniveau dagegen möglichst lange im Bereich von 0 bis 1 Prozent gehalten, damit nicht zusätzlicher Druck auf die ohnehin katastrophalen Staatsfinanzen entsteht.

Fazit: Das Zinsniveau sinkt in der Tendenz. Das ist Gift für die konservativ agierenden deutschen Lebensversicherungen, die vorwiegend in Staatsanleihen investieren (wobei die Frage erlaubt sein muss, ob Staatsanleihen angesichts der Schuldenkrise in den USA, in der EU oder in Japan noch als »konservativ« gelten können).

Je länger das aktuelle Zinstief anhält, desto größer ist die Gefahr, dass es in der Versicherungsbranche zu Turbulenzen kommt. Es ist ein offenes Geheimnis, dass einige Versicherungen schon jetzt von den Reserven leben – diese sind aber endlich. Die Lebensversicherungen verlieren an Attraktivität. Es wird eine Marktbereinigung geben. Die Folgen für die Besitzer der Policen sind offen. Laufende Verträge sollten nicht voreilig gekündigt werden, aber »frisches« Kapital kann strategisch sinnvoller angelegt werden.

Auch für konservative Sparer gilt daher: Legen Sie Ihr Geld an der Börse an. In diesem Buch erfahren Sie, welche Möglichkeiten es gibt, das Geld an der Börse zu investieren, um die Rendite-Chancen zu optimieren. Das Spektrum ist riesig und reicht von Aktien, Fonds, Discount-Zertifikaten über Wandelanleihen bis hin zu Gold als »Notgroschen« in der Krise.

Die private Altersvorsorge wird zu einem »Muss«

Die demografische Entwicklung sorgt dafür, dass wir immer länger arbeiten müssen. Das Schlagwort »Rente mit 67« ist leider nur der Anfang. Wenn Sie wissen wollen, wohin der Trend geht, lohnt sich ein Blick nach Skandinavien. Dort wird oft etwas sachlicher und weitblickender über staatliche Reformen diskutiert. In Dänemark ist bereits eine radikale Rentenform umgesetzt worden. Der neue Ansatz: Langfristig soll der Gesetzgeber nicht mehr willkürlich alle paar Jahre ein Renteneintrittsalter festlegen, sondern eine automatische Anpassung an die Lebenserwartung einbauen. Als Faustformel gilt: Die Rentendauer soll durchschnittlich bei 15 Jahren liegen. Eine solche Bezugsdauer der Rente verträgt das Sozialsystem. Das hört sich harmlos an, hat aber gravierende Auswirkungen. Aktuell liegt die Lebenserwartung der Dänen bei 82 Jahren. Das Renteneintrittsalter musste daher von 65 auf 67 Jahre erhöht werden.

Das große Aber: Die durchschnittliche Lebenserwartung steigt seit vielen Jahrzehnten und wird voraussichtlich auch in den nächsten Jahrzehnten weiter steigen. In Dänemark liegt die Prognose für das Jahr 2030 bei einer Lebenserwartung von 86 Jahren. Das Renteneintrittsalter würde dann automatisch auf 71 Jahre steigen. Und das ist nur die »vorsichtige« Prognose. Andere Wissenschaftler rechnen mit einer Lebenserwartung von 89 Jahren. Laut Formel müsste das

Renteneintrittsalter dann auf 74 Jahre erhöht werden. Über die Zuverlässigkeit solcher Prognosen brauchen wir an dieser Stelle erst gar nicht diskutieren. Eines ist aber klar: Wir müssen immer länger arbeiten. Die Zahl »67« wird auch in Deutschland nicht die letzte Zahl sein.

Da der Rentenbeginn mit 67 für viele Menschen nur eine theoretische Zahl ist, muss diese Reform übersetzt werden: Es geht schlicht und einfach um die Kürzung der Rentenansprüche. Wer zukünftig nicht bis ins hohe Alter arbeiten kann oder will, muss deutliche Abschläge hinnehmen. Die Auswirkungen sind unterschiedlich: Das Problem der Altersarmut wird zunehmen. Gleichzeitig werden viele Menschen, die von einem relativ hohen Lebensstandard träumen, große Abstriche vornehmen müssen.

Der einzige Ausweg: Wer die finanziellen Mittel hat, muss (!) sparen. Die private Altersvorsorge wird zur Pflicht. Auch in diesem Fall bietet die Börse Antworten auf das Problem. Bei der privaten Altersvorsorge mit Aktien und Fonds darf es natürlich nicht um »Zockerei« gehen. Gefragt sind Strategien, die über Jahrzehnte halten und einen gezielten, strategischen Vermögensaufbau ermöglichen. Dafür reichen oft schon erstaunlich kleine Summen pro Monat. Wer über zehn oder 20 Jahre einen monatlichen Fonds-Sparplan »füttert«, kann so das Fundament für die private Altersvorsorge legen.

Wie Sie die passende Depot-Bank finden, ein Depot eröffnen, einen Sparplan einrichten und die spätere Steuerbelastung berechnen (auch das leidige Thema Steuern darf nicht verschwiegen werden), erfahren Sie in diesem Buch.

Wer sich nicht auf Fondsmanager verlassen will, sondern in Eigenregie die attraktivsten Substanzaktien für ein Langfrist-Depot aussuchen will, wird in diesem Buch ebenfalls fündig werden. Wir erklären Ihnen den Unterschied zwischen zyklischen und nicht zyklischen Branchen, aber auch ganz praktisch die besten Auswahlkriterien. Damit Sie nach dem Kauf der Aktien auch die Geschäftsberichte lesen und verstehen können, finden Sie hier die Schlüsselbegriffe wir

EBIT, Cashflow, Gewinn je Aktie oder auch Eigenkapitalquote mit der passenden Erklärung.

Wenn Sie nach der Lektüre wissen, wie Sie Ihr Depot eröffnen, die für Sie passende Anlageklasse finden und das Depot regelmäßig optimieren, haben wir unser Ziel erreicht.

Judith Engst   Rolf Morrien
Finanz- und   Chefredakteur
Wirtschaftsjournalistin   »Der Depot-Optimierer« und
                                     »Morriens Einsteiger-Depot«

Praktisches Börsenwissen:
die Grundlagen

Was ist eine Börse?

Eine Börse ist zunächst einmal ein Handelsplatz. Stellen Sie sich
das Ganze vor wie einen Wochenmarkt: Sie gehen hin und kaufen
dort Obst, Gemüse, Fleisch und Käse ein. Fragt sich natürlich, welche Preise Sie dafür zahlen. Die Preise richten sich nach Angebot
und Nachfrage. Wenn der Käsehändler von seinen Kunden bestürmt
wird, weil er so leckeren französischen Camembert anbietet, dann
kann er seine Preise erhöhen und wird seinen Camembert trotzdem
los. Will aber kein Mensch seinen langweiligen dänischen Butterkäse
kaufen, muss er mit dem Preis wohl oder übel heruntergehen. Vielleicht finden sich dann ein paar Interessenten. Sie merken: Die Preise hängen vom Angebot und von der Nachfrage ab. Das ist auf einem
Wochenmarkt nicht anders als an einer Börse.

Worin unterscheiden sich dann aber Wochenmarkt und Börse?
Ganz einfach – in den Dingen, die gehandelt werden. An einer Börse kaufen Sie keine echten Waren, die Sie essen, trinken oder anzie-
hen können. Sie kaufen lediglich verbriefte Rechte. Was heißt nun
das schon wieder? Früher kaufte ein Investor an der Börse bedruckte
Zettel – sogenannte Aktien. Diese Zettel verbrieften, dass der Investor mit dem Kauf Miteigentümer eines bestimmten Unternehmens
geworden war. Das hieß aber noch lange nicht, dass er einfach in die
Lagerhalle des Unternehmens spazieren und sich nach Herzenslust
an den dort gelagerten Produkten bedienen konnte. Als Miteigentümer hatte er allerdings das Recht, zusammen mit den anderen Aktionären indirekt über die Besetzung der Chefetage zu bestimmen. Und
er durfte auch erwarten, am Gewinn des Unternehmens beteiligt zu

werden. Waren die Gewinnaussichten gut (oder glaubten die Börsianer das zumindest), stieg die Nachfrage und damit der Aktienkurs – also der Preis für die Aktie. Munkelte man etwas über bevorstehende Verluste, dann fiel der Kurs. Aber dazu kommen wir später noch. Bleiben wir erst mal noch bei der typischen Handelsware der Börsen, wie wir sie kennen.

Heute werden keine bedruckten Zettel mehr ausgetauscht, sondern alles funktioniert elektronisch. Die eigentliche Handelsware an den Börsen dieser Welt ist jedoch geblieben: Verbriefungen. Oder man könnte auch ganz einfach sagen: Wertpapiere.

- Aktien verbriefen das Miteigentum an einem Unternehmen.
- Anleihen verbriefen das Recht, geliehenes Geld mitsamt Zinsen zurückgezahlt zu bekommen.
- Fondsanteile verbriefen das Recht auf genau das Gemisch von Gütern oder Wertpapieren, in die der Fonds investiert hat.

Börsen, wie wir sie heute kennen, entstanden im 19. Jahrhundert. Für (angehende) Unternehmer waren sie der ideale Platz, um Geld für ihre geplanten Projekte einzusammeln. Im Gegenzug beteiligten sie ihre Geldgeber an ihren Unternehmen. Das geschah, indem sie ihre Unternehmen »Aktiengesellschaften« nannten und die Unternehmensanteile als Aktien verkauften. De facto sind Börsen riesige Umverteilungsplätze für Geld. Wer Geld hat, sucht an der Börse nach Möglichkeiten, es möglichst gewinnbringend zu investieren. Das Investieren geschieht durch den Kauf von Wertpapieren. Wer Geld braucht, bringt entsprechende Wertpapiere heraus (»emittieren« nennt sich das in der Fachsprache) oder verkauft Wertpapiere aus seinen Beständen. Das ist im Prinzip alles, was Sie wissen müssen.

Der Tulpenwahn:
Wie die Verbriefung erfunden wurde

Wie kommt man auf die verrückte Idee, statt mit Waren nur noch mit Zetteln zu handeln? Erfunden wurde das Ganze im 16. Jahrhundert in Holland. Dort hatten die Menschen Gefallen an einer

Blume gefunden, die damals noch ausgesprochen selten und kostbar war: an der Tulpe. Es galt als schick, seinen Garten mit diesen wunderbaren Blumen zu schmücken. Also stiegen die Preise für Tulpen immer mehr. Und nicht nur für irgendwelche Tulpen – nein! Besonders begehrt waren gefleckte und geflammte Tulpen (nebenbei bemerkt: Für dieses geflammte Aussehen war ein Pflanzenvirus verantwortlich, das Mosaikvirus. Aber das wusste damals noch niemand!). Wenn Sie in die Bildersuche bei Google einmal den Namen »Semper Augustus« eingeben, sehen Sie, welche Tulpensorte damals ganz groß in Mode war. Die »immer Erhabene« war das, was heute vielleicht einer Luxusvilla oder einem Ferrari gleichkommt. Reiche Kaufleute waren bereit, für solche Tulpen ein Vermögen auszugeben!

Das aber rief Spekulanten auf den Plan, Menschen, die nie vorhatten, eine solche Tulpe je in ihrem Garten blühen zu sehen. Sie schalteten sich als Zwischenhändler ein mit dem Ziel, die gekauften Tulpen möglichst gewinnbringend weiterverkaufen zu können. Vielleicht haben Sie gestutzt, als Sie das Wort »Tulpen« lasen. Denn gehandelt wurde natürlich nicht mit den blühenden Exemplaren, sondern mit Tulpenzwiebeln. Man kaufte buchstäblich die Katze im Sack. Ob sich aus einer gekauften Tulpenzwiebel wirklich eine der begehrten Semper-Augustus-Tulpen mit Flammenmuster entwickeln würde, war völlig offen. Trotzdem gaben inzwischen nicht nur die Kaufleute, sondern auch die Spekulanten Unsummen für Tulpenzwiebeln aus. Und nicht nur für Tulpenzwiebeln.

In der Spätphase des Tulpenwahns sahen sich die Tulpenzüchter einem wahren Run ausgesetzt: Sie konnten gar nicht so viele Zwiebeln liefern, wie bestellt waren. Außerdem dauert es eben eine Weile, bis eine Tulpenpflanze wieder neue Zwiebeln bildet. So lange wollte aber niemand warten. Also ließen sich die Spekulanten und Händler schriftlich zusichern, dass sie später eine Zwiebel bekommen würden, sobald sie endlich wieder erhältlich war. Die Verbriefung war erfunden und zugleich der erste Terminkontrakt. Denn die Ware (die Tulpenzwiebel) konnte nicht sofort geliefert werden, sondern erst später – eben auf Termin.

Es kam, wie es kommen musste. Irgendwann platzte die Spekulationsblase. Auf einer Börse zögerten die Händler plötzlich, neue Höchstpreise für die dargebotenen Zwiebeln oder Bezugsrechte zu zahlen. Es blieb allerdings nicht beim Zögern. Die Zweifel am tatsächlichen Wert der Tulpen wirkten ansteckend und lösten einen Verkaufswahn sondergleichen aus. Jeder wollte seine Tulpen noch schnell loswerden, solange sie wenigstens noch einen gewissen Wert hatten. Wie ein Spuk war die Tulpeneuphorie schlagartig zu Ende. Sie hinterließ viele bettelarme Händler und Spekulanten, die sich in ihrer Geldgier um ihr ganzes Erspartes gebracht hatten und ein komplettes Jahreseinkommen in Tulpenzwiebeln investiert hatten. Die hübschen Blumen sind den Niederlanden aber geblieben: Der Schlager »Tulpen aus Amsterdam« bezeugt dies.

Spekulationsblasen:
eine ständige Gefahr fürs Geld

Das schnelle Geld machen – das ist heute noch der Traum vieler Menschen, und die Börsen dieser Welt scheinen ihn zu erfüllen. Ein Wertpapier kaufen, warten, bis sein Kurs rasant gestiegen ist, es dann zu Höchstpreisen wieder zu verkaufen – was für ein schöner Traum! Und tatsächlich blieb der Tulpenwahn des 16. Jahrhunderts nicht die einzige Entgleisung dieser Art. Unzählige Spekulationsblasen gab es seitdem, und sie alle hatten eines gemeinsam: Sie platzten – genau wie der Traum vom schnellen Geld. Auf einen Schlag reich zu werden, ist auch an der Börse die Ausnahme und nicht die Regel.

Erinnern Sie sich noch an die Euphorie, mit der nach der Wende in Deutschland Immobilien im Osten verkauft wurden? Anlageberater priesen Ostimmobilien an wie warme Semmeln. Der Staat unterstützte den Kauf sogar noch mit Steuervorteilen. Und der gut verdienende Wessi war immer offen für neue Ideen, Geld steuersparend und vermeintlich gewinnbringend anzulegen. Er kaufte diese Immobilien mit einer erschreckenden Gutgläubigkeit. Dabei ging es teilweise ähnlich zu wie mit den Tulpenzwiebeln in Holland: Viele Immobilien wechselten unbesichtigt ihren Besitzer, um sich später als unvermietbarer und erst recht unverkäuflicher Schrott herzustellen. Das Wort »Schrottimmobilien« wurde nach dem Platzen dieser Spekulationsblase erfunden. Unzählige Deutsche hatten ihr Geld in wertlosen Immobilien-Investments versenkt.

Und noch eine Spekulationsblase kommt Ihnen sicherlich bekannt vor: Haben Sie miterlebt, wie in den späten 90er-Jahren für jede noch so kleine Internetklitsche Mondpreise bezahlt wurden? Haben Sie damals mit großen, runden Augen verfolgt, wie die Kurse immer neue Rekorde erreichten? Und das, obwohl kaum eines der begehrten Unternehmen je Gewinne schrieb. Im Gegenteil: Die meisten steckten tief in den roten Zahlen. Haben Sie den Aufstieg und späteren Fall der Telekom-Aktie, Deutschlands Volksaktie, erlebt? Alle kauften sie für bis zu 100 Euro, schienen doch die Verdienstmöglichkeiten am Markt der Telekommunikation geradezu unendlich. Heute wissen wir: So einfach ist das selbst auf dem Telekommunikationsmarkt nicht, denn die Konkurrenz schläft nicht. Der Kurs der Telekom-Aktie dümpelt immer noch zwischen 10 und 15 Euro herum. Und viele Internetbutzen hielten auch nicht, was sie versprachen, sondern gingen pleite. Eine Menge Geld von gutgläubigen Aktionären löste sich beim Platzen der Dotcom-Blase buchstäblich in Luft auf. Manch ein Erstaktionär fiel damit voll auf die Nase und wollte anschließend von Aktien nichts mehr wissen.

Die letzte große Spekulationsblase steckt uns allen noch in den Knochen: die Subprime-Krise. Diesmal waren es weniger die Privatleute, die sich verspekuliert hatten, sondern vielmehr die Banken. Sie kauften Kredite von amerikanischen Häuslebauern auf. Von Häuslebauern, die sich eigentlich gar keine eigene Immobilie leisten konnten. Deren Kredite waren in Millionen von Wertpapieren zerstückelt worden. Manche Versicherer hatten darüber hinaus noch Versicherungen gegen den Kreditausfall herausgebracht (Credit Default Swaps) und die Risiken, ebenfalls in Wertpapiere zerstückelt, am Kapitalmarkt verkauft. Das Ganze war so kompliziert aufgebaut, dass sich jeder in der Sicherheit wiegte, todsichere Anleihen zu besitzen, die sich zudem überdurchschnittlich gut verzinsten. Bis auch hier die Blase platzte. Spätestens, als die US-Investmentbank Lehman Brothers im September 2008 pleiteging, war klar: Unglaublich viele Banken hatten hochgiftige Wertpapiere in ihren Depots. Wertpapiere, die sie leicht um ihre gesamte Existenz bringen konnten. Die Gier der Banker hatte wieder mal eine Blase entstehen lassen, die mit einem lauten Knall geplatzt war.

Aber passiert das nicht zwangsläufig, wenn man an der Börse agiert und mit Wertpapieren handelt? Sind dann Spekulationsblasen und Verluste nicht geradezu vorprogrammiert? Das ist zweifellos so. Doch daraus sollten Sie nicht die Konsequenz ziehen, doch besser die Finger von Börsen-Investments zu lassen.

Nicht die Börse ist gefährlich, sondern Gier und Angst

Sie haben gesehen, wohin Spekulationsblasen führen. Davor kann man als Anleger nur gewarnt sein. Wir warnen Sie aber keineswegs vor dem Entschluss, Ihr Geld an die Börse zu tragen. Denn wer langfristig investiert, dem können auch zwischenzeitliche Verluste nichts anhaben.

Mit anderen Worten: Die Gier ist gefährlich. Die Spekulationsblasen der vergangenen Jahrhunderte haben gezeigt: Wer zu gierig war, wer das eigene Hirn ausschaltete, einer Masseneuphorie folgte und auf schnelle Gewinne setzte, erlitt herbe Verluste. Wer dagegen ruhig blieb, mit Weitsicht investierte, sich nicht vom Versprechen blenden ließ, das schnelle Geld zu machen, erwirtschaftete an der Börse genug Geld, dass es wunderbar für ein unbesorgtes Leben reichte. Das Deutsche Aktieninstitut hat errechnet: Wer langfristig in Aktien investiert, kann pro Jahr mit einer Durchschnittsrendite von 9 Prozent rechnen. So zumindest war es in der Vergangenheit. Was heißt das?

> **Doppelt so viel in gut acht Jahren**
>
> Eine Verzinsung von 9 Prozent pro Jahr bedeutet: Das investierte Geld verdoppelt sich innerhalb von gut acht Jahren. Aus 1.000 Euro werden in dieser Zeit also 2.000 Euro.

Aus Sicherheitsgründen empfehlen wir Ihnen aber, nicht nur in Aktien zu investieren. Ein bisschen Risikostreuung muss sein, und dazu gehören auch defensivere Wertpapiere wie beispielsweise Anleihen oder Fonds. In was genau Sie investieren können, dazu kommen wir später. Aber rechnen Sie mal damit, dass Sie trotzdem auch als sehr konservativer, risikoscheuer Anleger eine durchschnittliche Jahresrendite von 5 bis 6 Prozent erzielen können. Das heißt: Das investierte Geld verdoppelt sich etwa alle 12 bis 15 Jahre. Für einen soliden Vermögensaufbau reicht das. Die Börsenlegende Warren Buffett hat mit seinen Aktien-Investments seit den 60er-Jahren durchschnittliche Jahresrenditen von über 20 Prozent geschafft.

Übrigens: Genauso schlimm wie die Gier ist die Angst. Wer sein Geld stets anlegt nach dem Motto »Hauptsache, ich verliere nichts!«, steht am Schluss doch als Verlierer da. Überlegen Sie mal: Allenfalls 1 Prozent Zinsen bringt ein Spar- oder Tagesgeldkonto derzeit. Die jährliche Inflationsrate liegt jedoch selbst in einem wirtschaftlich relativ stabilen Land wie Deutschland regelmäßig bei über 2 Prozent. Das heißt: Wenn Sie Ihr Geld nur vermeintlich supersicher auf dem Sparkonto lagern, verlieren Sie unter dem Strich. Die Kaufkraft des Geldes schwindet. Also doch besser rentabler investieren. Das geht auch – und zwar an der Börse.

Vorüberlegungen zu Börsen-Investments

An der Börse gibt es immer wieder den Traum, automatisch zu gewinnen. Es wird alles ausgewertet, was man an der Börse auswerten kann: historische Kursverläufe (Charts), alte Datenreihen, Zukunftsprognosen der Analysten – überall werden Muster gesucht, die immer wieder auftauchen. Wird ein solches Muster gefunden, wird daraus eine Anlagestrategie gebastelt. Anschließend wird dieses Muster in ein Computerprogramm eingebaut. Per Mausklick können dann 1.000 Märkte auf einmal durchforstet werden. Wenn das einmal gefundene Muster wieder auftaucht, kann darauf an der Börse »gewettet« werden. Die Grundannahme lautet: Alles wiederholt sich im Laufe der Zeit – auch an der Börse.

Wir müssen Sie jedoch enttäuschen: Per Knopfdruck werden Sie nicht zum Börsenmillionär. Es gibt natürlich einige Handelsstrategien, die in der Vergangenheit gute Ergebnisse erzielt haben und mit hoher Wahrscheinlichkeit auch in der Zukunft hohe Gewinne bringen werden. Es gibt aber keine Gewinngarantie!

> **Fazit**
>
> Verlassen Sie sich nie ganz auf Computerprogramme und automatische Handelsstrategien. Bei einer erfolgreichen Geldanlage ist der menschliche Verstand gefragt.

Was uns die Börsengeschichte lehrt

Es klingt banal, aber einige der größten Börsenkrisen wurden dadurch ausgelöst, dass Menschen glaubten, ein selbst entwickeltes Computersystem sei unfehlbar. Unser Vorschlag: Diese Computerprogramme sollten »Ikarus« getauft werden. Wer hoch fliegt, stürzt tief.

LTCM-Krise:
Auch Nobelpreisträger können sich irren

Der Hedgefonds »Long-Term Capital Management« (LTCM) hat traurige Berühmtheit erlangt: Mit einer unschlagbaren Anlage-Strategie sollten Milliardengewinne erwirtschaftet werden. Bis zur ersten großen Krise hat das auch funktioniert – doch dann implodierte das System.

Die Mär von einer unschlagbaren Anlagestrategie

Der Hedgefonds LTCM wurde 1994 von einem ehemaligen Spitzenbanker gegründet. Zur Verstärkung holte er sich mit Robert C. Merton und Myron Samuel Scholes gleich zwei Nobelpreisträger der Wirtschaftswissenschaften in sein Team. Zusammen entwickelten sie eine Anlagestrategie, die fast unschlagbar schien. Da die Strategie in den ersten Jahren auch sehr erfolgreich funktionierte – und sicherlich auch aufgrund der sehr prominenten Namen – wurden die Risiken unterschätzt. Der Fonds konnte mit einem kleinen Eigenkapitalanteil mit riesigen Summen spekulieren (größtenteils auf Kredit). Sicherheiten wurden kaum verlangt. So konnte der Fonds 1,25 Billionen Dollar bewegen.

Doch dann kam 1998 die Russlandkrise. Plötzlich funktionierten die Märkte nicht mehr »rational« und »wie erwartet«. Da halfen auch die Modelle der Nobelpreisträger nicht mehr. Der Finanzmarkt stand plötzlich in Flammen. In einer bis dahin einmaligen Rettungsaktion versammelten sich die Vorsitzenden der großen internationalen Banken und schnürten ein Rettungspaket. Eine Finanzspritze in Milliardenhöhe verhinderte den Zusammenbruch der Märkte. Zusätzlich senkte die US-Notenbank die Zinsen, damit mehr Liquidität in den Markt fließen konnte. In letzter Sekunde wurde ein Finanzchaos verhindert.

Das Risiko ist immer dabei

Das Fazit: Die Köpfe hinter dem Fonds glaubten, eine risikolose Börsenstrategie gefunden zu haben. Da scheinbar kein Risiko bestand, konnte der Einsatz ohne Begrenzung mit Krediten gehebelt werden. Der Markt hat dann aber gezeigt: Es gibt keine risikolosen Börsenstrategien. Es ist zwar unwahrscheinlich, dass man von einem Blitz getroffen wird, aber es ist möglich. Dennoch: Der Lerneffekt war bei einigen Beteiligten gleich null. Nach der Fondsschließung gründeten sie direkt den nächsten Fonds. Diese Fonds hielten bis zur nächsten Finanzkrise. Offensichtlich eignete sich das Konzept nur für Schönwetterphasen an der Börse.

Die LTCM-Krise hätte als Warnung in die Geschichte der Finanzwelt eingehen können, aber der Glaube an das unschlagbare System lebte weiterhin. Ein kleines Spezialistenteam eines großen Finanzkonzerns glaubte, den Stein der Weisen gefunden zu haben. Das Ergebnis war ein unrühmlicher Weltrekord.

Die Massenvernichtungswaffe der Finanzmärkte hat bei AIG zugeschlagen

Eine spezielle Form der Kreditversicherung, Credit Default Swaps (CDS) genannt, gehörte über Jahre zu den am schnellsten wachsenden Finanzinstrumenten. Der vorläufige Höhepunkt wurde im Boom-Jahr 2007 erreicht. Der Nominalwert der CDS lag damals bei rund 60 Billionen Dollar (einige Schätzungen liegen noch deutlich höher). Zum Vergleich und zur Einordnung dieser gigantischen Zahl: Das weltweite Bruttoinlandsprodukt lag in diesen Jahren deutlich tiefer bei etwa 50 Billionen Dollar.

Versicherungskonzern holt sich freiwillig die Bombe ins Haus

Ein ganz großer Strippenzieher im CDS-Markt war der amerikanische Versicherungskonzern AIG – bis zur Finanzkrise der Weltmarktführer in dieser Branche. Die Versicherung fand das eigene Kerngeschäft etwas zu langweilig. Da passte es ganz gut, dass ein Finanzprofessor der berühmten Yale-Universität, Gary Gorton, Computerprogramme schrieb, die sichere Gewinne mit Kreditversicherungen – zum Beispiel auf US-Häuserkredite – versprachen. Über viele Jahre war das eine Gelddruckmaschine, die insgesamt 5 Milliarden Dollar Gewinn einbrachte. Joe Cassona, der diese Abteilung der Versicherung leitete, ist mit dieser Aussage in die Geschichtsbücher eingegangen: *Ohne kokett sein zu wollen, können wir kein Szenario erkennen, das realistisch erscheint, bei dem wir auch nur einen Dollar verlieren.*

In nur wenigen Jahren baute die Versicherung ein riesiges Geschäft mit CDS auf. Ein spezielles Computerprogramm soll für die Steuerung zuständig gewesen sein. In den Büchern von AIG sammelten sich schließlich CDS im Volumen von 400 bis 500 Milliarden Dollar.

100-Milliarden-Dollar-Verlust
dank »unfehlbarer« Computerprogramme

Kaum war die Finanzkrise ausgebrochen, wurde ein neuer Verlust-Weltrekord aufgestellt. Der traurige Rekordhalter: AIG. Vom 1. Januar 2008 bis zum 31. Dezember 2008 hat die Versicherung knapp 100 Milliarden Dollar verloren. Fast der gesamte Verlust wurde durch das oben beschriebene Computerprogramm verursacht.

Das Ende der Geschichte: Der ehemalige Weltmarktführer musste mit Staatsgeldern (besser gesagt Steuergeldern) gerettet werden. Der Staat wurde faktisch Herr im Haus und verkleinerte den Versicherungskonzern. Durch Spartenverkäufe sollen die Steuergelder gerettet werden.

Hilfsmittel nutzen – gesunden Menschenverstand nicht ausschalten

Diese beiden Beispiele zeigen, dass es kein perfektes Börsensystem gibt. Man muss immer damit rechnen, dass ein Ereignis eintritt, das im eigenen Handelssystem ausgeschlossen wurde. Daher unsere Empfehlung: Nutzen Sie die technischen Hilfsmittel, wenn Sie damit gut arbeiten können. Sie können historische Datenbanken für die Fundamentalanalyse anzapfen, mathematische Formeln einsetzen und Chart-Programme auswerten – vor dem Kauf einer Aktie, eines Fonds oder einer Option sollten Sie aber stets prüfen, ob der Deal auch plausibel ist. Verlassen Sie sich nie zu 100 Prozent auf die Technik.

Hinzu kommt: Begrenzen Sie den Kapitaleinsatz. Setzen Sie nicht alles auf eine Karte und spekulieren Sie niemals auf Kredit. Es gibt keine zu 100 Prozent sicheren Anlagestrategien. Investieren Sie das Geld an der Börse, das Sie drei, fünf oder noch besser zehn Jahre nicht zwingend brauchen. Wenn dann völlig überraschend der Markt in eine andere Richtung dreht, haben Sie noch die Chance, zeitlich auf eine Erholung zu setzen.

Spekulieren Sie nie auf Kredit

Wer dagegen mit dem Geld der Bank spekuliert, muss damit rechnen, dass die Bank den Hahn genau in der Krise zudreht und bestehende Schulden eintreiben will. Wenn Sie dann zu Notverkäufen gezwungen sind, werden Sie extrem ungünstige Verkaufskurse erwischen und den Verlust sogar noch vergrößern.

Fallen Sie nicht auf das Lockangebot einiger Depot-Banken herein, die in guten Zeiten sehr gern Geld für zusätzliche Börsengeschäfte verleihen (die Banken verdienen an den Transaktionskosten). Beim Praxistest mussten wir feststellen, dass einige Banken sehr offensiv mit dem Kredithebel werben. So ist es zum Beispiel Standard, dass neben dem Kontostand und dem Wert aller Depot-Positionen noch eine dritte Zahl steht: der zusätzlich verfügbare Finanzrahmen.

Nehmen wir folgendes Beispiel: Sie haben Ihr gesamtes verfügbares Kapital bereits investiert. Ihr Depot-Konto zeigt 0 Euro an, Ihr Aktien-Depot hat einen Wert von 100.000 Euro. Daneben steht die Angabe, dass Sie einen zusätzlichen Finanzrahmen haben. Die Bank stellt Ihnen 10 Prozent der Depot-Summe für Börsengeschäfte zur Verfügung. In diesem Fall also 10.000 Euro.

Hier lauern bereits zwei Fallen: Zum einen kassieren die Banken für diese Wertpapierkredite oft überdurchschnittlich hohe Zinsen. Sie laufen direkt in die Kostenfalle. Zum anderen – und das ist noch viel gefährlicher – droht eine selbstverschuldete Abwärtsspirale.

Angenommen, Ihr Wertpapier-Depot verliert in einer schwachen Börsenphase 20 Prozent an Wert. Ihr Depot hatte vorher einen Stand von 110.000 Euro (100.000 Euro alter Depot-Wert + Aktien für 10.000 Euro auf Kreditbasis). Nach dem 20-Prozent-Kursrückgang kosten die Aktien in Ihrem Depot nur noch 88.000 Euro. Genau dann schlägt die Bank zu. Da Ihr Kreditrahmen bei 10 Prozent der Depot-Summe liegt, dürften Sie nur einen Kredit in Höhe von 8.800 Euro in Anspruch nehmen. Sie haben sich aber 10.000 Euro geliehen.

Was macht die Bank? Sie verkauft eine Position, um einen Teil des Kredites tilgen zu können. Plötzlich mussten Sie mitten in der Korrekturphase eine Position gegen Ihren Willen zu schlechten Konditionen verkaufen. Und es geht noch weiter: Durch den Verkauf einer Position verringern sich wieder Ihr Depot-Wert und Ihr Kreditrahmen. So kann schon in einer leichten Korrekturphase eine Abwärtsspirale einsetzen und Ihre Verluste immer weiter vergrößern. Daher noch einmal die Warnung: Meiden Sie strikt Wertpapiergeschäfte auf Kreditbasis. Damit haben sich sogar schon Nobelpreisträger die Finger verbrannt.

Grundlagenwissen und kritisches Denken sind die Basis für Ihren Börsenerfolg

In diesem Kapitel haben Sie erfahren, dass es (leider) keinen automatischen Weg zum Börsenerfolg gibt. Börsenerfolg ist harte Arbeit. Damit Sie in der Lage sind, Börsen-Investments und speziell Aktien kritisch unter die Lupe zu nehmen und aussichtsreiche Werte zu finden, erfahren Sie, welche Wertpapiere infrage kommen und welche Auswahlkriterien hilfreich sein können.

Jetzt aber genug von Börsengeschichten, Spekulationsblasen, von den größten Anlegerfeinden Gier und Angst und von Geschichten, in denen Menschen mit vermeintlich unfehlbaren Handelsstrategien dann doch riesige Verluste produzierten. Jetzt geht's mitten in die Praxis. Um Wertpapiere an der Börse kaufen zu können, brauchen Sie zunächst ein Depot. Lesen Sie im nächsten Kapitel, wie Sie eines eröffnen. Im übernächsten Kapitel geht es dann darum, wie Sie Wertpapiere kaufen. Danach erfahren Sie eine Menge über die verschiedenen Wertpapiere, die Sie in Ihr Depot legen können. Und wie Sie sie vernünftig auswählen.

Die alten Hasen unter Ihnen können das nächste Kapitel überblättern. Ein Depot werden Sie wohl schon haben. Aber garantiert sind im übernächsten Kapitel – bei unserer Beschreibung, wie man Wertpapiere kauft oder verkauft – einige Tipps dabei, die Sie noch nicht kannten und mit denen Sie eine Menge Geld sparen.

Start ins Börsenleben: So eröffnen Sie ein Depot

Ein Depot ist eigentlich nichts anderes als ein Lager. Speziell bei Banken hat dieser Begriff aber eine besondere Bedeutung. »Gelagert« werden dort Wertpapiere, und zwar geordnet nach den Namen ihrer Inhaber. Früher wurden tatsächlich gedruckte Aktien in Depots gestapelt. Heute findet die Lagerung elektronisch statt. Wie kommen Sie als Privatanleger zu einem Depot? Indem Sie zu Ihrer Bank marschieren und eines eröffnen. Oder Sie sparen sich den Gang zur Bank und erledigen (fast) alles bequem von zu Hause aus. Denn diverse Broker, so der englische Name für Angestellte einer Depot-Bank, bieten ihre Dienste auch online und per Telefon an. Sie können also vom heimischen Rechner aus Wertpapiere kaufen oder verkaufen. Aber jetzt erst mal zur Wahl der richtigen Depot-Bank, für die oft auch das englische Wort »Broker« gebraucht wird.

Die richtige Depot-Bank finden

Es gibt in Deutschland zahlreiche Depot-Banken. Aus Kostengründen empfehlen wir Ihnen einen der günstigen Direkt-Broker. Da haben Sie zwar keine Filiale vor Ort. Dafür halten sich die Gebühren in Grenzen. Direkt-Broker sind beispielsweise:

- ING Diba (www.ing-diba.de)
- Comdirect (www.comdirekt.de)
- Cortal Consors (www.cortalconsors.de)
- DAB (www.dab-bank.de)
- Sparkassen Broker (www.sbroker.de)
- Maxblue (www.maxblue.de)
- Onvista-Bank (www.onvista.de)
- Flatex (www.flatex.de)

Die Qual der Wahl

Welchen Broker sollten Sie nehmen? Da sich die Gebühren immer wieder ändern, können wir Ihnen hier nicht einfach den billigsten nennen. Unser Rat: Wählen Sie möglichst einen Broker, der keine Depot-Gebühren erhebt, also keine Grundgebühr dafür, dass er Ihre Wertpapiere lagert. Davon gibt es einige. Dann haben Sie zwei Möglichkeiten:

> ➤ Entweder Sie studieren minutiös die Preis- und Leistungsverzeichnisse der einzelnen Banken, die Sie im Internet finden. Sie vergraben sich tief ins Kleingedruckte und sind am Schluss auch nicht viel schlauer als vorher.

> ➤ Oder (und das ist unsere Empfehlung): Sie eröffnen einfach ein kostengünstiges Depot bei einem der oben genannten Broker und legen los mit den Wertpapierorders. Und irgendwann, wenn Sie mal viel Muße und Ruhe haben, telefonieren Sie die anderen Direkt-Broker ab, um zu fragen, was dort eine Wertpapierorder kostet und welche Gebühren sonst noch anfallen.

Ein Hilfsmittel bei der Broker-Wahl sind sicherlich die Testberichte von Finanztest oder sonstigen Verbrauchermagazinen. Welcher Broker für Sie der günstigste ist, lässt sich pauschal nicht sofort beantworten. Wenn Sie häufig Wertpapiere kaufen und verkaufen, wählen Sie einen, bei dem Sie möglichst günstige Orders aufgeben können. Wenn Sie Ihr Depot gerne durch Stop-Loss-Orders (siehe unten) absichern wollen, dann achten Sie darauf, dass der Broker kein Geld für laufende unausgeführte Orders oder für die Orderstreichung und -änderung berechnet. Wenn Sie viele Auslandsaktien und -fonds im Depot haben, wählen Sie nicht ausgerechnet einen Broker, der für jede Gutschrift von Dividenden und Erträgen aus dem Ausland eigens Gebühren berechnet. Aber wo die wahren Gebührenfresser sind, sehen Sie sowieso erst, wenn ein paar Monate ins Land gegangen sind. Prüfen Sie dann einmal nach, was die Depot-Bank Ihnen alles in Rechnung gestellt beziehungsweise von den laufenden Ausschüttungen (Dividenden, Zinsen) an Gebühren einbehalten hat.

Brokerwechsel jederzeit kostenfrei möglich

Wenn Sie einen billigeren Broker gefunden haben, wechseln Sie einfach. Das kostet keinen Cent. Der Broker darf für den Depot-Wechsel innerhalb Deutschlands überhaupt keine Gebühren erheben, hat der Bundesgerichtshof entschieden (Az.: XI ZR 200/03 und XI ZR 49/04). Der Grund: Die Wertpapiere sind Ihr Eigentum, und deshalb haben Sie einen Herausgabeanspruch gegen die Depot-Bank.

Eröffnungsantrag ausfüllen und abschicken

Ein Depot zu eröffnen, ist überhaupt nicht schwierig. Auf den Internetseiten des Brokers finden Sie einen Eröffnungsantrag. Den drucken Sie sich aus. Alternativ können Sie ihn auch telefonisch anfordern. Er wird Ihnen dann kostenfrei per Post zugeschickt. Haben Sie den Antrag vollständig ausgefüllt, schnappen Sie sich alle Unterlagen und Ihren Personalausweis oder Pass und gehen zur nächsten Filiale der Deutschen Post. Dort weisen Sie mit dem Post-Ident-Verfahren Ihre Identität nach. Das Formular dafür haben Sie zusammen mit dem Eröffnungsantrag ausgedruckt oder per Post vom betreffenden Broker erhalten.

Am Postschalter müssen Sie nur noch den Personalausweis vorzeigen und eine Unterschrift leisten. Den Rest erledigt der Postmitarbeiter. Er füllt das Post-Ident-Formular aus und schickt es dann zusammen mit den übrigen Eröffnungsunterlagen direkt an die Depot-Bank. Die Kosten dafür übernimmt üblicherweise die Depot-Bank. Es dauert einige Tage, dann bekommen Sie – ebenfalls postalisch – Bescheid, dass Ihr Depot jetzt eingerichtet wurde. Außerdem erhalten Sie – meist in mehreren Briefen – Ihre Zugangsdaten, also den Zugang zu Ihrem Online-Depot und ein Passwort für die Orderaufgabe per Fax oder Telefon.

Zu jedem Depot gehört ein Verrechnungskonto

Nicht wundern: Sie kriegen nicht nur ein Depot, sondern zugleich auch noch ein Konto bei der betreffenden Depot-Bank. »Warum denn das?«, werden Sie sich jetzt fragen. Ganz einfach: Dieses Konto ist ein sogenanntes Verrechnungskonto. Darüber laufen alle Wertpapierkäufe und -verkäufe, die Sie tätigen. Beim Kauf eines Wertpapiers wird der Kaufpreis mitsamt Ordergebühren dort abgebucht. Beim Verkauf werden Ihnen die Erlöse abzüglich der Ordergebühren auf dem Verrechnungskonto gutgeschrieben. Aber auch ohne Wertpapierorders ist das Verrechnungskonto wichtig: Denn dahin überweist die Depot-Bank Ihnen die Dividenden, Zinsen und sonstigen Erträge, die Ihre Wertpapiere laufend abwerfen. Sie werden feststellen: Im Laufe der Zeit kommt dabei eine ganze Menge zusammen.

Das Verrechnungskonto ist allerdings kein Girokonto. Das heißt, es sind nur wenige Verfügungen möglich: Meist können Sie vom Verrechnungskonto nur Überweisungen auf ein einziges anderes Konto vornehmen, das Sie vorher festlegen. Zum Beispiel auf Ihr Girokonto bei einer anderen Bank. Lastschriften, Scheckeinlösungen, Daueraufträge und Überweisungen an sonstige Empfänger sind in der Regel vom Verrechnungskonto aus nicht möglich. Aber das ist auch gut so. Denn auf diese Weise ist die Betrugsgefahr gering. Sollte ein Gauner sich je Ihre Zugangsdaten erschleichen, kann er sich dann nicht einfach Geld von Ihrem Verrechnungskonto holen.

Herzlichen Glückwunsch! Wenn Sie diese Schritte alle vollzogen haben, sind Sie jetzt stolzer Inhaber eines Wertpapier-Depots.

Freistellungsauftrag nicht vergessen

Eines sollten Sie im eigenen Interesse noch tun, bevor Sie loslegen: Füllen Sie einen **Freistellungsauftrag** aus. Denn normalerweise sind Kapitalerträge nicht steuerfrei, sondern unterliegen der Abgeltungssteuer in Höhe von 25 Prozent. Zusammen mit Solidaritätszuschlag und gegebenenfalls Kirchensteuer beläuft sich die Steuerbelastung auf bis zu 28 Prozent. Die Bank zieht die Steuern automatisch von Ihren Erträgen ab und leitet sie ans Finanzamt weiter. Aber eigentlich dürfen Sie laut Gesetz als Einzelperson immerhin 801 Euro pro Jahr steuerfrei einnehmen. Bei zusammen veranlagten Ehepaaren sind es sogar 1.602 Euro. Das nennt sich **Sparerpauschbetrag**.

Sie könnten sich die zu viel gezahlte Steuer zwar am Jahresende durch die Abgabe der Steuererklärung inklusive der Anlage KAP (Einkünfte aus Kapitalvermögen) wieder zurückholen. Viel einfacher ist es aber, Sie sorgen dafür, dass das Geld gar nicht erst einbehalten und an den Fiskus weitergeleitet wird. Das bewerkstelligen Sie mit einem **Freistellungsauftrag**. Die Bank hält die Formulare dazu bereit, meist finden Sie sie auch im Internet. Wenn Sie nur Ihr Depot und Verrechnungskonto zur Geldanlage haben, lassen Sie den vollen Sparerpauschbetrag von 801 beziehungsweise 1.602 Euro freistellen. Falls Sie bei einer anderen Bank noch ein Konto oder einen Sparvertrag haben, dann stellen Sie auch dort einen Freistellungsauftrag. Teilen Sie den Sparerpauschbetrag so auf, dass die voraussichtlichen Einkünfte bei jeder Bank möglichst voll ausgeschöpft werden.

So – jetzt sind alle Formalitäten erledigt, und Sie können mit dem Depot-Aufbau starten. Kommen wir gleich mal dazu, wie Sie Ihr Depot nun mit Wertpapieren füllen, sprich: wie Sie eine Wertpapierorder aufgeben.

Wertpapiere richtig kaufen

Wertpapiere werden in der Fachsprache nicht gekauft, sondern »geordert«. Das englische Wort »Order« heißt übersetzt »Anforderung«, »Anweisung« oder »Bestellung«. Interessanterweise heißt nicht nur der Kauf »Order«, sondern auch der Verkauf. Es gibt also zwei unterschiedliche Ordertypen, nämlich die **Kauforder** und die **Verkaufsorder**.

Geld für den Börsenstart

Die wichtigste Voraussetzung, um eine Kauforder aufzugeben, ist: Es muss dafür genug Geld auf dem Verrechnungskonto sein. Angenommen, Sie wollen für 3.000 Euro Aktien kaufen. Dann überweisen Sie erst mal von Ihrem Girokonto oder sonst irgendwoher die Summe von 3.000 Euro auf das Verrechnungskonto Ihres Depots.

Schritt für Schritt durch die Eingabemaske einer Wertpapierorder

Wer zum ersten Mal eine Wertpapierorder aufgibt, ist perplex: Ach du liebe Güte, das sieht aber kompliziert aus! Tatsächlich müssen Sie einige Eingaben machen, bevor die Depot-Bank für Sie das gewünschte Wertpapier kauft (oder verkauft). Aber keine Sorge: Mit der folgenden Anleitung kriegen Sie das spielend hin! Gehen wir einfach mal die ganze Ordermaske durch entsprechend den Eingaben, die üblicherweise verlangt werden.

WKN oder ISIN: Jedes Wertpapier hat eine eindeutige Nummer

Zu Beginn Ihrer Order müssen Sie definieren, was genau Sie kaufen wollen. Sie können beispielsweise nicht einfach eingeben »Siemens-

Aktien«, sondern für jedes Wertpapier, das an der Börse gehandelt wird, gibt es eine Nummer, mit der es sich eindeutig identifizieren lässt. Eigentlich sind es sogar zwei Nummern: Eine nationale und eine internationale. Bei deutschen Depot-Banken können Sie auswählen, welche Sie in die Ordermaske eingeben:

- Die nationale, in Deutschland gebräuchliche Nummer heißt treffend »**Wertpapierkennnummer**« und hat die Abkürzung **WKN**. Es handelt sich dabei um eine sechsstellige Kombination aus Ziffern und Buchstaben, manchmal auch um reine Zahlenkolonnen. Die Entsprechung in der Schweiz heißt übrigens »**Valorennummer**«.

- Die internationale Nummer hat den umständlichen Namen »**International Security Identification Number**«. Das kann sich aber kein Mensch merken. Deshalb spricht man abgekürzt meist nur von der **ISIN**. Die ISIN beginnt stets mit zwei Ziffern, die für das Land stehen, in dem das betreffende Wertpapier aufgelegt, also emittiert wurde. DE etwa steht für Deutschland, CH steht für Schweiz, NO steht für Norwegen, LU steht für Luxemburg und US für die USA. Anschließend folgen zehn Ziffern und/oder Buchstaben.

Wo finde ich WKN oder ISIN?

WKN oder ISIN finden Sie in jeder Anlegerpublikation, im Kursteil Ihrer Zeitung und auch auf Internet-Finanzportalen wie www.gevestor.de, www.handelsblatt.com oder www.finanzen.net. Sie geben einfach den Namen der Aktie oder Anleihe bei Ihrem Broker in eine Suchfunktion ein. Er sucht Ihnen dann die passende WKN oder ISIN heraus. Manchmal finden sich zu einer Aktie mehrere WKN- und ISIN-Angaben. Dann nehmen Sie üblicherweise die liquideste, das heißt, die am häufigsten gehandelte Aktie. Sie ist oft mit einem roten Punkt markiert oder sonst irgendwie hervorgehoben.

Beispiel: Die Aktie des DAX-Konzerns Siemens hat die WKN 723610 und die ISIN DE0007236101. Am Länderkürzel DE sehen Sie, dass es sich dabei um eine deutsche Aktie handelt.

Auch Anleihen, Optionsscheine, Zertifikate und Fonds haben jeweils eine eindeutige WKN oder ISIN. Sobald Sie die WKN oder

ISIN in Ihre Ordermaske eingeben, zeigt der Broker den Namen des betreffenden Wertpapiers an. Mit dieser Eingabe haben Sie exakt festgelegt, welches Wertpapier Sie wollen.

Stückzahl oder Nominalbetrag

Wie viele Aktien wollen Sie eigentlich kaufen? Am besten teilen Sie den Betrag, den Sie anlegen möchten, durch den aktuellen Kurs der Aktie, die davon gekauft werden soll. Das Ergebnis geben Sie – ohne Nachkommastellen – in das Feld ein, in dem nach der **Stückzahl** gefragt wird. Es kann aber sein, dass der Broker Ihnen sagt, dass das Geld dafür nicht reicht. Bedenken Sie: Es kommen ja noch Ordergebühren dazu, die Sie bei dieser einfachen Rechnung nicht berücksichtigt haben. Korrigieren Sie die Stückzahl dann einfach nach unten, bis Sie keine Fehlermeldung mehr erhalten.

Aufgepasst: Ist genug Geld auf dem Verrechnungskonto?

Wenn auf dem Verrechnungskonto nicht genug Geld für den Wertpapier- kauf liegt, bekommen Sie eine Fehlermeldung. Sie müssen die Stückzahl gegebenenfalls nach unten korrigieren – oder erst neues Geld auf Ihr Verrechnungskonto überweisen.

Was bei Aktien die Stückzahl, ist bei Anleihen der **Nominalbetrag**. Dort schreiben Sie ganz einfach hinein, welchen Betrag Sie in die betreffende Anleihe investieren möchten.

Übrigens: Eine Verkaufsorder können Sie nur aufgeben, wenn sich das betreffende Wertpapier auch wirklich in ausreichender Stück- zahl in Ihrem Depot befindet. Zweite Voraussetzung ist, dass Sie gerade keine weitere Verkaufsorder über dieselben Wertpapiere unausgeführt im Orderbuch stehen haben. Denn: Es gibt Orders, beispielsweise »Stop-Loss-Orders«, die nur unter bestimmten Be- dingungen ausgeführt werden und unausgeführt bleiben, solange diese Bedingungen nicht erfüllt sind. Dazu kommen wir später bei den Orderarten. Steht eine solche Order noch unausgeführt im Orderbuch, müssen Sie sie erst löschen, bevor Sie eine neue Verkaufsorder über dieselben Wertpapiere aufgeben. Da liegt übrigens meistens auch der Hase im Pfeffer, wenn der Broker die Stückzahl oder den Nominalbetrag automatisch auf die Zahl 0 korrigiert.

Fehlermeldungen bei Anleihen: Woran liegt's?

Beim Kauf von Anleihen sind Fehlermeldungen leider recht häufig. Das kann verschiedene Ursachen haben:

> ➤ Entweder, die betreffende Anleihe ist nur ab einer bestimmten Mindeststückelung zu haben, beispielsweise für 5.000 Euro. Wenn Sie jetzt weniger als 5.000 Euro eingeben – zum Beispiel 4.000 Euro –, bekommen Sie eine Fehlermeldung.

> ➤ Beim Anleihenkauf müssen Sie außerdem die so genannten Stückzinsen berücksichtigen. Zinsen, die Sie bei der nächsten Ausschüttung als Anleiheninhaber bekommen werden, erstatten Sie als Käufer zeitanteilig an den Verkäufer zurück. Er erhält also, wenn Sie die Anleihe kaufen, schon direkt einen Teil der nächsten Zinsausschüttung von Ihnen. Das heißt, eine Anleihe, die eigentlich für 5.000 Euro zu haben ist, kann schon mal 5.200 Euro kosten, wenn die nächste Zinsausschüttung nicht mehr fern ist.

Handelsort oder Handelsplatz

Ihre Depot-Bank führt Ihre Order nicht selbst aus. Sie übermittelt sie an einen **Handelsplatz** (die Order wird dahin »geroutet«, heißt es in der Fachsprache). Die meisten Handelsplätze sind **Börsen**. Davon gibt es in Deutschland eine ganze Reihe. Daneben gibt es aber auch noch außerbörsliche Handelsplätze. Das ist entweder bei Fonds die Kapitalanlagegesellschaft, abgekürzt KAG, sprich: die Fondsgesellschaft selbst. Daneben gibt es auch noch den außerbörslichen Direkthandel, über den Banken ihre Wertpapierbestände auf- oder abbauen. An welchem Ihr Wertpapier ge- oder verkauft wird, ist allein Ihre Entscheidung. Ihre Entscheidung hat drei Konsequenzen:

- Vom Handelsplatz hängt der Kurs ab, den Sie erhalten. Im Zweifelsfall entscheiden Sie nach dem Spread, wo Sie ordern. Der Spread ist der Unterschied zwischen An- und Verkaufskurs. Je geringer der Spread, desto günstiger ist die Order für Sie.
- Vom Handelsplatz hängt außerdem ab, welche Transaktionsge-

bühren Sie zahlen. Zwar erhebt Ihr Broker feste Gebühren. Aber die Provision, die etwa eine Börse bei jeder Order bekommt, variiert von Handelsplatz zu Handelsplatz.

- Bei Wertpapieren mit Hebel, die ihren Kurs rasch ändern können, zum Beispiel Hebelzertifikate oder Optionsscheine, ist auch die Ausführungsgeschwindigkeit wichtig. Auch hier gibt es Unterschiede zwischen den einzelnen Handelsplätzen.

Den Handelsplatz können Sie ganz einfach in der Ordermaske über ein Klappmenü auswählen. Fragt sich natürlich, wann Sie welchen Handelsplatz nehmen. In aller Regel wählen Sie am besten eine Börse aus. Warum, dazu kommen wir später. Aber auch unter den Börsen stehen mehrere zur Auswahl.

Börse auswähl am Bsp.

Welche Börsen gibt es in Deutschland?

Elektronische Börse oder Präsenzbörse?

Zunächst ein grundlegender Unterschied: Es gibt vollelektronische Börsen, wie der größte deutsche Handelsplatz Xetra, den die Deutsche Börse AG betreibt. Daneben gibt es auch so genannte Präsenz- oder Parkettbörsen. Dort kümmern sich noch Menschen um die bestmögliche Ausführung Ihrer Order – auch wenn das heutzutage ebenfalls computergestützt abläuft. Zu den Präsenzbörsen gehören Frankfurt, Stuttgart, Hamburg, München, Düsseldorf und Berlin.

Welche Börse ist nun für welche Wertpapierorder die beste? Hier ein kleiner Überblick darüber, was die einzelnen Börsen voneinander unterscheidet und wo die jeweiligen Schwerpunkte liegen.

Die elektronische Börse Xetra

Die meisten Wertpapierorders werden in Deutschland über Xetra abgewickelt, die elektronische Handelsplattform der Deutschen Börse AG in Frankfurt. Egal ob große Ordervolumina oder kleine – Xetra wird spielend damit fertig. Eine Order über Xetra ist häufig auch für Privatanleger die günstigste Lösung, denn die Provisionen sind niedrig. Empfehlenswert ist Xetra bei:

- deutschen Standardwerten, also Aktien aus dem Leitindex DAX und großen Unternehmen aus dem MDAX und TecDAX.
- besonders häufig gehandelten ausländischen Standardwerten. Das sind zumeist die Mitglieder ausländischer Leitindizes.
- Exchange Traded Funds (ETFs), also börsengehandelten Indexfonds. Was das genau ist, dazu kommen wir später noch.

> **Beachten Sie: Der Xetra-Kernhandel endet um 17:30 Uhr**
>
> Bei Xetra müssen Sie zwischen den Kernhandelszeiten von 9:00 bis 17:30 Uhr und den Zeiten außerhalb dieses Kernhandels (8:00 bis 9:00 Uhr) und 17:30 bis 20:00 Uhr unterscheiden. Innerhalb der Kernhandelszeiten werden die meisten Orders vollelektronisch abgewickelt und nur die wenigsten mit menschlicher Unterstützung. Außerhalb der Kernhandelszeiten werden die Xetra-Spezialisten der Frankfurter Wertpapierbörse (siehe unten) tätig, um faire Preise und gute Handelbarkeit (Liquidität) zu gewährleisten. Was im Xetra-Kernhandel läuft, ist trotzdem maßgeblich: Auch die Börsenkurse, die Ihnen spätabends noch in den Tagesthemen oder in der n-tv-Sendung »Telebörse« präsentiert werden, sind die Xetra-Schlusskurse von 17:45 Uhr (also nachdem alle bis 17:30 Uhr eingegangenen Orders noch ausgeführt wurden).

Die Frankfurter Wertpapierbörse

Die Frankfurter Wertpapierbörse war früher eine klassische Präsenzbörse, bei der Börsenhändler (so genannte Skontroführer) alle eingehenden Orders abwickelten. Inzwischen ist das anders: Der Handel an der Frankfurter Wertpapierbörse läuft vollelektronisch über Xetra. Allerdings gibt es hier die so genannten Xetra-Spezialisten, die eingreifen, damit auch in den schwachen Handelszeiten außerhalb des Kernhandels und bei selten gehandelten Wertpapieren genügend Liquidität gegeben ist. Was sich vor 9:00 Uhr und nach 17:30 Uhr nicht vollelektronisch über Xetra ordern lässt, wird an der Frankfurter Wertpapierbörse abgewickelt.

Zur Frankfurter Wertpapierbörse gehört auch das Segment „Börse Frankfurt Zertifikate" für den Handel mit Derivaten, also mit Zertifikaten und Optionsscheinen – was das genau ist, dazu kommen wir später. Hier hat eigentlich die Börse Stuttgart die Nase vorn. Aber Frankfurt bietet inzwischen ähnlich attraktive Bedingungen. Wenn Sie also beispielsweise ein Zertifikat ordern wollen, steht unter den Wahlmöglichkeiten des Handelsplatzes neben anderen Möglichkeiten die Angabe »Scoach«. Jetzt wissen Sie, dass es sich dabei um die Frankfurter Wertpapierbörse handelt.

Auch im börslichen Fondshandel ist die Börse Frankfurt empfehlenswert. Wie bei allen Wertpapieren gilt jedoch: Schauen Sie sich die Spreads an und entscheiden Sie sich für diejenige Börse mit dem geringeren Spread. Das ist dann die günstigste. An der Frankfurter Wertpapierbörse ordern Sie vor allem:

• die Aktien hessischer Unternehmen, speziell kleiner und mittlerer Aktiengesellschaften. Für diese ist die Frankfurter Wertpapierbörse in der Regel die Heimatbörse, wo die betreffenden Aktien am meisten gehandelt werden.
• vor 9:00 und nach 17:30 Uhr alles, was Sie sonst über Xetra ordern würden.
• Fonds, Zertifikate und Optionsscheine dann, wenn Frankfurt günstiger ist, sprich: den geringeren Spread hat als die anderen Präsenzbörsen.

Die Börse Stuttgart (Euwax)

Die Börse Stuttgart ist auf Derivate spezialisiert, also auf abgeleitete Wertpapiere wie etwa Zertifikate und Optionsscheine. Nicht nur institutionelle Anleger (Banken, Fonds, Versicherungen), sondern auch Privatanleger bekommen dort üblicherweise ausgezeichnete Handelsbedingungen. Ebenfalls hervorragend sind die Konditionen beim Kauf von Zinspapieren, also Anleihen, Genussscheinen und Pfandbriefen. Aber selbstverständlich erhalten Sie an der Stuttgarter Börse auch Aktien und Fonds. Den Handelsplatz Stuttgart wählen Sie also in der Regel bei:

- den Aktien Baden-Württembergischer Nebenwerte, also bei Titeln aus MDAX, SDAX oder darunter. Hier ist Stuttgart die Heimatbörse,
- Zertifikaten,
- Optionsscheinen,
- Anleihen und sonstigen Zinspapieren,
- Aktien von Schweizer Unternehmen, sofern sie dort gelistet sind. Das ist nämlich von Deutschland aus billiger als der Kauf an der Schweizer Börse (Auslandsbörsen sind meist deutlich teurer).

Besonderheit: eine Stop-Loss-Order, die sich automatisch anpasst

Die Börse Stuttgart war Vorreiter bei einer besonderen Orderart, dem so genannten Trailing Stop Loss. Das ist eine Stop-Loss-Order (siehe unten), die sich automatisch an steigende Kurse anpasst und deshalb nicht immer wieder manuell verändert werden muss. Inzwischen ist eine Trailing Stop-Loss-Order an allen deutschen Börsen möglich. Mehr dazu finden Sie im Abschnitt »Orderarten«.

Die Börse Hamburg

Auch Fonds können Sie über eine Börse kaufen. Darauf hat sich besonders die Börse Hamburg spezialisiert. Während Sie früher Fondsanteile nur direkt bei den Fondsgesellschaften (Kapitalanlagegesellschaften KAG) ordern konnten, geht das heute problemlos direkt über eine Börse. Theoretisch sogar über jede Börse, aber Hamburg ist hier führend. An der Hamburger Börse kaufen Sie vorrangig:

- Fondsanteile (mit Ausnahme von ETFs, da ist Xetra meist die bessere Wahl),
- Aktien kleiner und mittelgroßer norddeutscher Unternehmen, die nicht im DAX notiert sind,

- Aktien von Hafenbetreibern, Schifffahrts- und Schiffbauunternehmen sowie von Unternehmen, die in diesem Bereich für eine Finanzierung sorgen.

Achten Sie aber auf den Spread, der fällt bei Xetra sowie in Frankfurt, Düsseldorf, Stuttgart, Berlin oder München manchmal günstiger aus.

Die Börse München

Was die Besonderheit an München ist, lässt sich nicht so klar definieren wie etwa bei Stuttgart oder Hamburg-Hannover. Die Münchener Börse hat sich im Wesentlichen auf kleine und mittlere Aktiengesellschaften spezialisiert, also auf Nebenwerte. Eine Besonderheit ergibt sich aus der Nähe zu Österreich: Wenn Sie aus Kostengründen die in Deutschland teurere Wiener Börse vermeiden möchten, ist München eine empfehlenswerte Alternative. In München kaufen Sie also:

- Aktien von bayerischen Aktiengesellschaften, besonders von kleinen und mittelgroßen AGs und
- Aktien von österreichischen Aktiengesellschaften.

Und natürlich sollten Sie auch beim Kauf von Fonds, Anleihen, Optionsscheinen und Zertifikaten immer beobachten, ob in München nicht ein besonders günstiger Kurs beziehungsweise niedriger Spread vorherrscht.

Die Börse Düsseldorf

Die Düsseldorfer Börse hat sich nicht auf bestimmte Wertpapieren spezialisiert. Interessant ist sie aber durchaus für Privatanleger, weil sie speziell diese Zielgruppe anvisiert und oft günstige Bedingungen bietet. Den Handelsplatz Düsseldorf wählen Sie aus:

- bei kleineren oder mittleren Aktiengesellschaften aus Nord-rhein-Westfalen,
- bei Fonds als oft günstige Alternative zur »Fondsbörse« Hamburg. Vergleichen Sie einfach den Spread und entscheiden Sie sich für die Börse, die am günstigsten ist.

Die Börse Berlin

Die Börse Berlin ist die letzte der Präsenzbörsen. Sie ist für Privat-anleger interessant:

- bei Auslandsaktien. Ob chinesische oder US-amerikanische Aktiengesellschaften: Sehr viele Standardwerte und große Ne-benwerte sind in Berlin gelistet. So sind beispielsweise sämtli-che Mitglieder des US-Technologieindex Nasdaq an der Berli-ner Börse erhältlich. Sie sparen Ordergebühren, wenn Sie diese hier ordern anstatt bei der teuren, ausländischen Heimatbörse.
- bei Fonds: Auch hier hat die Berliner Börse einen Schwerpunkt und ist manchmal eine günstige Alternative zu Hamburg oder Düsseldorf.

Handel ab 8:00 Uhr

Die Börse Berlin war die erste Börse in Deutschland, die die Handelszei-ten am Morgen ausgeweitet hat. Inzwischen haben die anderen deut-schen Präsenzbörsen nachgezogen und erlauben ebenfalls einen Handel mit der Mehrzahl der Wertpapiere ab 8:00 Uhr.

Tradegate

Tradegate begann ursprünglich als außerbörsliche Handelsplattform, hat heute aber den gleichen Status wie andere Börsen auch. Gehan-delt wird vollelektronisch, die Orders werden sofort ausgeführt. Die Zielgruppe von Tradegate sind Privatanleger. Tradegate verzichtet auf die Erhebung von Ordergebühren (ein Privatanleger muss da-her für die Tradegate-Order nur das zahlen, was seine Depotbank ansetzt, aber keine Extra-Börsengebühr oder Maklercourtage). Tradegate verdient ausschließlich an den gestellten Kursen, und genau das sollte Sie vorsichtig machen. Denn aus diesem Grund sind hier die Spreads (Preisspanne zwischen An- und Verkaufskurs) oft weiter als bei anderen Börsen. Falls Sie Wertpapiere über Tradegate kaufen wollen, setzen Sie besser ein Limit. Wählen sollten Sie diese Handelsplattform nur, wenn die dort gestellten Kurse nicht schlechter sind als anderswo.

Drei Tipps für die richtige Auswahl
des Handelsplatzes

Jetzt haben Sie viel Detailwissen und sind vielleicht doch im Zweifel, welcher Handelsplatz für Ihre Order nun der beste ist. Folgende Tipps helfen Ihnen, eine schnelle Entscheidung zu treffen.

Tipp 1: Voreinstellungen nie ungeprüft übernehmen

Übernehmen Sie niemals ungeprüft den Handelsplatz, der in der Ordermaske Ihres Brokers voreingestellt ist. Das ist oft der ungünstige Direkthandel, und bei Fonds oft die Kapitalanlagegesellschaft, die deutlich höhere Kaufgebühren erhebt als etwa eine Börse.

**Kostenfalle: Kaufen Sie Fonds
nie direkt bei der Fondsgesellschaft**

Fonds sollten Sie nie über die KAG (= Kapitalanlagegesellschaft = Fondsgesellschaft) kaufen, sondern immer über einen Börsenplatz wie etwa die Börse Hamburg oder Berlin. Wer nämlich seine Fondsanteile bei der Fondsgesellschaft kauft, zahlt in der Regel den vollen Ausgabeaufschlag an die Fondsgesellschaft. Das ist eine Einmalgebühr, die bis zu 5,5 Prozent der investierten Summe ausmacht. Früher ging es nicht anders, man musste direkt bei der Fondsgesellschaft kaufen. Aber heute können Sie fast immer eine Börse nehmen. Das sollten Sie, wenn möglich, auch tun. Die meisten Investmentfonds sind problemlos beispielsweise in Hamburg, Berlin oder Düsseldorf erhältlich. An den Börsen zahlen Sie viel weniger als den Ausgabeaufschlag: Verlangt wird stattdessen nur der Spread, also der Unterschied zwischen An- und Verkaufskurs. Das sind vielleicht 1,5 Prozent Ihrer Investition, aber niemals 5,5 Prozent.

	Xetra	Frankfurt	Stuttgart	München	Düsseldorf	Hamburg	Berlin
Standardwerte Inland	x						
Standardwerte Ausland	x						x
Nebenwerte Inland		x (Hessen)	x (B-W)	x (Bayern)	x (NRW)	x (Norddtld.)	
Nebenwerte Ausland							x
Zertifikate		x	x				
Optionsscheine		x	x				
Anleihen			x				
Fonds						x	
ETFs	x						x
ETC	x						

Orientierungstabelle: Welche Börse für welche Wertpapierart am günstigsten ist.

Tipp 2: Orientieren Sie sich an der Tabelle auf Seite 43

Die folgende Tabelle bietet Ihnen bei der Wahl des Handelsplatzes eine grobe Orientierung. Sie entnehmen daraus, bei welcher Art von Wertpapieren welche Börse üblicherweise die beste ist. Im Einzelfall können andere Börsen günstiger sein. Aber im Großen und Ganzen werden Sie nicht schlecht damit fahren, wenn Sie sich nach den folgenden Empfehlungen richten (Mehrfachnennungen sind möglich):

Tipp 3: Börsen vergleichen

Mittlerweile bieten viele Broker einen direkten Vergleich der einzelnen Börsenplätze an. Sie sehen, wo wie viel Umsatz mit welchen Wertpapieren gemacht wurde. Faustregel für Aktien: Je größer der Umsatz an einer bestimmten Börse, desto besser die Konditionen. Die Umsätze der verschiedenen Börsen finden Sie etwa auf der Internetseite des Direktbrokers Comdirect (www.comdirect.de) oder auf www.finanzen.net, wenn Sie auf »Times & Sales« bzw. »Börsenplätze« klicken.

Dann sehen Sie sich den Spread genauer an, also die Spanne zwischen Kauf- und Verkaufskurs (oder in der Fachsprache zwischen Brief- und Geldkurs). Wichtig ist der Spread vor allem bei Fonds, Zertifikaten und Optionsscheinen. Stets gilt: Je geringer der Spread, desto günstiger ist die Börse.

Orderart

Unter der Überschrift »Orderart« müssen Sie abermals eine Auswahl treffen. Ihre Möglichkeiten lauten »Billigst« (oder »Bestens«), »Limit«, »Stop Loss« und »Stop Buy« oder »Trailing Stop Loss«. Keine Sorge, das klingt komplizierter, als es ist:

»Billigst« oder »Bestens«: Wählen Sie »Billigst« beziehungsweise »Bestens«, heißt das: Die Order soll so schnell wie möglich zum aktuellen Preis ausgeführt werden. Im Klartext geben Sie damit die Anweisung: »Kaufe das Wertpapier, gleichgültig, was es gerade kostet« beziehungsweise »Verkaufe das Wertpapier, gleichgültig, was es gerade einbringt«. Bei ETFs und Zertifikaten ist dies die richtige Option. Und auch bei den großen inländischen Standardwerten, beispielsweise Aktien, die im DAX vertreten sind, machen Sie mit »Billigst« oder »Bestens« nichts falsch.

»**Limit**«: So lautet die Eingabe für eine von Ihnen definierte Preisgrenze. Sie wählen erst Limit aus und tippen dann Ihre Preisgrenze ins Kästchen daneben.

- Beim Kauf ist Ihr »Limit« eine Preisobergrenze. Sie geben ein, was Sie maximal zu zahlen bereit sind. Liegt an der Börse gerade kein passendes Gegenangebot vor, wird die Order auch nicht ausgeführt.
- Beim Verkauf ist Ihr »Limit« eine Preisuntergrenze. Sie geben ein, was Sie mindestens noch für Ihr Wertpapier bekommen möchten. Auch hier gilt: Liegen nur Gegenangebote unter Ihrem Limit vor, wird die Order nicht ausgeführt.

Üblicherweise geben Sie als Limit einen Kurs ein, der in etwa beim aktuellen Börsenkurs liegt. Sie können aber auch testen, ob Sie ein Wertpapier deutlich günstiger kaufen oder deutlich teurer verkaufen können. Das nennt sich »Abstauberlimit«. Das klappt nicht immer, aber manchmal schon, vor allem bei selten gehandelten Nebenwerten.

Nebenwerte und »exotische« Auslandsaktien immer mit »Limit« ordern

Bei Nebenwerten, also den Aktien kleiner und mittlerer Aktiengesellschaften, sollten Sie übrigens immer ein Limit setzen. Das gilt auch für Auslandsaktien, die nicht zu den häufig gehandelten Standardwerten gehören. Sonst ist die Gefahr zu groß, dass Sie Opfer eines unerwarteten Preisausschlags werden. Das kommt bei selten gehandelten Aktien häufiger vor.

Wissen sollten Sie außerdem noch: Limitierte Orders werden nachrangig behandelt. Erst werden alle unlimitierten Orders abgewickelt, also die Orders mit der Orderart »Billigst« oder »Bestens«. Es kann also sein, dass Sie bei einer limitierten Order erst mal leer ausgehen, wenn nach der Abwicklung aller unlimitierten Orders kein passendes Gegenangebot zu Ihrer Order mehr vorliegt.

»Stop Market« (»Stop Loss« oder »Stop Buy«): Ab welchem Kurs soll ge- beziehungsweise verkauft werden? Die Antwort geben Sie, indem Sie ein »Stop-Market-Limit« setzen:

»Stop Buy«: »Stop-Buy-Limits setzen Sie bei Kauforders. Sie geben die Kursschwelle an, ab der ein Wertpapier gekauft werden soll. »Stop-Buy-Limits« setzen Sie beispielsweise, wenn ein Kurs wochenlang etwa auf dem gleichen Niveau herumdümpelt. Plötzlich schafft er es dann, eine psychologisch wichtige Marke zu überschreiten. Nicht selten steigen dann auch andere Anleger ein, und der Kurs geht ab wie eine Rakete. Wenn Sie Ihr »Stop-Buy-Limit« bei besagter Marke setzen, profitieren Sie sofort vom späteren Kursanstieg. Allerdings gilt auch hier: Gekauft wird auf jeden Fall, sobald das »Stop-Buy-Limit« berührt oder überschritten wird. Das gilt auch dann, wenn der Kurs direkt im Anschluss wieder unter diese Schwelle zurückfällt.

»Stop Loss« heißt diese Orderart bei Verkäufen. Sie geben eine Kursschwelle ein, ab der ein Wertpapier aus Ihrem Depot verkauft werden soll. Sobald der Börsenkurs die eingegebene Schwelle erreicht oder unterschritten hat, wird verkauft. »Stop-Loss-Orders« sind somit ein Mittel zur Verlustbegrenzung. Angenommen, Sie wollen eine Aktie verkaufen, wenn sie gegenüber dem Einstandskurs um 15 Prozent gefallen ist. Gekauft haben Sie die Aktie ursprünglich für 100 Euro pro Stück. Dann geben Sie eine Stop-Loss-Order auf und setzen als Stop-Loss-Limit 85 Euro ein. Verkauft wird nur, wenn der Kurs die Marke von 85 Euro wirklich einmal berührt oder unterschreitet. Ist das nicht der Fall, verbleibt das Wertpapier weiterhin in Ihrem Depot.

Aber aufgepasst

Ausgeführt wird eine Stop-Loss-Order unabhängig davon, ob der Kurs nach Erreichen der Schwelle weiter sinkt oder doch wieder ansteigt. Bei starken Kursstürzen besteht außerdem die Gefahr, dass der Börsenkurs zur nächsten Preisnotierung deutlich unter dem Stop-Loss-Limit liegt. Eine Garantie, dass die Verluste begrenzt werden, haben Sie somit nicht.

»Trailing Stop Loss«: Die Börse Stuttgart hat 2010 eine neuartige »Stop-Market-Order« eingeführt, die zwischenzeitlich auch an anderen Handelsplätzen möglich ist: Den so genannten »Trailing Stop Loss«. Hier wird das »Stop-Loss-Limit« automatisch an steigende Kurse angepasst, sodass immer der gleiche Abstand herrscht. Bei fallenden Kursen wird das Stop-Loss-Limit allerdings nicht nachgezogen – das wäre auch widersinnig. Diese Orderart erspart es Ihnen, die Stop-Loss-Limits von Zeit zu Zeit an die aktuellen Kursgegebenheiten anzupassen, um zwischenzeitlich erzielte Gewinne abzusichern. Den Abstand können Sie entweder als Prozentsatz oder als festen Eurobetrag eingeben.

Stop-Loss-Order: ein hilfreiches Instrument, aber keine »Wunderwaffe« gegen Verluste

In neun von zehn Einführungsbüchern zum Thema Börse wird empfohlen, konsequent automatische Stop-Loss-Marken zur Verlustbegrenzung oder Gewinnabsicherung zu setzen. Als Standardargument wird darauf verwiesen, dass mit dieser Absicherungsstrategie das Risiko ganz klar begrenzt wird. Wir müssen Sie da aber leider enttäuschen: Die Erfahrungen aus der täglichen Börsenarbeit haben uns gezeigt, dass es keinen 100-Prozent-Risikoschutz gibt und nicht einmal theoretisch geben kann.

Als Faustformel wird stets genannt: Nach dem Kauf eines Wertpapiers solle man rund 20 bis 30 Prozent unter dem Einstiegskurs eine Stop-Loss-Marke setzen (also sofort eine Verkaufsorder mit der Orderart »Stop Loss« aufgeben). Das Verlustrisiko sei dann auf diese 20 bis 30 Prozent begrenzt. Entwickelt sich der Kurs direkt nach oben, kann die Stop-Loss-Marke zur Gewinnabsicherung eingesetzt werden. Hat sich der Wert einer Aktie verdoppelt, ist es sinnvoll, die Stop-Loss-Marke nach oben anzupassen (man sagt auch: den Stop Loss nachzuziehen). So bestehe kein Grund zur Befürchtung, dass sich dieser schöne Gewinn wieder in Luft auflöst. Gleichzeitig kann man aber von einem Anstieg der Aktie um weitere 50 bis 100 Prozent profitieren, ohne vorzeitig aussteigen zu müssen. So wird nach und nach ein immer höherer Gewinn abgesichert.

Diese Strategie zur Risikobegrenzung und Gewinnabsicherung klingt plausibel, hat aber – wie oben bereits erwähnt – auch Schwachstellen. Ein ganz wichtiger Punkt: Stop-Loss-Absicherungen vermitteln eine Scheinsicherheit. Wenn man eine Stop-Loss-Marke 20 Prozent unter dem Einstiegskurs platziert, könnte man meinen, dass der maximal mögliche Verlust auf 20 Prozent begrenzt ist. Das wäre eine schöne Sache. Die Realität an der Börse sieht jedoch anders aus.

Betrachten wir noch einmal kurz die Definition: Eine Stop-Loss-Order ist ein Verkaufsauftrag. Wenn ein festgelegter Kurs erreicht oder unterschritten wird, kommt es automatisch zu einem Verkauf Ihrer abgesicherten Position. Der automatische Verkauf erfolgt auch tatsächlich – es wird aber nicht gesagt, zu welchen Konditionen! Die Börse ist ein Markt. Angebot und Nachfrage bestimmen den Preis. Wenn nach der Aktivierung der Stop-Loss-Marke die nächste Nachfrage erst bei einem Kursniveau 50 Prozent unter dem alten Kurs vorhanden ist, erhalten Sie auch nur diesen Preis. Sie haben kein Recht darauf, dass Ihre Aktien zum Stop-Loss-Preis verkauft werden. Diese kleine, aber entscheidende Einschränkung »vergessen« viele Ratgeber, die bedingungslos den Einsatz von Stop-Loss-Limits empfehlen.

Musterbeispiel zur Verdeutlichung

Eine Aktie notiert bei 10 Euro, und Sie setzen bei 8 Euro eine Stopp-Loss-Marke. Wenn die Aktie in einer allgemeinen Schwächephase an Wert verliert und langsam auf 9 Euro, 8,50 Euro und dann auf 8,00 Euro fällt (und damit die Stop-Loss-Order auslöst), haben Sie gute Chancen, dass Sie einen Verkaufspreis im Bereich 7,90 bis 8,00 Euro erhalten. Dann hat die Absicherung funktioniert.

Anders sieht es aus, wenn das Unternehmen völlig überraschend eine dramatische Gewinnwarnung veröffentlicht und der Kurs in einem Rutsch von 10 auf 5 Euro fällt. Bei 8 Euro wird Ihre Stop-Loss-Marke erreicht, doch in diesem Kursbereich findet kein Umsatz statt. Der nächste Käufer bietet an der Börse 5 Euro je Aktie. Dann wird Ihre Verkaufsorder (und genau das ist eine Stop-Loss-Order) bei 5 Euro ausgeführt. Obwohl Sie Ihre Absicherung bei – 20 Prozent eingebaut haben, liegt dann Ihr realisierter Verlust bei – 50 Prozent.

Daher warnen wir vor dieser »Scheinabsicherung«: Sie haben keine Garantie, dass Ihr Verlust begrenzt wird. Theoretisch ist sogar ein Totalverlust möglich, wenn zum Beispiel veröffentlicht wird, dass das Unternehmen die Bilanzen gefälscht hat und der Unternehmenswert an der Börse schlagartig auf null fällt.

Ein solcher Totalverlust ist sicherlich die große Ausnahme, aber Gewinnwarnungen mit zweistelligen Kurseinbrüchen gehören zum normalen Börsenalltag. Sie können sich also nicht darauf verlassen, dass Ihr Verlust durch eine Stop-Loss-Absicherung auf 20 bis 30 Prozent begrenzt wird.

Über den Sinn und Unsinn von Stop-Loss-Marken

Bisher haben wir die Stop-Loss-Marken rein »technisch« betrachtet. Wir wollen aber auch noch kurz auf die Frage eingehen, ob eine Stop-Loss-Order inhaltlich sinnvoll ist. Spontan klingt Verlustbegrenzung immer gut. Zumindest bei Aktien haben wir allerdings Zweifel, ob die vorsichtige Strategie immer die beste Strategie ist.

Für Anleger sind Aktien oft nur ein Name und eine WKN im Depot. Eine solche Depot-Position wird technisch abgesichert. Jede Aktie ist aber eine Beteiligung an einem Unternehmen. Nehmen wir jetzt an, Sie besitzen 50 Prozent der Aktien eines Unternehmens. Sie sind Mitbesitzer einer Aktiengesellschaft, die an der Börse 100.000 Euro kostet. Aufgrund einer Konjunkturschwäche sinken die Unternehmensgewinne kurzfristig um 25 Prozent, und auch der Aktienkurs (der Wert des Unternehmens) sinkt um 25 Prozent. Da die Konjunkturschwäche auch noch nicht überstanden ist, kann die Marktkapitalisierung (also der Börsenwert) sogar auf 50.000 Euro fallen. Gleichzeitig wissen Sie aber, dass das Unternehmen im Kern gesund ist und in zwei bis drei Jahren an der Börse mit hoher Wahrscheinlichkeit wieder 100.000 oder sogar 125.000 Euro kosten wird, da die Gewinne im nächsten Aufschwung stark steigen.

Wer unternehmerisch denkt, verkauft nicht vorschnell

Bei den Recherchen zu diesem Buch haben wir mit einer Beteiligungsgesellschaft gesprochen, die auf den Kauf mittelständischer Unternehmen spezialisiert ist. Die Erfahrung der Beteiligungsgesellschaft bestätigte genau unsere Grundannahme: In der Krise nach der Pleite der US-Bank Lehman Brothers war 2008/2009 praktisch kein mittelständischer Unternehmer bereit, seine Firma mit Preisabschlag zu verkaufen. Alle warteten auf den nächsten Aufschwung und höhere Preise.

Wie würden Sie reagieren? Würden Sie Ihre Unternehmensbeteiligung automatisch verkaufen, wenn der Wert um 25 Prozent gefallen ist? Meine Einschätzung: Neun von zehn Investoren würden nicht verkaufen, sondern sogar versuchen, die Schwächephase im Bereich von – 25 bis – 50 Prozent zu nutzen, um den eigenen Anteil weiter auszubauen. Wenn ich ein Unternehmen gut kenne und die mittelfristigen Zukunftsaussichten positiv bewerte, dann verkaufe ich doch nicht ausgerechnet in einer Schwächephase.

Wenn es also um ganze Unternehmen geht, ist die Haltung eindeutig: In Schwächephasen wird nicht verkauft (wenn das Unternehmen positive Zukunftsaussichten hat). Am Aktienmarkt wird dagegen genau umge-kehrt gehandelt: Wenn die Preise steigen, kaufen die Anleger gerne Aktien (Unternehmensbeteiligungen). Wenn dagegen die Preise fallen, werden Aktien per Panikverkauf oder per Stop-Loss-Order abgestoßen. Das Handlungsmuster ist genau entgegengesetzt. Viele Aktionäre tun das Gegenteil von dem, was ein Unternehmer tun würde. Bedenken Sie, wie prächtig sich der deutsche Mittelstand seit Jahrzehnten entwickelt. Das lässt aber nur einen Schluss zu: Es ist sinnvoll, in Krisen eher so handeln wie die Unternehmer (nicht verkaufen, sondern sogar zukaufen) und nicht wie der Durchschnittsaktionär (verkaufen, wenn die Kurse bereits stark gefallen sind).

Lösung: mentale Stop-Loss-Marken

Aus den oben genannten Gründen halten wir Stop-Loss-Orders für keine »Wunderwaffe« an der Börse. Dennoch ist natürlich ein aktives Risiko-Management erforderlich. Eine mögliche Lösung: mentale Stop-Loss-Marken.

Überlegen Sie nach einem Aktienkauf, wo Ihre persönliche »Schmerzgrenze« liegt. Wie tief darf der Aktienkurs fallen? Diese Schmerzgrenze liegt erfahrungsgemäß 20 bis 30 Prozent unter dem Einstiegskurs. Anders als bei der automatischen Stop-Loss-Order geben Sie Ihrer Bank jedoch noch keine Verkaufsorder. Sie notieren die mentale Stop-Loss-Marke und beobachten anschließend die Kursentwicklung.

Steigt der Kurs, ist alles in bester Ordnung. Sinkt der Kurs dagegen in Richtung Stop-Loss-Marke, müssen Sie arbeiten. Recherchieren Sie, warum der Kurs gefallen ist. Wenn es in einem positiven Börsenumfeld schlechte Unternehmensnachrichten gibt, weil zum Beispiel die Gewinnmarge permanent sinkt, das Management einen Zickzack-Kurs fährt oder Konkurrenten zu teuer gekauft wurden, bietet sich ein Verkauf an.

Anders sieht es aus, wenn ein operativ erfolgreiches Unternehmen aufgrund einer Gesamtmarktschwäche mit nach unten gezogen wird. Auch in einer solchen Situation kann ein Aktienkurs kurzzeitig deutlich unter Druck geraten. Dann bietet sich allerdings eine Halte- oder Nachkaufstrategie an: Der Kurs wird sich wieder erholen. Ein Musterbeispiel ist die Nestlé-Aktie in der jüngsten Crash-Phase. Im weiteren Verlauf präsentieren wir Ihnen die Nestlé-Zahlen aus den Jahren 2008/2009. Die Unternehmenszahlen haben keinen größeren Rückschlag gerechtfertigt. Dennoch fiel der Aktienkurs deutlich. Ein Verkauf bei – 20 oder – 30 Prozent wäre jedoch die falsche Entscheidung gewesen. Der Kurs hat sich schnell wieder erholt.

Wie Sie sehen: Mit einer mentalen Stop-Loss-Strategie können Sie unnötige Verkäufe vermeiden und auch Transaktionskosten sparen. Dennoch hat auch diese Strategie Schwächen:

1. Sie müssen die Kursentwicklung und Nachrichtenlage regelmäßig verfolgen (der Zeitaufwand ist größer als bei einer automatischen Stop-Loss-Order).
2. Sie müssen in der Lage sein zu beurteilen, ob der Aktienkurs nur

kurzfristig gefallen ist, weil der Gesamtmarkt schwächelt, oder ob es Probleme im operativen Geschäft gibt.

3. Sie müssen ein entscheidungsfreudiger Mensch sein. Wenn Sie in Verlustsituationen nur ungern den »Verkaufen-Knopf« drücken und Entscheidungen nach hinten verschieben, sollten Sie in diesem Fall stärker auf automatische Stop-Loss-Marken setzen, die Entscheidungen ohne Emotionen bewirken.

Ganz anders verhält es sich bei Hebel-Investments:
Hier unbedingt automatische Stop-Loss-Marken setzen

In den meisten Fällen bevorzugen wir mentale Stop-Loss-Marken. Es gibt jedoch eine Anlage-Klasse, bei der wir Ihnen automatische Stop-Loss-Marken empfehlen: Wertpapiere mit Hebel. Das können zum Beispiel Optionsscheine oder auch Hebelzertifikate sein, die wir später noch ausführlicher beschreiben.

Der Grund: Bei diesen Anlageinstrumenten können Sie eine allgemeine Marktschwäche – anders als bei Aktien oder Fonds – nicht einfach »aussitzen«. Bei Optionsscheinen deshalb nicht, weil sie eine begrenzte Laufzeit haben, bei Hebelzertifikaten nicht, weil sie eine festgelegte Knock-out-Schwelle haben und bei Erreichen dieser Schwelle (fast) wertlos verfallen.

Wenn also der Zeitrahmen aufgrund einer festgelegten Laufzeit begrenzt oder der maximal zulässige Kursverlust vorgegeben ist, sollten Sie frühzeitig die Notbremse ziehen und mit einer automatischen Stop-Loss-Order aussteigen, wenn der Markt gegen Sie läuft. Kommt es einige Wochen oder Monate später zu einem neuen Aufschwung, können Sie wieder neu einsteigen.

Orderbeschränkung oder Handelshinweis

Hier haben Sie die Wahl zwischen »variabel« und »Kassa«. »Variabel« ist in der Regel das Richtige für Sie. Der Unterschied: Für jedes Wertpapier wird an der Börse fortlaufend ein Kurs bestimmt. Er errechnet sich aus Angebot und Nachfrage. Bei der **Orderbeschränkung**»**variabel**« wird Ihre Order gemäß der laufenden Kursfeststellung ausgeführt. Die **Orderbeschränkung »Kassa«** dagegen ist fast schon ein Dinosaurier. Früher konnten die Börsenhändler für selten gehandelte Aktien keinen Preis bestimmen. Sie mussten also abwarten, bis genügend Kauf- und Verkaufsorders vorlagen. Das dauerte oft einen ganzen Tag. Am Ende des Handelstages wurde für all diese Orders dann ein einheitlicher Durchschnittskurs gebildet, zu dem sie ausgeführt wurden. Das gibt es auch heute noch, und zwar auf der elektronischen Börse Xetra. Aufträge, die sich bis zur Mittagszeit beziehungsweise bis zum Börsenschluss angesammelt haben und noch nicht zu laufenden Kursfeststellungen abgewickelt werden konnten, kommen in die so genannte Schlussauktion. Dort wird ein einheitlicher Kurs für alle noch unausgeführten Orders ermittelt. Zu diesem Kurs werden die Orders dann abgewickelt. Das ist für Sie aber nicht weiter von Belang: Sie wählen »variabel«, dann kann nichts schiefgehen.

Orderzusatz

Hier haben Sie es mit Abkürzungen zu tun: »**FOK**« heißt ausgeschrieben »**Fill or kill**«, sprich: Ganz oder gar nicht. Mit »Fill or kill« vermeiden Sie Teilausführungen – nicht immer, aber meistens. Eine Order kann dann nicht in mehreren Teilen ausgeführt werden. Da manche Depot-Banken Teilausführungen extra in Rechnung stellen (zumindest die nicht tagesgleichen Teilausführungen), ist dieser Orderzusatz manchmal durchaus sinnvoll. Die Gefahr besteht vor allem beim Handelsplatz Xetra und bei diversen Auslandsbörsen.

Es gibt noch »**IOC**« oder »**Immediate or cancel**«. Das bedeutet: Entweder sofort oder gar nicht ausführen. Ihre Order wird also nicht in mehrere Teile gestückelt, sondern entweder sofort ausgeführt oder überhaupt nicht. Letzteres kann passieren, wenn kein passendes Gegenangebot vorliegt, wenn also zum Beispiel nicht so viele Aktien angeboten werden, wie Sie kaufen wollen.

Mit dem Orderzusatz »OCO« (one cancels other) akzeptiert die
Börse die Aufgabe zweier Wertpapierorders über die gleichen Wertpapiere. Wird eine der beiden Orders ausgeführt, wird die jeweils
andere gelöscht. Zum Einsatz kommt das vor allem, wenn zu bestimmten Depot-Positionen noch unausgeführte Stop-Loss-Orders
im Orderbuch stehen. Normalerweise wäre es nicht möglich, diese
Positionen mit einer neuen Order zu verkaufen, ohne die bereits bestehende Order zu löschen. OCO macht dies allerdings möglich. Sie
können zusätzlich zur Stop-Loss-Order beispielsweise eine limitierte Verkaufsorder ins Orderbuch stellen und beide Orders mit dem
Zusatz OCO versehen. Was passiert dann? Verkauft wird entweder,
wenn der Kurs auf oder unter den Stop-Loss-Kurs rutscht. In diesem Fall wird die limitierte Verkaufsorder gelöscht. Alternativ wird
verkauft, wenn der Kurs das Limit und damit den gewünschten Min-
destpreis erzielt hat. Dann wird die Stop-Loss-Order automatisch
gelöscht. Das funktioniert auch umgekehrt bei limitierten Kauforders und Stop-Buy-Orders. Der OCO ist somit ein bisweilen durchaus sinnvoller Orderzusatz.

Gültigkeit

Eine Wertpapierorder wird nicht immer sofort ausgeführt. Manchmal fehlt das passende Gegenangebot. Oder das Limit, das Sie gesetzt haben, ist noch nicht erreicht. Sie bestimmen selbst, wie lange
Ihre Wertpapierorder Bestand haben soll. Möglich sind folgende Va-
rianten:

- tagesgültig,
- bis zum letzten Tag des laufenden Monats (das nennt sich in der
  Ordermaske »Ultimo«),
- bis zum letzten Tag des nächsten Monats (das nennt sich in der
  Ordermaske »Ultimo + 1«)
- bis Sie selbst die Order streichen (das heißt in der Ordermaske
  meist »GTC«, was »good till cancelled« (= gültig bis zur Strei-
  chung) bedeutet).

> **Nicht überall ist die Orderstreichung oder -änderung kostenfrei**
>
> Bei einigen Depot-Banken kostet jede Orderstreichung oder -änderung Geld. Manche verlangen Monatsgebühren für unausgeführte »Stop-Loss-« und »Stop-Buy-Orders«. Manche verlangen sogar Gebühren, wenn eine Order unausgeführt verfällt, weil das Gültigkeitsdatum abgelaufen ist. Das kann teuer werden. Ob Ihr Broker solche Gebühren erhebt, entnehmen Sie dem Preis- und Leistungsverzeichnis. Sinnvoll ist dann der Wechsel zu einem Broker, der dafür kein Geld verlangt.

Was kostet eine Wertpapierorder?

In den letzten Jahren sind die Transaktionskosten – also die Gebühren für Wertpapierorders – deutlich gesunken. Günstige Direkt-Broker haben auch die Filialbanken dazu gebracht, ihre Preise zu senken. Rechnen Sie bei den Online-Brokern mit 4,50 bis 70 Euro pro Order. Bei einer Filialbank sind dagegen 40 oder 100 Euro pro Order durchaus möglich. Deutlich teurer sind zudem meist Orders an Auslandsbörsen. Auch bei Direkt-Brokern müssen Sie hier mit 20 bis 70 Euro pro Transaktion rechnen.

Ein Teil dieser Entgelte ist fest. Hier handelt es sich um die Ordergebühr, die der Broker Ihnen in Rechnung stellt. Ein anderer Teil ist variabel und damit abhängig vom Ordervolumen, sprich: von der Summe, für die Sie ein bestimmtes Wertpapier kaufen. Zu den Gebühren des Brokers kommen außerdem noch die Kosten hinzu, die die einzelnen Börsen verlangen. Wie gesagt: Xetra ist als Handelsplatz in Bezug auf diese Gebühren günstiger als eine Präsenzbörse.

Die Broker werben zunehmend mit »Flatrates«, also festen Gebühren für eine Order. Beispiel: Ein Broker führt jede Order für 5,00 Euro durch. Das ist sehr, sehr günstig. Mit einer »Flatrate« fahren Sie gut, weil die Kosten von Anfang an klar sind. Lassen Sie sich aber bei der Wahl des Handelsplatzes nicht allein davon beeinflussen, dass dort die Ordergebühren besonders niedrig sind. Wenn die dort gestellten Kurse schlechter sind, haben Sie womöglich keine Ersparnis oder zahlen im ungünstigsten Fall sogar noch drauf.

Mindest-Ordervolumen 500 Euro

Gerade weil ein Teil der Ordergebühr aus fixen Kosten besteht, sollte Ihre Wertpapierorder nicht zu klein sein. Für nur 20, 30 oder 50 Euro Wertpapiere zu kaufen, lohnt sich nicht. Wir halten eine Mindestgröße von 500 Euro für angemessen. Eine Ausnahme von dieser Regel bilden Fondssparpläne. Der Sinn dieser Sparpläne besteht darin, monatlich für 50 oder 100 Euro Fondsanteile zu kaufen. Deshalb gibt es für solche Sparpläne häufig Sonderkonditionen. Mehr dazu im Kapitel »Sparpläne«.

Wichtig ist aber auch: Ständiges Umschichten kostet eine ganze Menge Geld, geht also zulasten der Performance (so nennt man das Ergebnis der Geldanlage auf Neudeutsch). Idealerweise kaufen Sie also Werte, von denen Sie überzeugt sind und die Sie lange im Depot halten können. Dann werfen Sie der Depot-Bank und den Börsen nicht andauernd Geld in Form von Transaktionsgebühren in den Rachen. Nicht umsonst lautet ein alter, bekannter Börsenspruch: »Hin und her macht Taschen leer.«

Das ABC der Wertpapiere

Sie wissen inzwischen, wie Sie vorgehen, um ein Wertpapier zu kaufen. In diesem Kapitel geht es nun darum, welche Wertpapiere überhaupt zur Wahl stehen und wie Sie sie auswählen. Ob Aktien, Anleihen, Fonds und ETFs, Zertifikate oder Optionsscheine – hier erfahren Sie alles, was Sie anfangs wissen müssen.

Aktien

Wer eine Aktie kauft, kauft einen realen Unternehmensanteil. Das heißt: Ein Stück Siemens, BMW, Bayer oder Deutsche Telekom gehört jedem Aktionär dieser Aktiengesellschaften. Mit dem Kauf von Aktien setzen Sie als Aktionär auf zwei Entwicklungen:

• Sie hoffen Jahr für Jahr auf eine anständige Dividende, also eine Beteiligung am Unternehmensgewinn.
• Sie erwarten eine Kurssteigerung des betreffenden Unternehmens, um die Aktien später mit Gewinn wieder verkaufen zu können.

Wenn Sie Aktien haben, berechtigt Sie das außerdem zur Teilnahme an der Hauptversammlung der jeweiligen Aktiengesellschaft, wo Sie ein Stimmrecht haben. Institutionelle Investoren, die große Aktienpakete besitzen, wollen in der Tat bei der Geschäftspolitik des Unternehmens mitreden. Zwar wird nicht über jede einzelne Vorstandsentscheidung abgestimmt, sehr wohl aber beispielsweise darüber, ob der Vorstand im letzten Geschäftsjahr gute Arbeit geleistet hat (das nennt sich »Entlastung des Vorstands«), und darüber, wie der Aufsichtsrat sich zusammensetzt. Auch über die Höhe der Dividende wird auf der Hauptversammlung unter den Aktionären abgestimmt.

Stamm- und Vorzugsaktien

Vom Stimmrecht haben Sie als Privatanleger meistens nicht viel. Wenn Sie darauf keinen gesteigerten Wert legen, sind Vorzugsaktien für Sie womöglich interessant. Im Unterschied zu Stammaktien sind Vorzugsaktien nicht mit einem Stimmrecht verknüpft. Dafür gibt es in aller Regel einen Aufschlag bei der Dividende. Nicht jedes börsennotierte Unternehmen emittiert allerdings sowohl Stamm- als auch Vorzugsaktien, aber einige. So zum Beispiel BMW, VW, Metro, RWE oder MAN. Wenn Sie auf Dividenden aus sind, sind Vorzugsaktien meist die bessere Wahl. Auch wenn Sie kein Stimmrecht haben: Zur Hauptversammlung werden Sie trotzdem eingeladen.

Daneben gibt es noch die Unterscheidung zwischen Namensaktien und Inhaberaktien. Bei Namensaktien sind Sie als Aktionär der Aktiengesellschaft namentlich bekannt, bei Inhaberaktien nicht. Das heißt, bei Namensaktien werden Sie möglicherweise direkt von der Aktiengesellschaft angeschrieben (die AGs tun ja viel, um ihre Aktionäre zufriedenzustellen). Das ist aber auch schon alles, was Sie wissen müssen. Sonst hat dieser Unterschied keine Konsequenzen für Sie.

Blue Chips, Mid Caps und Small Caps

Unterschieden werden Aktien oft anhand ihres Börsenwertes (der sogenannten Marktkapitalisierung). Die Schwergewichte heißen Blue Chips oder auf Deutsch »Standardwerte«. Sie sind meist in den großen Leitindizes vertreten, also in DAX, Dow Jones oder Euro Stoxx. Aktien von Unternehmen mittlerer Marktkapitalisierung nennen sich Mid Caps. Dazu gehören beispielsweise die Aktien aus dem deutschen MDAX. Darunter folgen die Aktien von Unternehmen mit geringer Marktkapitalisierung, die so genannten Small Caps. Mid Caps und Small Caps zusammen nennt man auf Deutsch auch »Nebenwerte«.

Die besten Börsenplätze,
um Aktien zu ordern

Wenn Sie Aktien kaufen wollen, dann stehen Ihnen oft mehrere Börsenplätze zur Verfügung. Doch welcher ist der richtige? Die folgende Aufzählung hilft Ihnen bei Ihrer Entscheidung:

- Deutsche und internationale Blue Chips ordern Sie über Xetra.
- Deutsche Nebenwerte ordern Sie an der jeweiligen Heimatbörse. Der Börsenplatz München ist beispielsweise die Heimatbörse von der Ludwig Beck (»am Rathauseck«) AG, die Börse Stuttgart ist die Heimatbörse des schwäbischen Maschinenbauers Berthold Hermle AG.
- Ausländische Aktien ordern Sie über die Berliner Börse, sofern Sie dort gelistet sind. Ansonsten müssen Sie auf die ausländische Heimatbörse der jeweiligen Aktie ausweichen, was aber in der Regel mit deutlich höheren Transaktionskosten verbunden ist.

Grundregeln für die Auswahl:
So finden Sie die besten Aktien

Eine aktive Geldanlage ist stets mit Arbeit verbunden. Wichtige Einflussfaktoren sind: Zeitaufwand und Fachkenntnis. Bevor Sie Ihr Aktien-Depot aufbauen, müssen Sie sich daher fragen, wie groß Ihr Zeitbudget ist und wie gut Ihre Fachkenntnisse bei der Beurteilung von Aktien sind. Der Rat kann nur lauten: Seien Sie ehrlich zu sich selbst!

Wenn Sie wenig Zeit für Börsengeschäfte haben und Begriffe wie Eigenkapitalquote, Kurs-Gewinn-Verhältnis oder Buchwert für Sie sehr exotisch klingen, ist es wenig sinnvoll, ein Aktien-Depot mit zehn bis 20 Werten aktiv zu verwalten. Denn eines ist klar: Mit dem »Stockpicker«-Ansatz (»Stockpicker« sind Anleger, die auf einzelne Aktien und nicht auf den breiten Markt setzen) können Anleger die besten, aber auch die schlechtesten Ergebnisse erzielen.

Wer keine Zeit und keine Lust hat, die ausgewählten Unternehmen vor dem Kauf intensiv unter die Lupe zu nehmen und nach dem Kauf die Entwicklung regelmäßig zu verfolgen, wird keinen Erfolg an der Börse haben. Damit Sie den möglichen Aufwand grob einschätzen können: Es gibt weltweit rund 40.000 Aktien-Gesellschaften, die für ein Investment infrage kommen. Nach einer intensiven Prüfung bleiben aber weniger als 100 übrig, die Sie ohne Bauchschmerzen für fünf, zehn oder 20 Jahre ins Depot nehmen können.

Ausschlusskriterien sind z. B. operative Verluste, schwache Bilanzkennzahlen oder ein unberechenbares Management.

Falls Sie sich mit solchen Fragen nicht beschäftigen möchten, sollten Sie konsequent sein und auf Aktienfonds setzen (mehr dazu im
Abschnitt »Fonds« weiter hinten in diesem Kapitel). Mit einem reinen Fonds-Depot werden Sie unter 100 Anlegern nicht die Plätze
1 bis 10 belegen, weil breit streuende Fonds immer auch vom Gesamtmarkt abhängen. Das große Aber: Mit einem gut ausgewählten Fonds-Portfolio landen Sie auch auf keinen Fall auf den Plät-
zen 70 bis 100. Diese Plätze sind für die Anleger »reserviert«, die
sich überschätzen, immer den aktuellen Trends (zu spät) hinterher-
laufen und durch permanentes Umschichten in die Transaktionskos-
ten-Falle laufen.

Aktienauswahl

Wer Miteigentümer eines Unternehmens werden will, muss vorher den
Aktien-Check machen.

Keine Frage: Kurzfristig betrachtet sind Aktien extrem schwankungs-
anfällig. Aber schon hier lohnt sich ein genauer Blick. Was schwankt
so stark? Die Aktienkurse. Also die Preise, die jetzt aktuell am Markt
für dieses Wertpapier zu erzielen sind. Ganz anders sieht das Ergebnis aus, wenn Sie den Wert (!) eines Unternehmens betrachten.

Der Unterschied zwischen Preis und Wert

Eine Unterscheidung zwischen Preis und Wert klingt wie Haarspal-
terei, ist aber ein elementarer Punkt bei der Frage, wie Sie Ihr Geld,
Ihr Vermögen vor Inflation, Staatsbankrott und Wirtschaftskrisen
schützen können. Ich nenne Ihnen ein konkretes Beispiel:

Nestlé, der weltweit größte Nahrungsmittelhersteller, hat im Boom-
Jahr 2007 einen Umsatz in Höhe von 107,552 Mrd. SFr. erzielt und
10,649 Mrd. SFr. Gewinn erwirtschaftet. Im Krisenjahr 2009 lag der
Umsatz bei 107,618 Mrd. SFr. und der Gewinn bei 10,428 Mrd. SFr.

Wie Sie schnell erkennen können, lagen die Veränderungen nur im Nach-Komma-Bereich. Da sich auch die Zukunftsaussichten nicht elementar verändert haben und die Bilanzkennzahlen ebenfalls stabil waren, hat sich der Wert des Unternehmens – und damit auch der Wert der Nestlé-Aktie – objektiv betrachtet kaum verändert.

Sehen wir uns jetzt aber die Kursentwicklung der Nestlé-Aktie genauer an: Im Boom-Jahr 2007 erreichte die Aktie den Höchstkurs von 55 SFr. Im Krisenjahr 2009 stürzte der Kurs kurzfristig auf 35 SFr ab. Das zeigt: Obwohl Umsatz und Gewinn praktisch stabil waren, schwankte der Aktienkurs zwischen 35 und 55 SFr. Beide Marktpreise waren Übertreibungen. Die 55 SFr. waren im Jahr 2007 zu ambitioniert (das Kurs-Gewinn-Verhältnis lag in der Spitze bei 20), die 35 SFr waren hingegen im Jahr 2009 zu günstig für ein internationales Top-Unternehmen.

Entscheidend ist, dass der Aktienkurs nach positiven und negativen Übertreibungsphasen immer wieder zum »wahren« Wert zurückkehrt. Der Spekulant und Börsen-Schriftsteller Andre Kostolany (1906–1999) hat für diesen Vorgang ein sehr schönes sprachliches Bild gefunden: *»Der Börsenkurs verhält sich zur Wirtschaft wie der Hund zum Spaziergänger: Er läuft oft voraus oder hinterher, kommt aber immer wieder zurück.«*

Fazit: Haben Sie keine Angst vor Kursschwankungen! Selbst der Kurs einer Qualitätsaktie kann und wird auch in Krisenzeiten unter Druck geraten. Der große Unterschied: Schrottaktien bleiben im Keller, qualitativ hochwertige Aktien erholen sich wieder. Wichtig ist daher bei Aktien-Investments, dass Sie Zeit mitbringen. Sie dürfen nicht unter Zeitdruck stehen. Wenn Sie nächstes Jahr ein Auto kaufen möchten, sollten Sie mit diesem Geld jetzt keine Aktien erwerben. Wenn Sie in drei Jahren einen Kredit zurückzahlen müssen, ist dieses Geld für Aktienkäufe nicht geeignet. Um das Bild von Kostolany noch einmal aufzunehmen: Sie wissen nicht, ob der Hund in zwölf Monaten oder drei Jahren vor oder hinter Ihnen läuft. Das ist nicht berechenbar. Investieren Sie daher freies Kapital in Aktien, das fünf, zehn oder 20 Jahre für Sie »arbeiten« kann.

Wichtige Kennzahlen für die erfolgreiche Aktienauswahl

Dieses Buch ist kein Lehrbuch über die Aktienanalyse. Wir können hier nicht die Details der Aktien- und Bilanzanalyse in den Vordergrund stellen. Dennoch ist ein Kurzüberblick wichtig, um die Grundprinzipien der erfolgreichen Aktienauswahl zu verstehen.

Wenn Sie einen der erfolgreichsten Aktienanleger der Welt fragen, was einen guten von einem schlechten Aktienanleger unterscheidet, so wird er Ihnen antworten: »Lesen«. Warren Buffett, zweitreichster Mann der Welt, meint es auch, so wie er es sagt: »*Setzen Sie mich für Wochen und Monate ruhig auf eine einsame Insel, und ich kann die besten Aktienentscheidungen treffen auch ohne Zeitung, Börsenmagazine und Börsen-TV. Geben Sie mir aber bitte die Geschäftsberichte und Bilanzen der Unternehmen mit.*«

Jetzt brauchen Sie kein Warren Buffett zu sein, der als Unternehmensanalyst (so bezeichnet er sich selbst) einer der besten ist. Seine Profession ist es, Tag für Tag, Stunde um Stunde, Geschäftsberichte und Bilanzen zu lesen. Als Aktienanleger schaffen Sie es aber auch mit weniger Zeitaufwand, sich die Unternehmen genauer anzusehen, die es wert sind, als Qualitätsaktien in Ihrem Depot langfristig für Wachstum zu sorgen.

Gute Kurse brauchen erfolgreiche Unternehmen

Die vergangenen Jahre haben gezeigt: Werden die wesentlichen Kennzahlen wie solide Gewinne, gesunde Buchwerte und andere Unternehmenskennzahlen außer Acht gelassen, werden enorme Beträge von Aktionärsgeldern regelrecht verbrannt. Und das nicht nur mit »Neuen-Markt«-Werten im Internet-Boom 1999/2000 oder mit Explorer-Pennystocks im Rohstoff-Boom 2007/2008, sondern auch mit sogenannten Blue Chips. Einbrüche selbst im deutschen Leitindex DAX von über 60 Prozent machen deutlich: Kurse kommen immer wieder auf den realen Wert der einzelnen Unternehmen zurück.

Seien Sie daher vorsichtig, wenn Sie extrem pessimistische oder optimistische Aktienanalysen lesen. Die Lektüre dieses Buches wird Sie nicht zu einem »Aktienexperten« machen. Dafür müssen Sie sich Spezialwissen aneignen und brauchen einen Erfahrungsschatz, den Sie innerhalb von mehreren Jahren aufbauen können. Dieses Buch soll Ihnen aber helfen, Aktienanalysen oder die Geschäftsberichte der Unternehmen besser zu verstehen. Wir entschlüsseln das »Fachchinesisch«. Sie erfahren auf den nächsten Seiten, was sich hinter geheimnisvollen Abkürzungen wie PEG und EBIT versteckt und welche Bedeutung diese Begriffe haben.

Auf das Unternehmen bezogene Kennzahlen

Zunächst einmal beschäftigen Sie sich mit dem Unternehmen, dessen Aktien aus Ihrer Sicht möglicherweise in Betracht kommen. Im Folgenden finden Sie eine Beschreibung der Kennzahlen, die hierbei interessant sind.

Jahresüberschuss (= Gewinn)

Der Jahresüberschuss ist das, was übrig bleibt, wenn man die Aufwendungen eines Jahres von den Erträgen desselben Jahres abzieht (das kann das Kalender-, aber auch das Wirtschaftsjahr der AG sein). Der Jahresüberschuss ist das Ergebnis der Gewinn- und Verlustrechnung. Diese Zahl versteht sich fast von selbst, hat aber einen Nachteil: Sie ist sehr leicht durch Bilanztricks zu beeinflussen. So werden darin beispielsweise auch Erträge aus Unternehmensbeteiligungen berücksichtigt und nicht nur der operative Gewinn. Bei den Aufwendungen sind Abschreibungen ebenso enthalten wie die gezahlten Steuern. Deshalb ist der Jahresüberschuss für einen internationalen Vergleich nur eingeschränkt geeignet.

Earnings before Interest and Taxes (EBIT)

Wer internationale Unternehmen vergleichen will, fährt mit dem EBIT (Earnings before Interest and Taxes) besser. Auch das EBIT kennzeichnet den Gewinn. Es drückt das operative Ergebnis aus, bevor die kreditgebenden Banken und das Finanzamt bedient werden. Aber aufgepasst: Auch Einkünfte, die nicht unbedingt zum Kerngeschäft einer Aktiengesellschaft gehören (z. B. Pachten) finden sich im EBIT wieder.

Earnings before Interest, Taxes, Depreciation and Amortisation (EBITDA)

Der Begriff EBITDA bedeutet »Earnings before Interest, Taxes, Depreciation and Amortisation«. Zum Jahresüberschuss werden hier also die Zinsen und Steuern sowie der materielle und immaterielle Abschreibungsaufwand hinzugerechnet. Diese Kennzahl wird vor allem bei jungen Aktiengesellschaften verwendet, die viel Geld investiert haben und daher hohe Abschreibungen vornehmen müssen. Hintergrund für diese Kennzahl ist die Überlegung, dass ja auch der Aufwand für diese Investitionen irgendwie erwirtschaftet sein will. Das EBITDA wird also häufig angegeben, wenn hohe Abschreibungen dafür sorgen, dass das stark wachsende Unternehmen noch keinen Gewinn gemacht hat.

Operativer Cashflow

Wie erfolgreich war ein Unternehmen zu einer beliebigen Zeit mit seinem operativen Geschäft? Wer das wissen will, schaut auf den operativen Cashflow. Diese Kenngröße ist die wichtigste Zahl für Großinvestoren, da sie einiges über den Erfolg einer AG in der zurückliegenden Periode verrät und weniger leicht manipulierbar ist als der Jahresüberschuss.

Der operative Cashflow gibt Auskunft über die finanziellen Mittel, die das Unternehmen mit der laufenden Geschäftstätigkeit tatsäch-

lich erwirtschaftet hat. Dazu werden alle Größen aus dem Jahresüberschuss herausgerechnet, die keine Zahlungsströme veranlasst haben
und nicht zum operativen Geschäft gehören. So enthält der operative
Cashflow beispielsweise keine Erträge aus verkauften Unternehmensbeteiligungen (täuscht also keine Gewinne vor, wenn dazu nur »Tafel-
silber« verkauft wurde). Ein Cashflow-Vergleich zwischen einzelnen
Unternehmen aus unterschiedlichen Branchen ist aber kaum möglich.

Eigenkapitalquote

Die Eigenkapitalquote gibt an, wie hoch der Anteil des Eigenkapitals
am Gesamtkapital einer Aktiengesellschaft ist. Sie wird in Prozent
angegeben. Je höher der Prozentsatz liegt, desto weniger verschul-
det ist die AG. Umgekehrt bedeutet dies: Eine geringe Eigenkapitalquote ist in der Regel ein Indiz für schlechte Bonität. Denn wenn ein
Unternehmen zu stark am Tropf von Banken und sonstigen Kredit-
gebern hängt, ist es hochgradig gefährdet. Schnell kann dem Unternehmen in der Krise der Kredithahn zugedreht werden.

Auf die einzelne Aktie bezogene Kennzahlen

Nicht nur das Unternehmen in seiner Gesamtheit sollten Sie betrachten, sondern auch die einzelne Aktie. Damit sie diese mit anderen Aktien vergleichen können, bieten sich folgende Kennzahlen an.

Kurs-Gewinn-Verhältnis (KGV)

Das Kurs-Gewinn-Verhältnis (KGV) ist die gängigste Bewertungs-
kennzahl für Aktien. Im angelsächsischen Raum wird es auch Price-
Earnings-Ratio (PER) genannt. Das KGV zeigt Ihnen an, mit welchem Vielfachen des Jahresgewinns ein Unternehmen an der Börse
bewertet wird. Ein niedriges KGV kann, muss aber nicht zwingend
ein Kaufargument sein. Unterschiedliche Gründe können dafür verantwortlich sein, dass die Aktie günstig bewertet ist, aber trotzdem
nur wenig Kurs-Potenzial bietet:

1. Das Unternehmen hat eine geringe Umsatz- und Gewinndynamik.
2. Das Unternehmen verfügt über geringe Ressourcen (z. B. eine Minengesellschaft mit fast erschöpften Erzvorkommen).
3. Laufende Klagen belasten die zukünftigen Gewinnaussichten (z. B. bei der Aktie BP nach der Ölkatastrophe im Golf von Mexiko).
4. Mischkonzerne werden fast immer mit einem Abschlag gehandelt (eine Ausnahme ist die Beteiligungsgesellschaft Berkshire Hathaway von Warren Buffett).
5. Unternehmen aus Branchen mit geringen Wachstumsaussichten werden niedrig bewertet (viele Unternehmen aus den Branchen Telekommunikation, Versorger oder Versicherungen weisen ein optisch niedriges KGV von unter 10 auf).

$$KGV = \frac{Aktie\,\text{€}}{\emptyset\,Gewinn}$$

je klär, destro mehr Gewinn!

Falls Sie also eine Aktie mit einem niedrigen KGV entdecken, sollten Sie in einem ersten Schritt überprüfen, wie hoch die direkten Mitbewerber bewertet werden. Anschließend stellt sich die Frage, welche Wachstums- und Gewinnaussichten die Branche und das ausgesuchte Unternehmen haben. Abschließend sollten Sie sich über mögliche Klagerisiken informieren.

Fallen alle Punkte positiv aus, ist das niedrige KGV ein wichtiges (aber nicht einzig entscheidendes) Kaufargument.

Auswahl des Bezugsjahres

Ein möglicher Schwachpunkt ist die schwierige Auswahl des Bezugsjahres. Wie oben angegeben, brauchen Sie für die Berechnung des KGV den Gewinn je Aktie. Für das vergangene Geschäftsjahr liegen hier die gesicherten Daten bereits vor. Dafür ist das Datenmaterial fast schon wieder veraltet, da an der Börse zukünftige Gewinne höher bewertet werden.

Der Gewinn je Aktie für das laufende Geschäftsjahr ist aussagekräftiger, kann zu einem frühen Zeitpunkt des Jahres allerdings nur eine grobe Schätzung sein. Ein zurzeit scheinbar niedriges KGV kann relativiert werden, wenn für das Unternehmen im weiteren Jahresverlauf die Gewinnschätzung verfehlt. Sie sollten daher jede KGV-Schätzung kritisch hinterfragen. Es stellt sich immer die Frage, wie plausibel die Gewinnschätzung ist und wann sie zuletzt überarbeitet wurde.

Trotz dieser möglichen Schwächen ist das KGV ein wichtiges Hilfs-instrument, um günstige und überbewertete Aktien voneinander un-terscheiden zu können.

Price-Earning to Growth-Ratio (PEG)

Das traditionelle KGV lässt sich durch eine Erweiterung noch weiter verfeinern. Die Kennzahl Price-Earnings-to-Growth-Ratio (PEG) setzt das Kurs-Gewinn-Verhältnis (KGV) in Relation zum erwar-teten Gewinnwachstum. Als Faustformel gilt: Das PEG ist güns-tig, wenn das KGV maximal so hoch ist wie das erwartete Gewinn-wachstum.

Wächst der Gewinn je Aktie z. B. um 10 Prozent, sollte das KGV auch nicht über 10 liegen. Kann das Unternehmen den Gewinn da-gegen um 30 Prozent steigern, wäre auch ein optisch teures KGV von 30 vertretbar.

Sind KGV und Gewinnwachstum identisch, liegt das PEG bei 1. Als günstig gilt eine Aktie, wenn der Wert bei 1 oder tiefer liegt (Ge-winnwachstum ist größer als KGV).

Der Berechnungszeitraum

Eine mögliche Schwachstelle ist wiederum der Berechnungszeitraum. Speziell im Börsenboom 2005 bis 2007 wurden mehrjährige Wachstums-perioden betrachtet. So gingen damals die Wachstumsaussichten für das laufende und zwei weitere Jahre in die PEG-Berechnung mit ein. Die Finanz- und Konjunkturkrise ab 2008 hat alle Planzahlen und Prognosen über den Haufen geworfen. Aber es geht auch in die andere Richtung: Die schnelle Erholung der Unternehmensgewinne ab Ende 2009 hatte auch (fast) kein Analyst so auf dem Radar. Es hat sich gezeigt, dass es angesichts der unberechenbaren Konjunkturentwicklung fast unmöglich ist, zuverlässige Schätzungen für die nächsten zwei oder drei Jahre ab-zugeben.

Wichtig ist die Einschränkung »fast«: Es gibt einige wenige Unterneh-men, die relativ berechenbare Geschäftszahlen abliefern. Dazu gehört z. B. der Nahrungsmittelhersteller Nestlé. Weitere Unternehmen werden Sie im Kapitel mit den konkreten Auswahlkriterien finden.

Das PEG ist eine sinnvolle Ergänzung zum traditionellen KGV und zeigt an, dass eine Aktie mit einem KGV von 30 nicht zu teuer sein muss, wenn das Gewinnwachstum stimmt. Umgekehrt kann ein KGV von 10 teuer sein, wenn das Gewinnwachstum nur bei 2 oder 3 Prozent liegt.

Kurs-Umsatz-Verhältnis (KUV)

Mit dem KGV und PEG haben wir Ihnen Kennzahlen vorgestellt, die vom Gewinn des Unternehmens abhängen. Das Kurs-Umsatz-Verhältnis (KUV) können Sie unabhängig vom Gewinn ermitteln. Das ist speziell bei jungen Wachstumsunternehmen wichtig, die noch keine Gewinne erwirtschaften. Grundsätzlich gilt: Je niedriger das KUV, desto preiswerter ist eine Aktie.

Hier drei Beispiele für die Einsatzmöglichkeiten des KUV.

1. Zwei junge Unternehmen entwickeln neue Suchsysteme für das Internet. Sie stehen in direktem Wettbewerb und bearbeiten den gleichen Markt. Da die Unternehmen noch rote Zahlen schreiben, fällt das Kurs-Gewinn-Verhältnis als Vergleichskriterium aus. Besitzt jetzt ein Unternehmen ein KUV von 4 und das andere eine von 6, ist das erste günstiger bewertet.
2. Die Chip-Industrie ist sehr schwankungsstark. In einem Jahr verdient ein Chip-Hersteller wie Infineon einen Milliardenbetrag, im nächsten Jahr fallen Verluste an. Damit das Unternehmen auch im Verlustjahr mit Konkurrenten verglichen werden kann, ist das KUV ein Hilfsmittel.
3. Sie möchten eine Chemie-Aktie kaufen, doch die zwei interessantesten Unternehmen haben ein identisches KGV. In diesem Fall bieten sich weitere Vergleichskriterien an. Besitzt das eine Unternehmen ein KUV von 0,8 und das andere eines von 1,2, ist das erstere preisgünstiger. Faustformel: Bei etablierten Unternehmen, die sich nicht mehr in der Wachstumsphase befinden, gilt ein KUV von unter 1 als günstig.

Kurs-Buchwert-Verhältnis (KBV)

Das Kurs-Buchwert-Verhältnis (KBV) zeigt Ihnen an, wie das Eigenkapital eines Unternehmens an der Börse bewertet wird (Buchwert und Eigenkapital sind in etwa deckungsgleich). Besonders interessant sind Unternehmen, die ein KBV von unter 1 aufweisen. Bei diesen Unternehmen ist der Substanzwert höher als der Börsenwert.

Es muss sich aber nicht zwangsläufig um ein Schnäppchen handeln. Schreibt ein Unternehmen z. B. Verluste und vernichtet Eigenkapital, ist ein Abschlag gerechtfertigt. Erzielt das Unternehmen dagegen Gewinne und hat auch ansonsten positive Aussichten, deutet ein KBV von unter 1 auf eine deutliche Unterbewertung hin.

Die Finanzinvestoren schauen, wenn sie neue Übernahmekandidaten suchen, oft auf diese Kennzahl. Ein Beispiel ist der Chemiewert Celanese, der durch sein niedriges KBV von 0,6 aufgefallen ist. Das Ergebnis: eine Übernahme durch einen amerikanischen Finanzinvestor.

Kurs-Cashflow-Verhältnis (KCV)

Die Kennzahl Kurs-Gewinn-Verhältnis (KGV) hat sich international als Kriterium für die Bewertung einer Aktie durchgesetzt. Dabei ist das KGV in Fachkreisen nicht unumstritten. Der Grund: Der Jahresüberschuss, also die Grundlage der Berechnung, kann von den Unternehmen in die gewünschte Richtung gesteuert werden. Legale Bilanzierungstricks können vom Management genutzt werden, um den Jahresüberschuss zu beeinflussen. Speziell die Rückstellungen und Abschreibungen werden sehr gern zur »Feinjustierung« genutzt, um das gewünschte Ergebnis zu erhalten. Das KGV ist daher immer mit einer gewissen Vorsicht zu genießen.

Ein objektiveres Bild von der Finanzkraft eines Unternehmens bietet der Cashflow. Das ist der Nettozugang an liquiden (flüssigen) Mitteln während einer festgelegten Periode; also z. B. in einem Geschäftsjahr.

Sie können den Cashflow berechnen, indem Sie zu dem um außerordentliche Faktoren bereinigten Jahresüberschuss die Abschreibungen auf das Anlagevermögen sowie Veränderungen der langfristigen Rückstellungen addieren.

Wie beim KGV gilt: Je niedriger das KCV, desto günstiger ist die Aktie bewertet (wobei stets mehrere Kennzahlen miteinander verglichen werden sollten). Besonders hellhörig sollten Sie werden, wenn KGV und KCV weit auseinander liegen oder sich in einer Periode unterschiedlich entwickelt haben.

Dividenden-Rendite

Speziell im Frühjahr und Frühsommer gewinnt die Dividenden-Rendite an Bedeutung. Der Grund: In den Monaten April bis Juni finden in Deutschland die meisten Hauptversammlungen statt. Einen Tag nach der Hauptversammlung wird dann in der Regel die festgelegte Dividende an die Aktionäre ausgeschüttet.

Die Dividende wird von vielen Anlegern unterschätzt. Langfristige Studien haben gezeigt, dass Sie mit Aktien Durchschnittsrenditen von 8 bis 10 Prozent erreichen können. Kursgewinne sind aber nur ein Bestandteil. Fast die Hälfte des Zuwachses hängt von den Dividenden ab. Zahlt ein Unternehmen regelmäßig Dividenden in Höhe von 4 bis 5 Prozent aus, haben Sie rund 50 Prozent des Potenzials schon erreicht.

Bei der Berechnung dieser Kennzahl gibt es ein methodisches Problem, das nicht befriedigend gelöst werden kann: Berücksichtigt man die zuletzt gezahlte Dividende oder die erwartete Dividende?

Die erste Methode hat den Vorteil, dass die Zahlen dann gesichert sind. Der Nachteil liegt auf der Hand: Aus der alten Dividende lässt sich nicht unbedingt auf die zukünftige schließen. Wählt man die erwartete Dividendenausschüttung, muss man immer mit der Ungewissheit leben, ob die Ausschüttungshöhe tatsächlich erreicht wird.

Die Dividende: der unterschätzte Renditehebel

Viele Aktienbesitzer machen ihre Kaufentscheidung nur noch unterge-ordnet von Dividendenzahlungen abhängig. Was heute zählt, ist der Kursgewinn. Dabei zeigt ein Blick in die Vergangenheit, dass die Dividen-de ein echter Renditehebel ist. In der Zeit von 1871 bis 1988 haben die Dividenden ungefähr 60 Prozent der Erträge ausgemacht. Der Kursan-stieg machte lediglich 40 Prozent aus.

Welch unglaubliche Dynamik die Dividenden entwickeln können, wenn sie auch direkt wieder investiert werden, zeigt folgendes Beispiel: Wer im Jahr 1970 einmalig 1.000 Euro in Aktien der europäischen Großkon-zerne aus dem Index MSCI Europe investiert hat, konnte sich Ende 2009 über einen Depot-Stand von 11.250 Euro freuen. Das ist schon ein recht netter Gewinn. Wer aber etwas aktiver war und jedes Jahr die Dividen-denerträge wieder neu in Aktien investiert hat, kam bis Ende 2009 auf einen wesentlich höheren Depot-Stand von 47.700 Euro.

Angesichts dieser Zahlen wird klar, warum Sie bei der Aktienauswahl größten Wert auf scheinbar langweilige Dividenden legen sollten und die Dividendenerträge dann auch reinvestieren: Leichter können Sie an der Börse kein Geld verdienen!

Investieren Sie in dividendenstarke Aktien von weltweit agierenden Unternehmen: Dividenden sind – wie oben gezeigt – ein wichtiger Faktor, aber die Unternehmen müssen diese Ausschüttungen in kon-junkturell schwankenden Zeiten erst einmal verdienen. Ein Blick auf die »Dividenden-Stars« der vergangenen Jahrzehnte zeigt, dass diese Unternehmen fast immer aus den gleichen Branchen stammen und so »langweilige« Produkte wie Reinigungsmittel, Zahnpasta, Kaffee, Tiernahrung, Tabak oder Mineralwasser verkaufen. Das sind Güter des täglichen Bedarfs, die die Menschen in guten und in schlechten Zeiten kaufen (müssen).

Um das Risiko bei der Aktienanlage zu streuen, ist es für Sie wich-tig, in global agierende Unternehmen zu investieren. Häufig fal-len Krisen in den verschiedenen Wirtschaftsregionen, auch wenn von einer weltweiten Krise gesprochen wird, unterschiedlich hart aus. Wenn Sie in Aktien von Unternehmen investieren, die sich den verschiedenen Märkten flexibel anpassen können und dadurch weitgehend währungsunabhängig agieren, wird auch eine Krise ge-meistert.

Das Märchen vom verlorenen Aktienjahrzehnt

Die Crash-Phasen 2000 bis 2003 und 2007 bis 2009 haben tiefe Spuren hinterlassen: Viele Privatanleger haben das Vertrauen in die Anlageklasse Aktien verloren. Auf den ersten Blick ist das verständlich: Wer im März 2000 bei einem DAX-Stand von über 8.000 Punkten in den deutschen Leitindex eingestiegen ist, stand zehn Jahre später noch immer im Minus.

Die negative Performance ist zwar korrekt, ist aber eine rein theoretische Betrachtung. Nur eine kleine Minderheit hat beim Einstieg zufällig den Rekordstand erwischt. Werte über 8.000 Punkte waren im Frühjahr 2000 nur ein kurzer Ausreißer nach oben. Wer einige Wochen früher in den DAX eingestiegen ist, konnte dies z. B. am ersten Handelstag des Börsenjahres 2000 bei einem Indexstand von 6.961 Punkten tun. Wer noch ein Jahr früher eingestiegen ist, musste sogar nur knapp 5.000 Punkte »bezahlen«. Der ständige Verweis auf den alten Rekordwert von über 8.000 Punkten im März 2000 ist daher irreführend.

Wer von 1997 bis 2000 regelmäßig in DAX-Werte investiert hat, konnte deutlich günstiger in den Aktienmarkt einsteigen und hat daher schon früher wieder die Gewinnzone erreicht. Wer dann sogar mutig war und in der Krise 2000 bis 2003 weiter gekauft hat, konnte sogar nach wenigen Jahren dreistellige Gewinne feiern.

Aktienkäufe sind auch in schwierigen Zeiten attraktiv

Die Jahre 2000 bis 2009 waren für Aktionäre dennoch eine Herausforderung. Die DAX-Entwicklung glich einer Achterbahnfahrt. Aufwärtstrend und Abwärtstrend wechselten sich ständig ab. In der Bandbreite 2.200 bis 8.200 wurde jeder Punktestand gleich mehrfach erreicht.

Die Frage lautet aber: Ist das für Neu-Einsteiger ein schlechtes Zeichen? Würden Sie aktuell mit mehr Begeisterung Aktien kaufen, wenn die Kurse im vergangenen Jahrzehnt ohne Unterbrechung gestiegen wären, um 200 oder 300 Prozent zugelegt hätten und Ihre Freunde, Nachbarn und Verwandten bei jeder Gelegenheit über Aktiengewinne sprechen würden? Wenn alle schon investiert sind, wer soll dann noch kaufen und für weitere Kurssteigerungen sorgen? Die ständig schrumpfende Aktionärszahl in Deutschland ist besorgniserregend, wenn Sie an die Probleme der privaten Altersvorsorge denken, aber als »Timing-Indikator« (Hinweis auf einen günstigen Einstiegszeitpunkt) wunderbar. In der Praxis zeigt sich oft: Je unbeliebter eine Anlageklasse aktuell ist, desto höher ist anschließend das Kurspotenzial, wenn die Anlageklasse ihr Comeback feiert.

Denken Sie nur an Gold. Wer im Jahr 2000 in einer Bank Gold kaufen wollte, wurde ausgelacht. Aufgrund der geringen Nachfrage und niedrigen Gewinnmarge haben viele Banken das Edelmetallgeschäft sogar ganz eingestellt. Der Preis für eine Unze Gold stürzte auf 250 USD. Zehn Jahre später notierte Gold 1.000 USD höher (das neue Allzeithoch liegt sogar bei über 1.900 USD je Unze). Wer im Jahr 2000 den Mut hatte, gegen den Trend Gold zu kaufen, konnte sich zehn Jahre später über 400 Prozent Gewinn freuen. Diese Strategie nennt man: antizyklisch investieren!

400 Prozent Gewinn erwarten wir am Aktienmarkt nicht. Solche Gewinnchancen gab es in den Crash-Jahren 2003, 2008 und 2009. Dennoch sind wir aus der Sicht von zehn Jahren optimistisch. Der Grund: Aktien sind bei kleinen und großen Investoren zu schwach gewichtet. Eine Aufstockung führt zu einer höheren Nachfrage und zu steigenden Kursen. Ein Musterbeispiel ist die deutsche Versicherungsbranche. Die Untergewichtung von Aktien kann dort als fast schon »dramatisch« bezeichnet werden.

Die Aktienquote der deutschen Lebensversicherungen ist von 1999 bis 2009 von 23,5 auf 2,3 Prozent gesunken. Aus einer Übergewichtung im Boom wurde eine drastische Untergewichtung. Aktienquoten von 2 bis 3 Prozent, wie wir sie zur Zeit erleben, dürften fast einmalig sein in der Historie der deutschen Versicherungsbranche. Wenn man Boom- und Baisse-Phasen streicht, lagen die Aktienquoten oft im Bereich von 8 bis 12 Prozent. Falls dieser Wert in den nächsten drei bis fünf Jahren wieder erreicht wird, wäre das ein enormer Kurstreiber für den Aktienmarkt. Der Marktführer Allianz Leben, oft ein Vorreiter in der Branche, kam 2014 auf eine Aktienquote von rund 8 Prozent. Die meisten Konkurrenten weisen deutlich niedrigere Aktienquoten auf und liegen noch in etwa auf dem Rekordtief aus dem Jahr 2009.

Aktienquote der deutschen Lebensversicherungen	
Jahr	Aktienquote
1994	12,7 %
1995	12,8 %
1996	14,3 %
1997	17,5 %
1998	20,8 %
1999	23,5 %
2000	26,4 %
2001	20,4 %
2002	9,8 %
2003	9,2 %
2004	7,4 %
2005	8,5 %
2006	8,5 %
2007	8,5 %
2008	4,8 %
2009	2,3 %

Quelle: Smart Investor 2/2011

Im Moment halten Versicherungskonzerne größtenteils noch die als sicher geltenden Staatsanleihen in ihren Portfolios. Dass diese Kapitalanlage nur Minierträge bringt und auch nicht mehr sicher ist, zeigt der Kurseinbruch der griechischen Staatsanleihen. Weitere Schuldenkrisen werden folgen und ein Umdenken auslösen. Das bedeutet:

Die Aktien werden mit sehr großer Wahrscheinlichkeit ein Comeback in den Portfolios der Versicherungen und Pensionsfonds erleben. Es ist zu erwarten, dass sich die konservativen Versicherungen besonders auf Aktien mit überdurchschnittlichen Ausschüttungen konzentrieren werden (wichtig ist dabei nicht nur die Höhe der Dividenden-Rendite, sondern auch die Zuverlässigkeit, mit der die Dividenden Jahr für Jahr gezahlt werden).

Wenn Sie dann bereits in dividendenstarke Aktien von globalen Spitzenunternehmen wie Nestlé, Coca-Cola, McDonald's, Procter & Gamble, L'Oreal oder British American Tobacco (BAT) investiert sind, gehören Sie langfristig zu den Gewinnern. Als Aktienbesitzer kann es Ihnen auch relativ egal sein, ob die Nestlé-Aktie nach schweren Währungsturbulenzen in zehn Jahren in Schweizer Franken, Euro oder dem neuen »Welt-Taler« notiert. Der Wert wird erhalten bleiben.

Aktienkurse erholen sich relativ schnell von Rückschlägen

Der Kauf von soliden Unternehmensanteilen (Aktien) ist eine Möglichkeit, die aktuellen und zukünftigen Schulden- und Inflationsrisiken zu meistern. Diese These vertritt auch der amerikanische Harvard-Professor und Krisenforscher Kenneth Rogoff, der nach eigenen Angaben privat auf Aktien setzt.

Begründung: Zwar fallen die Aktienkurse in Krisenphasen, aber erfahrungsgemäß erreichen die Kurse ungefähr drei Jahre nach einem Crash wieder das Vor-Krisen-Niveau. Wenn Sie nicht nur auf den breiten Aktienmarkt, sondern auf ausgewählte Topwerte setzen, sieht es sogar noch besser aus.

Die wichtigsten Auswahlkriterien für Aktien

Damit die theoretischen Ausführungen zum Thema Aktien mit Leben gefüllt werden, nennen wir Ihnen im folgenden Kapitel kurz und knapp die wichtigsten Auswahlkriterien, wenn Sie langfristig solide Aktien suchen. Diese Kriterien müssen erfüllt werden:

Bekannter Markenname (als Hinweis auf Preissetzungsmacht)

Ein bekannter Markenname bietet gleich mehrere Vorteile. Zum einen erleichtert das die weltweite Expansion, zum anderen sind Kunden/Konsumenten bereit, für »Markenartikel« mehr Geld zu bezahlen. Unternehmen mit einer starken Marke besitzen also eine starke Preissetzungsmacht.

Der Wert der Marke kann gar nicht hoch genug eingeschätzt werden. Eine exakte, objektive Messung ist nicht möglich, aber die größte Markenberatung der Welt, Interbrand, beziffert den Wert der Marke »Apple« im Jahr 2014 auf 119 Mrd. USD (+21 Prozent gegenüber 2013). »Google« kommt laut Interbrand auf einen Markenwert von 107 Mrd. USD (+15 Prozent), »Coca-Cola« auf 82 Mrd. USD (+3 Prozent) und der IT-Konzern IBM auf 72 Mrd. USD (-8 Prozent). Weitere Top-Plätze belegen bekannte Marken wie BMW, Mercedes-Benz, Gillette, Louis Vuitton oder die Nestle-Marke Nescafé. Starke Marken müssen über Jahre und Jahrzehnte gepflegt werden. Der Auf- und Abstieg ist fließend. Die Internetsuchmaschine Google ist in Rekordzeit zu einer Top-10-Marke geworden.

Dagegen verblasst der Stern der »Kultmarke« Harley-Davidson. Im Marken-Ranking belegen die Motorradbauer nur noch Platz 87. Zu beachten ist ebenso, dass nicht unbedingt das Unternehmen »die« Marke sein muss. Oft sind es auch die erfolgreichsten Produkte. Besonders eindrucksvoll ist das riesige Markenportfolio des amerikanischen Konsumgüterkonzerns Procter & Gamble mit Marken wie Pampers, Ariel, Lenor, blend-a-med, Gillette und Wella.

Hohe und stetige Dividende

Über die Bedeutung der Dividende haben wir in diesem Kapitel bereits mehrfach geschrieben. Die Dividende gehört zu den wichtigsten Einnahmequellen bei Ihren Börsen-Investments. Je nach Untersuchungszeitraum sind Dividenden für 40 bis 60 Prozent der Gesamt-Performance der Aktienanlage verantwortlich.

Mit Aktien, die regelmäßig hohe Dividenden ausschütten, haben Sie schon die halbe Ernte im Sack. Wichtig ist dabei eine stetige Dividendenpolitik. Zahlt ein Unternehmen regelmäßig attraktive Dividenden, ist das ein Hinweis darauf, dass das Geschäftsmodell in guten und schlechten Konjunkturzeiten funktioniert. Unternehmen können kurzfristig die Aktionäre täuschen und Dividenden aus der Substanz zahlen, aber auf Dauer ist das nicht möglich. Hohe und stetige Dividenden zeigen daher an, dass ein Unternehmen in guten und schlechten wirtschaftlichen Zeiten Gewinne erwirtschaftet, die anschließend in Form von Dividenden verteilt werden können.

Die Historie der vorbildlichen Dividendenzahler ist verblüffend. In den USA gibt es Unternehmen, die seit über 100 Jahren jedes Jahr eine Dividende ausschütten. Bekannte Unternehmen wie Coca-Cola und Procter & Gamble haben in den vergangenen fünf Jahrzehnten Jahr für Jahr die Dividende erhöht. Diese Dividendenstärke deutet darauf hin, dass diese Unternehmen auch den nächsten Wirtschaftssturm, der mit Sicherheit kommen wird, meistern werden.

Eigenkapitalquote über 30 Prozent

Eine solide Eigenkapitalquote von mindestens 30 Prozent sorgt dafür, dass die Unternehmen in Krisenzeiten ein finanzielles Polster besitzen. Bei Unternehmen mit Eigenkapitalquoten von unter 20 oder sogar unter 10 Prozent stellt sich dagegen die Frage, wie die nächste Konjunkturkrise überstanden werden soll und wer im Unternehmen die Macht hat.

Bevor die Geldgeber, die das Unternehmen mit Krediten gefüttert haben, ihren Einsatz in der Krise abschreiben, versuchen sie zunächst eine Machtübernahme, um so wenigstens einen Teil des investierten Geldes zu retten. Die Schulden werden in Unternehmensanteile umgewandelt. Dann versuchen die Geldgeber, das Schiff in ruhiges Fahrwasser zu führen. Selbst wenn das gelingt, sind die Altaktionäre oft das schwächste Glied in der Kette. Ihr Anteil wird durch die neuen Mitbesitzer »verwässert«.

Besaßen die Kleinaktionäre vorher 20 oder 30 Prozent der Aktien, kann der Anteil durch verschiedene Kapitalmaßnahmen auf 2 oder 3 Prozent sinken. Selbst bei einer wirtschaftlichen Erholung sind die Aktien dann nicht mehr viel wert. Damit es erst gar nicht so weit kommt, braucht das Unternehmen in der Krise ausreichend Liquidität und ein üppiges Eigenkapitalpolster von mindestens 30 Prozent.

Geringe Investitionen (maximal 40 Prozent vom Cashflow)

Da Sie gesamtwirtschaftlich immer wieder mit Krisen rechnen müssen, sollten Sie in Aktien von Unternehmen investieren, die in der Krise schnell den Gürtel enger schnallen können. Wichtig ist daher, dass die notwendigen Investitionen gesteuert werden können. Muss ein Unternehmen auch in der Krise permanent viel investieren (typische Branchen mit hohen Investitionszwängen sind Anlagen- und Maschinenbau, Automobil- und Baubranche), kann es passieren, dass das operative Geschäft dafür nicht genug Geld abwirft und die Investitionen mithilfe von Krediten finanziert werden müssen oder dass eine technologische Weiterentwicklung verpasst wird und der Maschinenpark veraltet.

Beide Szenarien schwächen die Zukunftsaussichten des Unternehmens enorm. Der Konsumgüterhersteller Procter & Gamble musste dagegen in den vergangenen fünf Jahren durchschnittlich nur gut 20 Prozent des Cashflows in das eigene Unternehmen investieren. Dieses Investitionsniveau lässt sich auch in einer mehrjährigen Wirtschaftskrise halten.

Produktion von Gütern des täglichen Bedarfs

Langfristig besonders attraktiv sind Unternehmen, die Güter des täglichen Bedarfs herstellen. Sämtliche Auswertungen zeigen, dass diese Unternehmen in einer Krise die besten Überlebenschancen besitzen. Der Grund liegt auf der Hand: In schlechten Zeiten können Sie den Kauf eines neuen Autos zwei oder drei Jahre nach hinten verschieben oder einen günstigen Gebrauchtwagen kaufen. Die

Autohersteller sind daher extrem krisenanfällig und mussten schon in der Krise 2008/2009 staatlich gestützt werden, wie die »Abwrackprämie« in Deutschland und die Verstaatlichung und Entschuldung von General Motors in den USA zeigen. Auch der Kauf einer neuen Maschine oder der Traum von den eigenen vier Wänden (Hausbau) können zeitlich gestreckt werden.

Sie werden dagegen auch in Krisenzeiten Ihre Zähne putzen, sich waschen, essen und trinken. Hersteller von Konsumartikeln und Nahrungsmitteln überleben daher auch schwerste Konjunkturkrisen.

Krisenerprobte Unternehmen

Wie krisenfest ein Geschäftsmodell ist, zeigt sich letztendlich nur in der Praxis. Jede Konjunkturkrise löst eine Pleitewelle aus. Wenn ein Unternehmen mehrere Krisen erfolgreich gemeistert hat und anschließend sogar wieder gewachsen ist, bürgt das für eine gewisse Qualität. Beispiele sind »Dinosaurier« wie Procter & Gamble (wurde im Jahr 1837 gegründet), Nestlé (1866), Coca-Cola (1892), British American Tobacco (1902), L'Oreal (1907) und McDonald's (1940).

Vorsichtig zu genießen sind dagegen Börsenneulinge. Speziell in Boom-Phasen kommen Unternehmen an die Börse, die für den Kapitalmarkt nicht reif sind. Besonders deutlich wurde das im Internet-Hype 1999/2000. Damals haben Unternehmen den Sprung an die Börse geschafft, die trotz der großen Einnahmen beim Börsengang schon wenige Monate später pleite waren.

Aufpassen sollten Sie auch, wenn ein Finanzinvestor ein Unternehmen neu an die Börse bringt. Die Finanzinvestoren müssen für ihre Kunden die maximale Rendite erwirtschaften. Sie werden daher die Beteiligungen so teuer wie möglich verkaufen. Als Privatanleger muss man sich dann fragen, ob der Emissionskurs beim Börsengang tatsächlich ein »Schnäppchenkurs« ist. Dann hätte der Finanzinvestor einen schlechten Job gemacht.

Daher die Empfehlung: Prüfen Sie Börsenneulinge sehr genau. Wie gut ist das Geschäftsmodell? Warum kommt das Unternehmen gerade jetzt an die Börse? Wer verkauft? Und ist der Verkaufspreis angemessen? Es kann unentdeckte Perlen geben, die das Börsenparkett neu betreten, aber die Risiken sind kurzfristig oft größer als die Chancen. Setzen Sie daher im Zweifel auf Unternehmen, die schon seit vielen Jahren Top-Ergebnisse abliefern.

Weltweit geschäftlich aktiv

Die Konjunktur läuft global nicht im gleichen Takt. Es gibt immer Länder und Regionen, die besonders unter Druck stehen und gleichzeitig andere Länder, die sich relativ wacker halten. In der Krise 2008/2009 haben z. B. viele Länder in Asien den Wachstumskurs halten können.

Unternehmen, die in diesen Märkten vertreten waren, konnten so die Verluste in westlichen Märkten etwas abfangen. Es wird aber irgendwann auch wieder eine Asienkrise geben. Dann kann ein Standbein in Europa oder in den USA wichtig sein. Unternehmen, die nicht nur von einem Markt abhängig sind, schneiden langfristig besser ab.

Einfaches Geschäftsmodell

Die Vergangenheit hat gezeigt, dass Unternehmen mit einem einfachen Geschäftsmodell Krisen gut überstehen und von den Investoren auch besser kontrolliert werden können. Die Kontrollmöglichkeit ist wichtig, da jede Aktienposition regelmäßig überprüft werden sollte.

Beim Kauf der Aktien sollten Sie langfristig denken und investieren. Das bedeutet aber nicht, dass es eine Nibelungentreue zu diesen Werten gibt. Wenn sich die Rahmenbedingungen ändern, ist ein vorzeitiger Verkauf sinnvoll. Dafür ist es aber erforderlich, dass Sie das Unternehmen auch als Nicht-Analyst bewerten können.

Bei einem Biotech- oder Softwareunternehmen werden Sie Probleme haben, die Geschäftsaussichten und den »wahren« Wert der Aktie zu ermitteln. Bei einem Nahrungsmittelhersteller ist das einfacher. Die Geschäftsentwicklung ist relativ stetig und berechenbar. Ein Abwärtstrend kündigt sich in den meisten Fällen über Jahre an (wenn z. B. die Produkte des Unternehmens langsam in den »Billig-Bereich« abrutschen und die Gewinnmargen von Jahr zu Jahr sinken).

Die Börsen-Performance muss positiv sein

Die bisher genannten Kriterien sind wichtig, aber ein abschließender Punkt darf natürlich nicht fehlen. Mit diesen Aktien wollen Sie langfristig Geld verdienen. Als Kriterium haben wir ausgewählt: Die Zehn-Jahres-Performance muss positiv sein. Aktien, die trotz der harten Baisse-Phasen 2000 bis 2003 und 2008 bis 2009 den Besitzern einen Gewinn gebracht haben, sind krisenerprobt.

Wichtig: Es wird nicht nur die Kursentwicklung berücksichtigt. Auch die Dividenden fließen mit in die Rechnung ein. Wie bereits beschrieben, machen Dividenden im Durchschnitt rund 50 Prozent der Gesamtperformance aus. Daher darf man nicht nur die Kursentwicklung beobachten.

Wir haben für Sie sechs Aktien ausgewählt, die die oben genannten Kriterien vollständig oder fast vollständig erfüllen. Das sind in diesem Fall keine Kaufempfehlungen, aber die Beispiele zeigen, wie langfristige Gewinner aussehen.

Die sechs Erfolgsaktien im Überblick				
Name	**WKN**	**ISIN**	**Land**	**Branche**
British American Tobacco (BAT)	916018	GB0002875804	Großbritannien	Tabak
Coca-Cola	850663	US1912161007	USA	Getränke
L'Oréal	853888	FR0000120321	Frankreich	Kosmetik
McDonald's	856958	US5801351017	USA	Gastronomie
Nestlé	A0Q4DC	CH0038863350	Schweiz	Nahrungsmittel
Procter & Gamble	852062	US7427181091	USA	Konsumgüter

Bei dieser Aktienauswahl handelt es sich nicht um ein Muster-Depot. Da drei von sechs Aktien aus den USA stammen, wäre z. B. der Währungsmix nicht ideal. Sechs Aktien würden auch nicht für ein gut diversifiziertes Depot reichen. Ideal ist erfahrungsgemäß ein Depot mit zehn bis maximal 20 Werten. So erhält man eine Risiko-Streuung, behält aber gleichzeitig den Überblick.

Auffällig ist, dass (noch) kein asiatischer Wert aus den Wachstumsregionen China und Indien vertreten ist. Da Westeuropa und die USA in den vergangenen 100 Jahren die Weltwirtschaft weitgehend beherrscht haben (hinzu kam Japan), kommen die meisten Börsenschwergewichte aus diesen Regionen. In zehn bis 20 Jahren werden Sie in dieser Liste auch asiatische Werte finden.

Das Timing-Problem: wann einsteigen?

Bei einer Aktieninvestition stellen sich immer zwei Fragen: Welche Aktien kaufe ich und wann kaufe ich die ausgewählten Werte? Die Auswahlkriterien finden Sie in diesem Kapitel. Auch das »Timing-Problem« lässt sich überraschend leicht lösen: Wenn Sie langfristig in Qualitätsaktien investieren möchten, ist der Einstiegszeitpunkt relativ egal.

Da die Schwankungen deutlich geringer sind als bei zyklischen Maschinenbau- oder Automobilwerten, ist das Risiko, einen völlig falschen Einstiegszeitpunkt zu erwischen, gering. Wer im Boom-Jahr 2007 sehr hohe Preise für die sechs oben genannten Aktien bezahlt hat, steht 2013 trotzdem im Plus. Bei Aktien aus den Branchen Banken, Versicherungen, Automobil, Technologie etc. gilt das oft nicht. Bei zyklischen Werten ist das Timing daher extrem wichtig, bei den »Langfrist-Aktien« schwindet die Bedeutung.

Wenn Sie dennoch das Timing-Risiko mindern möchten, können Sie zeitlich gestaffelt einsteigen. Wollen Sie z. B. 4.000 Euro in Nestlé-Aktien investieren, können Sie an vier Quartals- oder Halbjahresstichtagen jeweils für 1.000 Euro Nestlé-Aktien kaufen. Da die Transaktionskosten durch die Internet-Broker deutlich gesunken sind, belasten die Mehrfachkäufe kaum noch das Gesamtergebnis. Durch den zeitlich gestaffelten Einstieg verhindern Sie, dass Sie zufällig genau am Hochpunkt große Positionen erwerben.

Grundsätzlich ist der Zeitpunkt für den Aktienerwerb jetzt günstig. Die Minirenditen am Zinsmarkt machen dauerhaft Umschichtungen bei den Versicherungen notwendig. Die ersten Folgen spüren wir bereits. Hinzu kommt, dass die ausufernde Staatsverschuldung die Investition in Staatsanleihen zu einem Risikogeschäft macht. Das künstlich niedrig gehaltene Zinsniveau passt nicht mehr zu den erhöhten Risiken. Wir erwarten daher eine Umschichtung in Richtung Aktienmarkt. Jörg Kramer, Chefvolkswirt der Commerzbank, hat es bereits 2010 auf den Punkt gebracht: *»Viele institutionelle Investoren sind jetzt gezwungen, stärker ins Risiko zu gehen. Das wird risikoreiche Anlageformen wie Aktien beflügeln.«*

Auch zyklische Aktien haben ihren Reiz

In diesem Aktienkapitel haben wir Ihnen bisher Aktien von Unternehmen empfohlen, die über ein sehr stetiges Geschäftsmodell verfügen und nicht ganz so stark von der Konjunkturentwicklung abhängen. Aus unserer Sicht sollten diese Werte auch die langfristige Basis eines Aktien-Depots bilden.

Das bedeutet jedoch nicht, dass zyklische Aktien, also Aktien, deren Wertentwicklung wesentlich von der Konjunktur abhängt, grundsätzlich zu meiden sind. Besonders in Deutschland gibt es Aktien, die trotz der starken Kursschwankungen ein hervorragendes Investment sind. Denken Sie nur an BASF, den Weltmarktführer in der Chemie-Branche. Auch Anlagen- und Maschinenbauer wie Krones, Rational oder Hermle können Ihnen regelmäßig hohe Renditen bringen.

Sie müssen bei diesen Aktien nur bedenken: Da die Umsätze und Gewinne dieser Unternehmen wesentlich stärker schwanken, sind auch die Kursausschläge deutlich größer. Falls Sie in zyklische Aktien investieren möchten, kommen zwei Strategien infrage:

1. Sie versuchen, beim Einstieg und Ausstieg die konjunkturellen Wendepunkte zu erreichen. Sind die Auftragsbücher der Unternehmen in der Konjunkturkrise leer, bekommen Sie die Aktien extrem günstig. Melden die Unternehmen dagegen Rekordumsätze und -gewinne, kommt die Zeit der Gewinnmitnahmen (oder Sie sichern einen Großteil der erzielten Kursgewinne mit einer Stop-Loss-Order ab).

2. Sie ignorieren einfach die extremen Kursbewegungen und setzten darauf, dass die Aktien von erstklassigen zyklischen Unternehmen stark schwanken, aber die Grundrichtung nach oben geht. Hinzu kommt, dass konjunkturabhängige Unternehmen in Boom-Phasen extrem hohe Gewinne erwirtschaften und dass dies die Basis für hohe Dividendenausschüttungen ist. Ein scheinbar negativer Chart-Verlauf muss dann nicht zwangsläufig bedeuten, dass es sich um ein schlechtes Aktien-Investment gehandelt hat.

Der Vergleich: Hermle versus Nestlé

Damit die Unterscheidung zwischen zyklischen und nicht zyklischen Unternehmen (und Aktien) mit Leben gefüllt wird, folgt ein Praxisbeispiel. Der Vergleich zeigt, dass Sie mit beiden Anlagestrategien erfolgreich abschneiden können. Verglichen werden die beiden Aktien Nestlé (nicht-zyklisch) und Hermle (zyklisch).

Nestlé ist der weltweit größte Nahrungsmittelkonzern und verkauft seine Produkte in allen Konjunkturphasen relativ gut. Die temporären Kursabschläge in schwachen Börsenphasen haben weniger etwas mit dem operativen Geschäft zu tun, sondern sind eine Reaktion darauf, dass Fondsmanager und Investoren in schlechten Phasen auch gute Aktien verkaufen müssen, um liquide zu bleiben.

Die Berthold Hermle AG gehört zu den relativ unbekannten Nebenwerten in Deutschland. Der geringe Bekanntheitsgrad besagt jedoch nichts über die Qualität des Unternehmens. Das familiengeführte Unternehmen gehört zu den besten Werkzeugmaschinenbauern in der Branche und kommt seit vielen Jahren ohne Bankschulden aus. Familiengeführt, Marktführer und eine blitzsaubere Bilanz – das klingt nach einer ruhigen, soliden Aktie. Solide ja, aber alles andere als ruhig. Im Untersuchungszeitraum 2001 bis 2010 schwankte der Aktienkurs zwischen 11 und 98 Euro. Und das, obwohl das Unternehmen Jahr für Jahr Gewinne erwirtschaftet hat. Hier die Zahlen von Hermle im Überblick:

Aktie Berthold Hermle AG 2001 bis 2010					
	Kurs Jahreshoch	Kurs Jahrestief	Umsatz je Aktie	Gewinn je Aktie	Dividende je Aktie
2001	30 Euro	22 Euro	32,36 Euro	5,30 Euro	1,65 Euro
2002	28 Euro	11 Euro	23,66 Euro	2,00 Euro	0,85 Euro
2003	23 Euro	13 Euro	25,03 Euro	1,80 Euro	0,85 Euro
2004	25 Euro	20 Euro	28,36 Euro	2,47 Euro	0,85 Euro
2005	35 Euro	23 Euro	31,22 Euro	3,32 Euro	3,05 Euro
2006	49 Euro	33 Euro	38,78 Euro	5,24 Euro	4,05 Euro
2007	94 Euro	40 Euro	46,60 Euro	7,16 Euro	6,95 Euro
2008	98 Euro	44 Euro	55,82 Euro	10,12 Euro	7,05 Euro
2009	62 Euro	34 Euro	25,55 Euro	1,33 Euro	0,85 Euro
2010	66 Euro	46 Euro	37,52 Euro	3,77 Euro	3,05 Euro

Auffällig sind die extrem starken Schwankungen, die auch sehr kurzfristig auftauchen können. Ein Musterbeispiel ist die Entwicklung in den Jahren 2008 und 2009. Nach dem Boom folgte ohne Übergang die Rezession. Der Umsatz je Aktie brach von 55,82 auf 25,55 Euro ein. Da der Gewinn überproportional auf Umsatzveränderungen reagiert, waren hier die Auswirkungen sogar noch viel stärker. Der Rückgang von 10,12 auf 1,33 Euro je Aktie bedeutet einen Gewinneinbruch um 87 Prozent. Als Reaktion wurde die Dividende von 7,05 auf 0,85 Euro gekürzt (−88 Prozent).

Dieser Absturz bei den Kennzahlen Umsatz, Gewinn und Dividende war in der Periode 2008/2009 nicht ungewöhnlich. Im Gegenteil: Mit der Hermle AG haben wir bewusst einen soliden Branchenvertreter ausgewählt. Viele Maschinenbauer sind 2009 sogar in die

Verlustzone abgerutscht und haben die Dividende vollständig gestrichen. In konjunkturell schlechten Zeiten müssen Sie als Aktionär mit extremen Schwankungen in den zyklischen Branchen leben.

Das Auf und Ab der Konjunktur zieht sich wie ein roter Faden durch das Zahlenwerk. Ein Indikator ist der stark schwankende Aktienkurs. Auf Jahressicht gab es Schwankungen zwischen 11 und 28 Euro (Crash-Jahr 2002), 40 und 94 Euro (Boom-Jahr 2007) oder 44 und 98 Euro (Crash-Jahr 2008).

Die Börse als Frühindikator

Der Zeitverlauf zeigt auch sehr schön eine besondere Eigenschaft der Börse: Aktienkurse sind ein Frühindikator. An der Börse werden realwirtschaftliche Entwicklungen vorweggenommen. Ein Beispiel: Im Geschäftsjahr 2008 hat die Hermle AG Rekordzahlen erreicht, dennoch ist der Aktienkurs eingebrochen. An der Börse wurde der Konjunktureinbruch 2009 vorab eingepreist. Als grobe Faustformel gilt an der Börse: Die Aktienkurse sind rund sechs Monate weiter als die Realwirtschaft. Es ist immer wieder zu beobachten, dass der Aktienmarkt bereits in der Konjunkturkrise nach oben und während des Booms nach unten dreht.

Zurück zur Hermle-Aktie: Wie soll man eine Aktie bewerten, die so extrem stark schwankt? Im Untersuchungszeitraum lag der tiefste Kurs bei 11 Euro und der höchste Kurs bei 98 Euro. Eignet sich eine solche Aktie als Investment für Privatanleger?

Grundsätzlich eignen sich Aktien aus sehr zyklischen (= konjunkturabhängigen) Branchen wie:

• Anlagen- und Maschinenbau
• Chemie
• Automobil und Zulieferer
• Stahl und Metall
• Bau und Zulieferer
• Halbleiter- und Chip-Industrie
• Transport und Logistik
• Rohstoffe und Minen

nicht für Privatanleger, die mit stärkeren Kursschwankungen nicht leben wollen oder können. Die dringende Empfehlung: Kaufen Sie keine Aktien, wenn Ihnen die Kursschwankungen Bauchschmerzen bereiten. In einer solchen Situation können Sie keine objektiven Entscheidungen treffen. Das provoziert Fehlentscheidungen an der Börse. Es gibt genug »ruhige« Aktien, mit denen Sie gut schlafen können (wenngleich es immer Restrisiken gibt).

Geld anlegen in zyklischen Aktien

Wenn Sie sich jedoch entschieden haben, in Ihrem Depot auf zyklische Aktien zu setzen, um die hohen Rendite-Chancen nutzen zu können, bieten sich unterschiedliche Strategien an:

Sichern Sie die Gewinne regelmäßig mit Stop-Loss-Marken ab

Die Funktionsweise von Stop-Loss-Marken haben wir im Buch bereits erklärt. Kommen wir jetzt zur praktischen Anwendung. Wenn Sie verhindern möchten, dass Sie die ganze Talfahrt einer zyklischen Aktie in einem Konjunkturabschwung mitmachen, können Sie die vorher erreichten Gewinne mit Stop-Loss-Marken absichern. Sie können dann z. B. immer am ersten Tag des Monats die Aktie betrachten und 20 Prozent unter dem Jahreshoch eine Stop-Loss-Marke setzen, die bis »ultimo« (= Monatsende) gilt. In der Aufschwungphase sichern Sie so Monat für Monat einen größeren Gewinn ab.

Die Hermle-Aktie erreichte 2008 ein Jahreshoch im Bereich von 98 Euro. Wer 20 Prozent tiefer eine Stop-Loss-Marke gesetzt hat, ist im Abschwung bei rund 78,50 Euro automatisch »ausgestoppt« worden. Das heißt: Bei Erreichen dieser Kursmarke wurde die Aktienposition automatisch verkauft. Damit ersparte sich der Aktionär den anschließenden Niedergang bis zum Jahrestief von 44 Euro (2009 ging es sogar noch weiter runter bis 34 Euro).

Wenig effektiv ist dagegen der gute Vorsatz, bis zur Konjunkturwende zu warten und dann aktiv zu verkaufen. Das Problem ist die oben beschriebene Beobachtung, dass die Aktienkurse ein Frühindikator sind. Das heißt: Der Kursrutsch beginnt bereits rund sechs Monate vor der sichtbaren Konjunkturwende. Wer mit dem Verkauf wartet, bis eine Rezession offiziell bestätigt wurde, kann erfahrungsgemäß nur noch zu Tiefstkursen verkaufen.

Buy and hold: kaufen und halten

Die »Buy-and-hold-Strategie« (Aktie kaufen und langfristig halten) wird heute von vielen Anlegern nur noch belächelt. Das Zitat des »Börsen-Philosophen« André Kostolany: »Kaufen Sie Aktien, nehmen Sie Schlaftabletten und schauen Sie die Papiere nicht mehr an. Nach vielen Jahren werden Sie sehen: Sie sind reich«, taucht in der modernen Börsenliteratur nicht mehr auf. Die Kritiker bemängeln, dass die Globalisierung, der Computerhandel und andere Faktoren ein regelmäßiges Umschichten innerhalb des Depots erfordern.

Die Aussagen sind zum Teil berechtigt. Das Geschäft ist schnelllebiger geworden – auch an der Börse. Dennoch sollte die »Buy-and-hold-Strategie« nicht voreilig beerdigt werden. Einige Gedanken dazu: Für Banker, Broker und Fondsmanager war die Langfriststrategie schon immer ein Albtraum. Diese Berufsgruppen leben davon, dass Anleger möglichst häufig umschichten und immer wieder Transaktionskosten beim Kauf und Verkauf von Wertpapieren verursachen. In der Theorie ist es oft richtig, dass aktives Umschichten bessere Ergebnisse bringt. Wenn Sie aber in der Praxis die Transaktionskosten von den Gewinnen abziehen, kann die Rechnung ganz anders aussehen. Achten Sie daher immer darauf, wer Ihnen empfiehlt, Ihre Depot-Positionen möglichst mehrfach pro Jahr zu tauschen. Wenn die Person am Handel verdient, ist der Rat mit Vorsicht zu genießen.

Hinzu kommt, dass die Börsenlegende Warren Buffett mit der Langfriststrategie zum reichsten Investor der Welt wurde. Ganz so schlecht kann die Strategie also nicht sein. Die »aktiven Trader« müssen erst einmal beweisen, dass sie auf Sicht von zehn, 20 oder 30 Jahren bessere Ergebnisse als Buffett erzielen. Für ein abschließendes Urteil ist es viel zu früh.

Ein dritter Punkt: Oft wird das oben genannte Zitat zu wörtlich genommen. Weder Kostolany noch Buffett haben jemals Aktien gekauft und diese dann zehn Jahre nicht mehr beobachtet. Im Gegenteil: Speziell Warren Buffett ist ein »Zahlenfresser«. Er verschlingt jede Bilanz, wenn sich das Unternehmen in seinem Portfolio befindet. Wenn sich die Ausgangslage verschlechtert, werden Positionen auch verkauft. Die Langfriststrategie richtet sich also nur gegen unnötigen und teuren Aktionismus. Wenn das Geschäftsmodell erfolgreich ist und das Management einen guten Job macht, kann (!) man als Privatanleger eine Aktie auch über viele Jahre halten. Mit der ruhigen Strategie vermeiden Sie Fehlentscheidungen.

Betrachten wir nun das Praxisbeispiel Hermle. Wie sieht die Bilanz aus, wenn ein Aktionär die Aktie von 2001 gekauft und bis heute (November 2014) gehalten hätte? Der Kurs schwankte im Jahr 2001 zwischen 22 und 30 Euro. Ein Einstiegskurs von 26 Euro ist daher realistisch. Im November 2014 notiert die Aktie bei 170 Euro. Die Aktie ist also noch weit vom Allzeithoch (98 Euro) entfernt, dennoch ergibt sich ein Kursgewinn von über 550 Prozent. Das zeigt: Wenn Sie eine qualitativ hochwertige zyklische Aktie (Hermle ist ein solide geführtes Familienunternehmen ohne Bankschulden) über viele Jahre halten und nicht gezwungen sind, die Position in einer Crash-Phase zu verkaufen, haben Sie gute Chancen, überdurchschnittliche Gewinne zu erzielen. Allerdings brauchen Sie für solche Depot-Positionen starke Nerven, wie die Kursbandbreite 11 bis 190 Euro zeigt.

Gehen wir noch einen Schritt weiter: Nicht nur die Kursentwicklung ist interessant, auch die hier im Buch so oft erwähnte Dividende ist ein wichtiger Faktor. Betrachten wir daher die Auszahlungen. Insgesamt haben die Hermle-Aktionäre in den Jahren 2002 bis 2014 exakt 13 Ausschüttungen in einer Gesamthöhe von 51,35 Euro je Aktie erhalten. Mit anderen Worten: Wenn man die Dividende jeweils vom Kaufkurs abzieht, liegt die Hermle-Aktie nach zehn Jahren »gratis« im Depot (der Kaufpreis betrug 26 Euro). Mehr noch: Die Dividenden sorgen für einen Gewinn von rund 200%. Diese Dividendenentwicklung kann nicht 1:1 auf andere Werte übertragen werden, aber die Grundaussage ist: Wer als Aktionär ei-

nen halbwegs günstigen Einstiegskurs erwischt, hat gute Chancen,
dass bei dividendenstarken Aktien nach rund zehn Jahren die Ausschüttungen den Kauf-Preis zu einem großen Teil abdecken (anders
als Kursgewinne können sich die Dividenden auch nicht wieder in
Luft auflösen).

Dieser Effekt ist in den Charts nicht sichtbar. Daher muss der Kursverlauf immer zusammen mit der Dividendenstatistik betrachtet
werden, um das Gesamtergebnis einer Aktie beurteilen zu können.
Kursverlauf und Dividendenstatistik zeigen, dass sich bei der Hermle-Aktie die »Buy-and-hold-Strategie« gelohnt hat (wobei ein aktiver Trader theoretisch noch mehr Gewinn mit der Aktie hätte erzielen können – aber das wäre auch mit wesentlich mehr Arbeit und
höheren Kosten verbunden gewesen).

Aktie Nestlé 2001 bis 2010					
	Aktie Jah-reshoch	Aktie Jah-restief	Umsatz je Aktie	Gewinn je Aktie	Dividende je Aktie
2001	39 SFr.	29 SFr.	20,99 SFr.	1,66 SFr.	0,64 SFr.
2002	40 SFr.	27 SFr.	22,10 SFr.	1,87 SFr.	0,70 SFr.
2003	31 SFr.	23 SFr.	21,80 SFr.	1,54 SFr.	0,72 SFr.
2004	35 SFr.	28 SFr.	20,99 SFr.	1,64 SFr.	0,80 SFr.
2005	40 SFr.	30 SFr.	22,79 SFr.	2,02 SFr.	0,90 SFr.
2006	45 SFr.	36 SFr.	25,05 SFr.	2,34 SFr.	1,04 SFr.
2007	55 SFr.	43 SFr.	27,81 SFr.	2,75 SFr.	1,22 SFr.
2008	53 SFr.	38 SFr.	29,51 SFr.	4,84 SFr.	1,40 SFr.
2009	51 SFr.	35 SFr.	30,03 SFr.	2,91 SFr.	1,60 SFr.
2010	44 SFr.	34 SFr.	32,55 SFr.	10,16 SFr.	1,85 SFr.

Nach der »Achterbahnfahrt« mit der Hermle-Aktie wirken die
Nestlé-Zahlen fast schon langweilig. Die Zahlenreihen »Umsatz
je Aktie«, »Gewinn je Aktie« und »Dividende je Aktie« zeigen
das gleiche Bild: geringe Schwankungen und in der Grundten-
denz ein langsamer Anstieg der Kennzahlen. Wenn es doch ein-

mal Ausreißer gibt (Gewinn je Aktie im Jahr 2008 und 2010), hängt das fast immer mit einmaligen Sondereffekten zusammen. Nestlé hat da z. B. Unternehmensteile teuer verkauft und dadurch hohe, einmalige Gewinne erzielt. Im Folgejahr wird aber wieder das alte Tempo aufgenommen.

Besonders deutlich wird der Unterschied zwischen einem zyklischen und nicht-zyklischen Unternehmen, wenn Sie die Entwicklung 2008 und 2009 vergleichen. Kurz zur Erinnerung: Beim Zykliker Hermle stürzte der Umsatz je Aktie 2009 auf von 55,82 auf 25,55 Euro ab, der Gewinn je Aktie von 10,12 auf 1,33 Euro und die Dividende von 7,05 auf 0,85 Euro.

Beim weltweit größten Nahrungsmittelhersteller Nestlé gilt dagegen der alte Spruch: Gegessen und getrunken wird immer! Nestlé steigerte im konjunkturellen Krisenjahr 2009 den Umsatz je Aktie von 29,51 auf 30,03 SFr. Die Dividende je Aktie stieg von 1,40 auf 1,60 SFr. Einen »optischen« Ausrutscher gab es nur beim Gewinn je Aktie, der von 4,84 auf 2,91 SFr absackte. Allerdings täuscht der Eindruck. Einmalige Sondereffekte hatten den Gewinn 2008 und 2010 stark steigen lassen. Wenn Sie den Gewinn je Aktie aus dem »normalen« Geschäftsjahr 2007 (2,75 SFr) mit dem Gewinn je Aktie 2009 (2,91 SFr) vergleichen, erkennen Sie, dass auch hier der Trend langsam nach oben läuft.

Das operative Geschäft wurde also von der Konjunkturkrise kaum getroffen, dennoch musste auch die Nestlé-Aktie Schwankungen hinnehmen. 2008 lag der Höchstkurs bei 53 SFr und der Tiefstkurs bei 38 SFr. Die Gründe wurden im Buch bereits genannt: Der Aktienkurs hängt nicht nur von der operativen Entwicklung des Unternehmens ab. Nach der Pleite der US-Bank Lehman Brothers kam es im Jahr 2008 zu Panikverkäufen. Anleger zogen ihr Kapital von der Börse ab und horteten Bargeld. In einer solchen Phase verlieren auch Topaktien wie Nestlé.

Ein nicht-zyklisches Geschäftsmodell schützt vor größeren Umsatz- und Gewinnschwankungen, nicht aber vor Kursschwankungen. Die Kursschwankungen fallen jedoch wesentlich geringer aus als bei zyklischen Werten. Im Untersuchungszeitraum 2001 bis 2010 lag der

Tiefstkurs bei 23 SFr. im Jahr 2003 und der Höchstkurs bei 55 SFr. im Jahr 2007 (Rückblick: Die Bandbreite bei der Hermle-Aktie betrug 11 bis 98 Euro). Eine Kursbandbreite von 23 bis 55 SFr klingt immer noch sehr groß. Dabei müssen Sie aber berücksichtigen, dass dies die Extrempunkte in einer Periode von knapp zehn Jahren waren. Im ruhigen Börsenjahr 2006 ist die Nestlé-Aktie nur zwischen 36 und 45 SFr gependelt. Diese Schwankungsbreite sollte ein Aktionär aushalten können.

Zum Abschluss die Rechnung, ob sich auch der Einstieg in eine nicht zyklische Aktie wie Nestlé ausgezahlt hätte. Im Jahr 2001 pendelte die Aktie zwischen 29 und 39 SFr. Als Durchschnittswert nehmen wir 34 SFr. Im November 2014 notiert die Aktie bei 72 SFr. Der Kursgewinn liegt bei rund 112 Prozent. Hinzu kommen die Dividendenauszahlungen. In den Jahren 2002 bis 2014 wurden 17,02 SFr. je Aktie ausgeschüttet. Bezogen auf den Einstiegskurs ist dies ein Wert von rund 50 Prozent. Unter dem Strich hat die Aktie den Anlegern ein Plus von über 160 Prozent gebracht.

Fazit: Wer als Aktionär ruhig schlafen will, sollte nicht-zyklische Aktien stärker gewichten, wer sein Depot renditestark aufbauen will, braucht auch einige zyklische Aktien.

Effektive Aktien: eine (zu) teure Absicherung

Wenn Sie eine Aktie an der Börse kaufen, wird die Aktie im Normalfall automatisch von einem Wertpapierverwahrer wie Clearstream für Sie verwaltet. Es gibt jedoch noch einige Unternehmen, die effektive Aktien anbieten. Diese Aktienurkunden können Sie sich ausliefern lassen, falls Sie Clearstram und Co. misstrauen. Aus dem DAX-Universum gibt es z. B. noch von HeidelbergCement, Henkel, Merck und Metro effektive Aktien.

Anders aber als bei Gold erscheint bei Aktien eine physische Auslieferung nicht sinnvoll. Eine Goldunze können Sie weltweit fast überall zu Geld machen. Für eine Metro-Aktie in Papierform werden Ihnen jedoch nur sehr wenige Händler einen angemessenen Preis bieten. Der Verkauf dürfte speziell in Krisenzeiten fast unmöglich sein. Gleichzeitig sind die Kosten, die bei Auslieferung und Rückgabe entstehen, unverhältnismäßig hoch. Je nach Bank können pro Transaktion rund 100 Euro Gebühren fällig werden. Hinzu kommt der große zeitliche Aufwand. Das gilt auch im Rahmen der Dividendenzahlung. Befindet sich die Aktie in Ihrem Depot, wird Ihnen die Dividende automatisch gutgeschrieben. Besitzen Sie dagegen die Aktie in physischer Form, müssen Sie den Dividenden-Coupon von der Aktie abschneiden und bei Ihrer Bank einreichen.

Zusätzlich kommt das Risiko hinzu, dass die privat gelagerten Aktienurkunden zerstört werden (Wasser, Feuer) oder durch Diebstahl verschwinden.

Fazit: Die effektiv gehaltenen Aktien verursachen zu hohe Kosten und einen zu großen zeitlichen Aufwand. Einige bei Ebay oder auf Flohmärkten günstig zu ersteigernde Aktien bieten sich allenfalls als Geschenk an. Aktien des Erotikunternehmens Beate Uhse sind »Klassiker« beim Junggesellenabschied, und über die BVB-Aktie freuen sich die Fußballfans von Borussia Dortmund (falls sie nicht bereits beim Börsengang die völlig überteuerten Aktien gekauft und viel Geld verloren haben). Ein ganz anderes Thema ist das Sammeln von historischen Aktien. Das hat jedoch nichts mit einem Börsen-Investment zu tun.

Anleihen (Rentenpapiere)

Am Anleihenmarkt (Rentenmarkt) geht es meist deutlich ruhiger zu als am Aktienmarkt. Die Schwankungen bei den Anleihenkursen sind in der Regel weniger stark, auch wenn die Folgen von Finanz- und Eurokrise inzwischen dort ebenfalls für so manche Erschütterungen sorgen.

Was sind Anleihen, englisch »Bonds«, überhaupt? Es sind keine Unternehmensanteile, sondern eine Art Darlehen. Ein Staat oder ein Unternehmen leiht sich Geld von den Investoren am Kapitalmarkt. Auch Sie als Privatanleger gehören zu diesen Investoren und können durch den Kauf einer Anleihe als Darlehensgeber auftreten. Was erhalten Sie im Gegenzug?

- Jährliche Zinszahlungen in einer Höhe, die in aller Regel von vornherein festgelegt ist. Die Höhe der Zinsen wird im so genannten »Zinskupon« ausgedrückt.
- Das Versprechen, Ihr Geld bei Fälligkeit der Anleihe vollständig zurückgezahlt zu bekommen. Wann dieser Fälligkeitstermin ist, steht ebenfalls üblicherweise von Anfang an fest.

Sie sehen: Es gibt Unternehmens- und Staatsanleihen. Glauben Sie aber nicht, die Staatsanleihen seien stets sicherer. Auch Staaten können pleite gehen, wie das Beispiel Argentinien bereits bewiesen hat.

Stückzinsen: eine Besonderheit beim Anleihenkauf

Beim Anleihenkauf und –verkauf geht es gerecht zu. Der Käufer erstattet dem Verkäufer einen Teil der nächsten Zinsausschüttung. Dabei wird die Zeit bemessen, in der der Verkäufer die Anleihe noch gehalten hat, bevor diese den Eigentümer gewechselt hat.

Beispiel: Eine Unternehmensanleihe wirft 6 Prozent Zinsen pro Jahr ab. 8 Monate vor dem nächsten Ausschüttungstermin wird sie verkauft. Das heißt: Der frühere Eigentümer erhält direkt beim Kauf noch 2 Prozent zusätzlich. Diese 2 Prozent werden vom neuen Eigentümer bezahlt. Diese zeitanteilige Erstattung der Zinsen an den Vorbesitzer nennt sich in der Fachsprache »**Stückzinsen**«.

Falls Sie sich fragen, welchen Börsenplatz Sie bei Anleihen am besten auswählen: Hier empfiehlt sich die Börse Stuttgart (Euwax). Auf der Internetseite www.euwax.de finden Sie außerdem eine komfortable Suchfunktion, mit der Sie selbst Anleihen aussuchen können.

Worauf Sie bei Anleihen achten sollten

Bei Anleihen kommt es auf Folgendes an:

- **Zinskupon:** Damit wird die Höhe der jährlichen Zinsgutschrift ausgedrückt, die Sie vom Anleihe-Emittenten, also von dem Unternehmen oder Staat, der die Anleihe herausgegeben hat, bekommen.
- **Nominalwert:** Das ist die Summe, für die die Anleihe anfangs herausgegeben wird und die am Ende zurückgezahlt wird. Sie wird oft auch als **Nennwert** bezeichnet. An der Börse wird der Nominalwert in Prozent angegeben (z. B. 1.000 Euro = 100 Prozent). Während der Laufzeit einer Anleihe können die Kurse aber durchaus mal darüber oder darunter liegen, also beispielsweise bei 104 oder bei 97 Prozent. Nähert sich der Tag der Fälligkeit und ist klar, dass die Anleihe pünktlich zurückgezahlt werden kann, pendelt sich auch der Anleihenkurs wieder bei 100 Prozent ein. Zwischenzeitliche Kursverluste können Sie also dadurch wieder gutmachen.
- **Datum der Fälligkeit:** Es zeigt Ihnen, wie lang die Anleihe läuft beziehungsweise wann der Nominalbetrag zurückgezahlt werden soll.
- Eventuell das Datum eines **vorzeitiges Kündigungsrechts** durch den Emittenten: Das ist bei manchen Anleihen vorgesehen. Für Sie als Anleger ist das natürlich ärgerlich, wenn die Anleihe bis dato hohe Zinsen eingebracht hat und der Emittent dieses einträgliche Investment auf einmal stoppt. Manchmal wird Ihnen die Möglichkeit einer vorzeitigen Kündigung aber damit versüßt, dass Sie etwas mehr als den Nominalbetrag (zum Beispiel 103,5 statt nur 100 Prozent) zurückgezahlt bekommen. Faustregel: Anleihen mit vorzeitigem Kündigungsrecht werden fast immer auch vorzeitig gekündigt.
- **Normale oder nachrangige Anleihe?** Bei einer normalen Anleihe gehören Sie bei einer Insolvenz des Emittenten zu den Gläubigern. Das heißt: Sie werden aus der Insolvenzmasse noch bedient, wenngleich Sie daraus durchschnittlich auch nur noch rund 20 Prozent Ihrer Forderungen zurückbekommen. Bei nachrangigen Anleihen ist das nicht so. Da treten Sie mit Ihren For-

derungen hinter alle anderen Gläubiger zurück und erhalten nichts mehr aus der Insolvenzmasse. Nachrangige Anleihen haben deshalb meist einen deutlich höheren Zinskupon.

Aufgepasst

Schauen Sie nicht allein auf die Höhe der Zinsen. Es kommt genauso darauf an, wie wahrscheinlich es ist, dass der Anleihe-Emittent sie auch zahlen kann. Und nicht nur das: Es darf auch keine Gefahr bestehen, dass er das geliehene Geld bei Fälligkeit überhaupt nicht mehr zurückzahlen kann. Solche Kandidaten bieten meist die höchsten Zinsen. Der Zinsaufschlag ist somit eine Entschädigung für die höhere Ausfallgefahr einer Anleihe. Womit wir schon beim nächsten Thema sind.

Ratings: Wie zahlungsfähig ist der Anleihe-Emittent?

Anders als eine kreditgebende Bank haben Sie allerdings wenig Möglichkeiten, die Zahlungsfähigkeit des Kreditnehmers (sprich Anleihe-Emittenten) unter die Lupe zu nehmen. Sie müssen sich darauf verlassen, was andere dazu sagen. Diese »anderen« sind in der Regel Rating-Agenturen. Solche Agenturen haben sich darauf spezialisiert, die Bonität (sprich Zahlungsfähigkeit) von Anleihe-Emittenten unter die Lupe zu nehmen. Das bedeutet auch, dass sie versuchen, die Ausfallgefährdung einer Anleihe möglichst genau vorauszusagen. Die bekanntesten Rating-Agenturen sind Standard & Poor's und Moody's. Sie vergeben Noten für die Sicherheit beziehungsweise Ausfallgefährdung von Anleihen. Ein Beispiel sind folgende Notenskalen dieser beiden Rating-Agenturen:

Standard & Poor's	Moody's	Bedeutung
AAA	Aaa	Bestmögliches Rating
AA	Aa	Sehr hohe Qualität
A	A	Hohe Qualität
BBB	Baa	Noch gute Qualität
BB	Ba	Bereits riskant

B	B	Sehr spekulativ
CCC	Caa	Hohes Ausfallrisiko
CC	Ca	Klare Ausfallgefahr
C	C	Gefahr der Zahlungsunfähigkeit
D	-	Zahlungseinstellung
Die Notenskala von Standard & Poor's und Moody's		

Die Notenskala wird sogar oft noch feiner abgestimmt, indem hinter die jeweiligen Buchstaben ein Minus- oder Pluszeichen gestellt wird. Faustregel: Alles bis zur Note BBB (Standard & Poor's) beziehungsweise Baa (Moody's) gilt als vergleichsweise sicher. Es handelt sich also um Anleihen, die mit hoher Wahrscheinlichkeit auch bedient und pünktlich zurückgezahlt werden. Solche Anleihen bezeichnet man die Fachsprache als »Investment-Grade«. Hier dürfen auch institutionelle Anleger investieren, die gesetzlich oder durch eigene Satzung zu einer konservativen, sicheren Geldanlage verpflichtet sind, zum Beispiel Versicherungen oder Pensionsfonds.

Was unter diesen Noten liegt, von BB beziehungsweise Ba abwärts, ist mit deutlich höherem Ausfallrisiko behaftet. Deshalb hat sich dafür die Bezeichnung »Junk-Bonds« (»Müll- oder Schrott-Anleihen«) eingebürgert.

Achtung: Ratings liegen oft böse daneben!

Während der Finanzkrise hat sich gezeigt: Auch Rating-Agenturen liegen manchmal böse daneben. Reihenweise hatten sie hoch ausfallgefährdete Verbriefungen von faulen US-Immobilienkrediten mit einer Bewertung von AAA oder Aaa als unbedenklich eingestuft. Das war ein Grund, warum damals auch der Anleihemarkt zusammenbrach. Das Vertrauen der Anleger in die Aussagekraft von Ratings ist seitdem deutlich zurückgegangen.

Ein Teil des Problems besteht darin, dass die Rating-Agenturen ausgerechnet von den Unternehmen gezahlt werden, welche die Anleihen emittieren. Da ist die Gefahr groß, dass eine Art Gefälligkeits-Rating erstellt wird. Verlassen Sie sich also nie allein auf die Einstufung der Rating-Agenturen, sondern machen Sie sich zusätzlich durch die Berichterstattung über einzelne Länder oder Unternehmen ein eigenes Bild von deren Zahlungsfähigkeit.

Aber auch bei Staatsanleihen sollten Sie sich nicht aufs Rating verlassen. Trotz einer Rekordverschuldung von mittlerweile rund 17 Billionen US-Dollar erhalten die USA von der Rating-Agentur Moody's noch immer das Top-Rating von Aaa. Wie die Schulden je getilgt werden sollen, ist jedoch absolut offen.

Genussscheine

Genussscheine sind fast nur im deutschsprachigen Raum bekannt. Sie sind eine interessante Kombination aus Aktien und Anleihen. Als Genussscheininhaber werden Sie nicht zur Hauptversammlung eingeladen und haben erst recht kein Stimmrecht. Die Ausschüttung von Genussscheinen ist aber oft daran gekoppelt, wie erfolgreich der Emittent im letzten Geschäftsjahr war, sprich: wie viele Gewinne er gemacht hat.

Warnung: Kaufen Sie nie außerbörsliche Genussscheine!

Empfehlenswert sind nur Genussscheine, die an der Börse gehandelt werden. Viele Unternehmen emittieren auch Genussscheine, die sie über »Finanzberater« oder im direkten Kontakt zu ihren Kunden vertreiben. Davon lassen Sie aber besser die Finger! Denn darunter sind viele schwarze

Schafe. Ohne eine Börse als zentralen Handelsplatz haben Sie weder Transparenz – Sie erfahren einfach nicht, wenn sich wichtige Dinge abspielen, die womöglich die Zahlungsfähigkeit des Emittenten beeinträchtigen. Noch haben Sie die Möglichkeit, einen Genussschein dann wieder weiterzuverkaufen. Denn ohne Börse finden Sie in der Regel keinen Käufer.

Viele Unternehmen aus dem grauen Kapitalmarkt versuchen mittels Genussscheinen, ihre»Geschäftsidee« zu finanzieren. Sie verkaufen Genussscheine, angeblich um das Geld der Gläubiger in alternative Energien zu investieren. Das Argument »Öko-Investment« zieht bei vielen Anlegern. Sie schauen nicht so genau auf das Kleingedruckte. Oft aber sind solche Projekte unrentabel – oder zumindest längst nicht so rentabel, wie im Prospekt versprochen. Manchmal steckt sogar Betrügerei dahinter. Daher unsere Warnung: Lassen Sie sich solche Genussscheine nicht andrehen. Wenn Sie Genussscheine kaufen, sollten diese an der Börse notiert sein und überdies von Unternehmen stammen, die Sie kennen und einschätzen können.

Der richtige Börsenplatz für Genussscheine ist übrigens meistens Stuttgart (Euwax).

So funktioniert ein Genussschein

Als Käufer eines Genussscheins investieren Sie – wie bei einer Anleihe – Geld, das Sie am Laufzeitende komplett zurückerhalten. Sie erhalten außerdem im Normalfall eine jährliche Ausschüttung. Es ist aber von Genussschein zu Genussschein verschieden, wie genau die Ausschüttung aussieht:

- Es gibt Genussscheine mit festem Zinskupon. Sie sind also regulären Unternehmensanleihen sehr ähnlich.
- Es gibt Genussscheine, bei denen die Ausschüttung vom Gewinn oder der Dividende des Emittenten abhängt.
- Es gibt Genussscheine mit einer variablen Verzinsung. Wie hoch die Ausschüttung hier ausfällt, hängt vom Erreichen bestimmter Unternehmensziele ab.

Üblicherweise haben Genussscheine eine ausgesprochen lange Laufzeit. 40 Jahre sind durchaus üblich. Es gibt sogar Genussscheine mit unbegrenzter Laufzeit. Allerdings hat dort der Genussschein-Inhaber selbst ab einem bestimmten, vorgegebenen Zeitpunkt ein Kündigungsrecht.

Genussscheine: besser verzinst, aber auch risikoreicher als Anleihen

Die Zinsen von Genussscheinen liegen meist deutlich über denen von Anleihen. Dafür nehmen Sie als Anleger aber auch ein höheres Risiko auf sich: Bei den meisten Genussscheinen gibt es nicht automatisch Jahr für Jahr eine Ausschüttung, sondern nur in Jahren, in denen ein festgelegter Gewinn erreicht oder Dividenden an die Aktionäre gezahlt werden. Das heißt: Es gibt Jahre, in denen Sie als Genussschein-Inhaber leer ausgehen. Es hängt von den Konditionen des jeweiligen Genussscheins ab, ob eine Nachzahlung versäumter Ausschüttungen in den Folgejahren vorgesehen ist oder nicht. Wichtig: Lesen Sie immer die Emissionsbedingungen, in denen solche Details schwarz auf weiß stehen.

Ein Risiko bleibt aber doch: Als Genussscheingläubiger werden Sie nachrangig behandelt. Das spielt dann eine Rolle, wenn der Emittent pleite geht. Dann wird alles Vermögen, was noch vorhanden ist, an die Gläubiger ausgezahlt. Damit wird zumindest ein Teil der Schulden nach der Insolvenz noch beglichen. Die Inhaber von normalen Unternehmensanleihen gelten im Insolvenzfall als Gläubiger. Nicht aber die Inhaber von Genussscheinen. Sie werden wie Aktionäre behandelt – und gehen damit leer aus. Auch bei Genussscheinen spielt folglich die Zahlungsfähigkeit des Emittenten eine wichtige Rolle.

Wandel- und Umtauschanleihen

Wandelanleihen sehen zunächst aus wie normale Unternehmens-Anleihen. Sie sind mit einem festen Zinskupon ausgestattet. Aber Wandelanleihen haben eine Besonderheit, die sie gerade in unsicheren Börsenzeiten ausgesprochen interessant machen: Als Inhaber einer Wandelanleihe können Sie sich statt dem Nominalwert eine bestimmte Anzahl an Unternehmensaktien auszahlen lassen. Wie viele Aktien es für eine Wandelanleihe gibt, ist von vornherein festgelegt. Das nennt sich Umtauschverhältnis.

Das Recht zu wählen, ob Sie lieber eine Rückzahlung des Nominal-
wertes oder doch lieber die Aktien des betreffenden Unternehmens
haben möchten, liegt bei Ihnen als Inhaber einer Wandelanleihe. International heißen Wandelanleihen übrigens »Convertible Bonds«
oder kurz »Convertibles«.

Wandelanleihen sind für Privatanleger ein sehr empfehlenswertes
Investment. Bei einem Kursaufschwung bieten sie hervorragende
Gewinnchancen – nämlich die der jeweiligen Aktie, die Sie erhalten können, wenn Sie Ihr Wandlungsrecht ausüben. Zugleich hält
sich das Verlustrisiko in engen Grenzen, weil Sie das Papier als Anleihe bis zur Fälligkeit halten, die laufenden Zinszahlungen ein-
streichen und sich am Schluss den Nominalwert auszahlen lassen
können.

**Umtauschanleihen: Hier gibt's die Aktien
einer Tochtergesellschaft**

Eine bestimmte Art von Wandelanleihen heißt Umtauschanleihen, oder
auf Englisch »Exchangeable Bonds«. Sie funktionieren genauso wie Wandelanleihen. Allerdings bekommen Sie als Inhaber einer Umtauschanleihe auf Wunsch nicht die Aktien des Emittenten. Stattdessen erhalten
Sie die Aktien eines anderen Unternehmens. Meistens ist das eine
Tochterfirma des Emittenten. Auf diese Weise gelingt es dem Emittenten
unauffällig, sich von Beteiligungen zu trennen, die er aus irgendeinem
Grund nicht mehr haben möchte. Und das, ohne dadurch den Aktienkurs
der Tochterfirma maßgeblich zu beeinträchtigen. Würde er dagegen das
ganze Aktienpaket auf einmal verkaufen, ginge der Kurs vermutlich in
den Keller.

Aufgepasst: Wandel- und Umtauschanleihen dürfen Sie auf keinen
Fall mit Aktienanleihen verwechseln. Aktienanleihen funktionieren
im Prinzip gleich. Nur haben hierbei nicht Sie als Inhaber der Ak-
tienanleihe das Wandlungsrecht, sondern es liegt beim Emittenten.
Folglich bringen Aktienanleihen ein erhebliches Verlustrisiko mit
sich, Wandel- und Umtauschanleihen dagegen nicht.

Übrigens: Wandel- und Umtauschanleihen sollten Sie in der Regel –
wie andere Zinspapiere – über die Börse Stuttgart ordern.

Im Detail: die Funktionsweise einer Wandel- oder Umtauschanleihe

Wenn Sie eine Wandelanleihe kaufen, besitzen Sie zunächst eine normale Unternehmensanleihe. Sie hat einen festen Zinskupon und eine bestimmte Laufzeit. Die Zinsen sind allerdings mit 0 bis maximal 4 Prozent alles andere als üppig. Aber ansonsten gibt es zunächst keine Unterschiede zu anderen Unternehmensanleihen. Bei Fälligkeit – oder manchmal auch schon zu bestimmten Terminen während der Laufzeit – haben Sie als Inhaber der Wandelanleihe zwei Möglichkeiten:

- Sie können sich den Nominalwert auszahlen lassen.
- Sie können aber auch auf diese Rückzahlung verzichten und sich stattdessen Aktien des Emittenten (oder seiner Tochtergesellschaft) ins Depot buchen lassen. Von Anfang an steht dabei fest, zu welchem Kurs Sie diese Aktien bekommen. Dieser Kurs nennt sich der Wandlungspreis.

Genauer gesagt: Der Wandlungspreis gibt an, zu welchem Kurs die Wandelanleihe in Aktien umgetauscht werden kann. Dieser Kurs steht bereits bei der Emission der Wandel- oder Umtauschanleihe fest. Damit machen Sie als Inhaber einer Wandelanleihe ganz einfach folgende Rechnung auf:

- Liegt der Aktienkurs über dem Wandlungspreis, entscheiden Sie sich für die Aktien. Das bringt Ihnen dann den größeren Gewinn.
- Liegt der Aktienkurs dagegen unter dem Wandlungspreis, lassen Sie sich lieber den Nominalwert zurückzahlen. Das ist dann die günstigere Variante.

Bleibt noch die Frage, wie viele Aktien Sie für Ihre Wandel- oder Umtauschanleihe erhalten. Auskunft darüber gibt das so genannte Umtauschverhältnis. Sie finden es im Emissionsprospekt.

Hohe Chancen bei geringem Risiko

Ideal für die Auswahl von Wandelanleihen sind Unternehmen, die ein hohes Kurspotenzial haben, bei denen jedoch auch die Gefahr eines Rückschlags besteht. Kommt es zu einem solchen Rückschlag, haben Sie eine große Sicherheit – immerhin besitzen Sie eine Anleihe, die sich verzinst und am Schluss mit dem Nominalwert zurückgezahlt wird. Kommt es dagegen zum erwarteten Kursanstieg, profitieren Sie enorm davon.

Darauf sollten Sie bei der Auswahl von Wandelanleihen achten

Für Wandel- und Umtauschanleihen gibt es keine einheitlichen Standards. Daher ist eine Wandelanleihe nie genau gleich wie die andere. Einige Merkmale kommen aber durchaus häufiger vor:

- Aufgepasst bei Wandelanleihen, die eine Wandlungspflicht statt eines Wandlungsrechts vorsehen. Sie tragen damit das volle Risiko, wenn der Aktienkurs sich ungünstig entwickelt. Kaufen Sie daher niemals eine Wandelanleihe, ohne vorher den Verkaufsprospekt eingehend studiert zu haben. Denn in den Emissionsbedingungen kann sich so manche Besonderheit verbergen, die nachher für unangenehme Überraschungen sorgt.
- Wandelanleihen, bei denen der Emittent ein Sonderkündigungsrecht hat, sind eher nachteilig für Sie als Anleger.
- Durchaus interessant sind dagegen Wandelanleihen, bei denen sich die Frist für die Wandlung über die Gesamtlaufzeit erstreckt. Der Regelfall ist aber ein mehrwöchiges Wandlungsrecht am Ende der Laufzeit.

Zertifikate

Bis einschließlich 2008 erfreuten sich Zertifikate einer stark wachsenden Beliebtheit. Seit im September 2008 allerdings die US-Investmentbank Lehman Brothers pleite ging, weiß auch der deutsche

Privatanleger: Zertifikate bergen ein Risiko, und zwar nicht nur ein theoretisches: Nämlich das Risiko, dass der Emittent Insolvenz anmeldet und seinen Zahlungsverpflichtungen nicht mehr nachkommen kann. Das nennt sich Emittentenrisiko. Seitdem verteufeln viele Börsenberichterstatter Zertifikate – und ignorieren dabei völlig, dass auch jede Anleihe ein solches Risiko in sich birgt.

Zertifikate vollständig als Teufelszeug abzutun, ist unserer Ansicht nach daher nicht gerechtfertigt. Umgekehrt sollten Sie aber auch nicht auf jedes Zertifikat fliegen, das Ihnen die Banken schmackhaft machen wollen. Ein wenig Skepsis ist angebracht – aber als Beimischung im Depot können Zertifikate durchaus sinnvoll sein.

Übrigens: Zertifikate ordern Sie am besten über die Börse Stuttgart. Alternativ kommt auch das Derivatesegment der Frankfurter Wertpapierbörse – Scoach – infrage, das ähnlich gute Bedingungen für Privatanleger bietet.

Was haben alle Zertifikate gemeinsam?

Zertifikate sind unterschiedlichste Wertpapiere.

- Sie sind eine Inhaberschuldverschreibung. Das bedeutet: Sie sind ein Zahlungsversprechen des Emittenten (meist einer Bank) an den Inhaber des betreffenden Papiers.
- Zertifikate haben einen oder mehrere Basiswerte. Meist sind das Aktien oder Indizes. Von der Entwicklung dieses Basiswertes hängt die Wertentwicklung des Zertifikats ab. Das heißt aber nicht, dass sich Zertifikate unbedingt deckungsgleich mit ihrem Basiswert entwickeln. Es heißt nur, aus der Entwicklung des Basiswerts wird durch irgendeine Berechnung der Kurs des Zertifikats hergeleitet. Welche Berechnung durchgeführt wird, hängt von der Art des einzelnen Zertifikats ab. Dazu gleich mehr bei den häufigsten Zertifikatetypen. Übrigens: Weil der Kurs eines Zertifikats sich von einem anderen Wertpapier oder Index ableitet, gehören die Zertifikate auch zu den so genannten Derivaten, also den abgeleiteten Wertpapieren.

- Bei Zertifikaten gibt es ein Emittentenrisiko: Geht der Emittent pleite, ist ein Zertifikat kaum mehr etwas wert. Das ist übrigens auch dann der Fall, wenn sich der Basiswert bestens entwickelt hat.

Welche Zertifikattypen gibt es?

Es wäre unmöglich, jedes einzelne Zertifikat zu beschreiben, das am Markt gehandelt wird. Zu unterschiedlich ist diese Wertpapiergruppe. Wohl aber lernen Sie hier die wichtigsten Zertifikatetypen kennen – mit einer Einschätzung, ob ein Investment grundsätzlich in Betracht kommt oder nicht.

Index-Zertifikate: das exakte Abbild des Basiswertes

Beim typischen Index-Zertifikat ist der Basiswert ein Index wie beispielsweise der DAX oder der Dow Jones (mehr zum Thema Indizes lesen Sie im gleichnamigen Kapitel weiter hinten in diesem Buch). Ein Index-Zertifikat bildet die Entwicklung des zugrunde liegenden Index ganz genau ab. Steigt der DAX um 1,5 Prozent an einem Tag, wird auch ein Index-Zertifikat auf den DAX an diesem Tag um 1,5 Prozent steigen. Fällt der DAX um 0,8 Prozent, dann verliert auch das Index-Zertifikat 0,8 Prozent an Wert. Sie sehen: Ein Index-Zertifikat verhält sich immer so wie der Basiswert. Weil der Zertifikatekurs am Kurs des Basiswerts »partizipiert« (also Anteil hat), nennt man Index-Zertifikate manchmal auch Partizipationszertifikate.

Nicht immer ist der Basiswert ein Index

Der Basiswert muss übrigens nicht zwangsläufig ein Index sein. Es gibt durchaus auch Index-Zertifikate auf den Gold- oder Ölpreis.

Ein Bezugsverhältnis von 1:100 bedeutet, dass Sie für das Zertifikat 1 Euro pro 100 Indexpunkte zahlen. Steht beispielsweise der DAX bei 10.000 Punkten, zahlen Sie für das entsprechende DAX-Zertifikat 100 Euro. Steht er dagegen bei 8.000 Punkten, zahlen Sie dafür 80 Euro.

Wenn Sie sich einmal für einen Index entschieden haben, ist es praktisch egal, welches Index-Zertifikat Sie kaufen. Wichtig ist nur, dass die emittierende Bank solvent und vertrauenswürdig ist. Das ist das einzig wichtige.

Wenn möglich, wählen Sie einen Performance-Index

Index ist nicht gleich Index. Das werden Sie in einem späteren Kapitel noch erfahren. Es gibt Indizes, bei denen die Dividenden mit eingerechnet werden (z. B. DAX, MDAX, SDAX, TecDAX). Hier spricht man von einem Performance-Index. Bei anderen Indizes schlägt sich nur die Kursentwicklung der Indexmitglieder auf die Entwicklung des Index nieder, nicht aber die Dividenden. Dann spricht man von einem Kursindex (z. B. Dow Jones, Euro Stoxx, Nikkei). Beim Kauf von Index-Zertifikaten sollten Sie Performance-Indizes bevorzugen. Weil hier die Dividenden inbegriffen sind, entwickeln sie sich besser.

Index-Zertifikate können interessant sein, vor allem – siehe oben – solche auf Performance-Indizes. Für eine langfristige Geldanlage sind aber Indexfonds besser, weil es dort kein Emittentenrisiko gibt. Eine lohnende Alternative zu Index-Zertifikaten sind daher ETFs, also börsengehandelte Indexfonds. Hier entgehen Ihnen übrigens auch bei Kursindizes die Dividenden nicht. Mehr dazu später.

Zertifikate mit Währungsabsicherung

Der Vollständigkeit halber sei hier erwähnt, dass es vor allem Index-Zertifikate oft in währungsgesicherter Form gibt. Beispiel: Sie kaufen ein Index-Zertifikat auf den Goldpreis. Der Goldpreis wird aber traditionell in Dollar angegeben, und Sie befürchten, dass der Dollar gegenüber dem Euro an Wert verlieren wird. In einem solchen Fall kaufen Sie am besten ein **Quanto-Zertifikat**, also ein Zertifikat mit Währungsabsicherung. Hier wird ein fester Umtauschkurs zwischen Euro und Dollar zugrunde gelegt, an dem sich während der gesamten Laufzeit nichts ändert. Die Absicherung hat allerdings ihren Preis: Bei Quanto-Zertifikaten ist der Spread (also der Unterschied zwischen An- und Verkaufskurs) meist höher als bei nicht währungsgesicherten Zertifikaten. Hinzu kommt eine jährliche Gebühr für die Währungsabsicherung.

Basket-Zertifikate: praktisch das Gleiche

Nach dem gleichen Prinzip funktionieren Basket-Zertifikate, die ebenfalls zu den Partizipationszertifikaten gehören. Auch sie bilden den Basiswert deckungsgleich ab. Dieser Basiswert ist in der Regel aber kein Index, sondern ein »Aktienkorb« (daher der Name »Basket-Zertifikat«) aus der gleichen Branche (z. B. Rohstoffe) oder Region (z. B. Lateinamerika).

Nicht besonders attraktiv

Basket-Zertifikate empfehlen wir Ihnen nur in Ausnahmefällen. Ein Aktienkorb, der am Anfang noch recht attraktiv erscheinen mag, kann im weiteren Verlauf erhebliche Schwächen aufweisen. Die bessere Alternative sind hier gemangte Fonds. Dort macht sich ein Fondsmanager die Mühe, laufend zu beurteilen, welche Aktien aussichtsreich sind und welche nicht. Eine andere Alternative sind ETFs auf Branchenindizes. Da ist wenigstens die Auswahl der enthaltenen Aktien größer.

Discount-Zertifikate

Etwas schwieriger konstruiert, aber durchaus attraktiv sind Discount-Zertifikate (manchmal auch Diskont-Zertifikate genannt). Auch ihnen liegt ein Basiswert zugrunde, das ist in der Regel eine Aktie, kann aber auch ein Index sein. Der Erwerb eines Discount-Zertifikats gibt Ihnen das Recht, zu einem bestimmten Zeitpunkt in der Zukunft eine Aktie oder einen sonstigen Basiswert zu beziehen. Die Laufzeit von Discount-Zertifikaten liegt in der Regel zwischen einem und drei Jahren. Statt des Basiswerts erhalten Sie zunächst das Discount-Zertifikat. Das erhalten Sie allerdings mit einem Rabatt (das englische Wort für Rabatt lautet »Discount«, daher der Name). Der Rabatt bezieht sich auf den aktuellen Kurs des Basiswerts. Er kann bis zu 65 Prozent betragen, die Regel sind aber Rabatte von 10 bis 20 Prozent.

Am Laufzeitende wird Ihnen dann die Aktie ins Depot gebucht. Es gibt allerdings eine Ausnahme: Liegt der Aktienkurs bei Fälligkeit über einer bestimmten Obergrenze, dann erhalten Sie statt der Aktie nur den Betrag, bei dem diese Obergrenze liegt. Die Obergrenze heißt übrigens Cap (»Deckel«, »Kappungsgrenze«) und wird schon bei Emission des Zertifikats festgelegt. Wenn der Aktienkurs über den Cap hinaussteigt, profitieren Sie nicht weiter davon. Sie nehmen also an der positiven Entwicklung des Basiswerts teil, aber nur bis der Cap erreicht ist. Danach bringen Ihnen weitere Kursanstiege nichts mehr. Bedenken Sie allerdings auch: Sie haben den Basiswert dafür aber mit einem mehr oder weniger kräftigen Rabatt bekommen.

Beispiel

Der Aktienkurs der Muster AG liegt aktuell bei 100 Euro. Eine Bank hat auf diese Musteraktie ein Discount-Zertifikat emittiert mit einem Rabatt von 20 Prozent. Das Zertifikat kostet bei der Emission also 80 Euro. Den Cap hat der Emittent auf 110 Euro festgelegt. Das bedeutet:

➤ Liegt am Laufzeitende der Aktienkurs unter 80 Euro, hat der Zertifikate-Inhaber Verlust gemacht. Allerdings ist sein Verlust geringer, als wenn er statt des Discount-Zertifikates direkt die Aktie gekauft hätte.

➤ Liegt am Laufzeitende der Aktienkurs zwischen 80 und 100 Euro, hat der Zertifikate-Inhaber bereits Gewinn gemacht. Ihm wird die Aktie ins Depot gebucht. Hätte er die Aktie gekauft, wäre er immer noch in der Verlustzone.

➤ Liegt am Laufzeitende der Aktienkurs zwischen 100 und 110 Euro, hat der Zertifikate-Inhaber ebenfalls Gewinn gemacht. Auch mit dem Direktkauf der Aktie hätte er einen Gewinn erzielt, allerdings einen deutlich kleineren.

➤ Liegt am Laufzeitende der Aktienkurs über 110 Euro, hat der Zertifikate-Inhaber Gewinn gemacht, aber dieser Gewinn ist gedeckelt. Mehr als 110 Euro bekommt er nicht, egal wie hoch der Aktienkurs noch ansteigt. Das ist das einzige Szenario, bei dem der Direktkauf der Aktie womöglich günstiger ist als der Kauf des Discount-Zertifikats.

Fazit: Discount-Zertifikate sind sinnvolle Investments, vor allem, wenn an der Börse nicht klar ist, ob es weiter aufwärts geht. Gerade für Seitwärtsmärkte sind Discount-Zertifikate sehr geeignet.

Übrigens: Discount-Zertifikate gibt es auch auf Indizes. Statt der Aktie wird am Laufzeitende dann ein Index-Zertifikat in Ihr Depot eingebucht, sofern der Cap zu diesem Zeitpunkt nicht schon überschritten ist.

Bonuszertifikate

Bei Bonuszertifikaten erhalten Sie am Ende der Laufzeit einen festgelegten Bonus, also eine Extrazahlung. Die Voraussetzung ist allerdings: Der Kurs des Basiswerts darf bis dahin einen festgelegten Wert (= Knock-in-Schwelle, Kursbarriere oder Sicherheitslevel)
nicht berühren oder unterschreiten. Passiert das doch, entfällt der
Bonus. Sie bekommen dann am Laufzeitende nur den Kurs des Basiswerts ausgezahlt – und nichts weiter.

Wer sich für Bonuszertifikate interessiert, sollten darauf achten, dass
sich der aktuelle Kurs des Basiswerts weit oberhalb der Knock-in-
Schwelle bewegt. Der Abstand zwischen Schwelle und aktuellem
Kurs heißt Bonuslevel oder Bonusniveau. Bei sehr stark schwankenden Werten oder in Marktphasen mit stärkeren Kursausschlägen ist
die Knock-in-Schwelle schnell erreicht. Dann ist der Bonus weg,
und aus dem Bonus-Zertifikat wird ein einfaches Index-Zertifikat.

Das Ganze ist eine Mogelpackung

Es ist schon absurd: Die Banken sprechen hier von einem Bonus, knüp-
fen seinen Erhalt aber an Bedingungen, die sehr häufig gar nicht erfüllt
werden können. Unser Tipp lautet: Kaufen Sie lieber gleich den Basiswert, sprich die zugrunde liegende Aktie. Wenn die Aktiengesellschaft
nicht gerade Verluste schreibt oder in Existenznot ist, erhalten Sie als
Aktionär auf jeden Fall eine Dividende – egal, was der Kurs macht. Mit
anderen Worten: Finger weg von Bonuszertifikaten.

Garantiezertifikate

Am Beispiel der Lehman Brothers haben Sie gesehen, wie viel eine Garantie wert ist, wenn der Garantiegeber pleite ist: nämlich gar
nichts. Alle Lehman-Opfer in Deutschlang hatten Garantiezertifikate gekauft – und ihr Geld war am Ende trotzdem weg.

Aber auch bei einem Emittenten, der nicht von der Pleite bedroht ist,
sind Garantiezertifikate unattraktiv. Denn die Garantie bezieht sich
ausschließlich auf das Laufzeitende. Zwischendurch kann der Zerti-

fikatekurs sehr wohl Einbrüche erleiden. Wollen Sie dann verkaufen, ist die Garantie keinen Cent wert.

Ein zweites Argument spricht gegen Garantiezertifikate: Die Verzinsung ist äußerst mager. Die Banken lassen sich eine solche Garantie einiges kosten. Das heißt, Sie werden mit einem Garantiezertifikat nur ausgesprochen magere Renditen erzielen. Fazit auch hier: Finger weg!

Die bessere Alternative ist das gute alte Bankkonto

Eine Garantie, die wirklich etwas gilt, haben Sie bei jedem Bankkonto. Das bringt vergleichbare Zinsen. Außerdem kommen Sie hier in den Genuss der Einlagensicherung, die mindestens 100.000 Euro in vollem Umfang absichert (bei den meisten Banken sogar noch mehr). Diese Garantie haben Sie auch nicht nur am Laufzeitende, sondern immer.

Hebel- oder Knock-out-Zertifikate

Hebelzertifikate sind ein hochspekulatives Investment. Ein Hebelzertifikat bildet steigende oder fallende Kurse eines Basiswertes nach. Er »hebelt« diese nach oben sowie nach unten. Der »Hebel« ist nichts anderes als ein Faktor. Er bestimmt, um wie viel stärker das Zertifikat gegenüber dem Basiswert steigt beziehungsweise fällt.

Ein Zertifikat mit Hebel 2 bedeutet also: Gewinnt der Basiswert 2 Prozent, legt das Hebelzertifikat um 4 Prozent zu. Sinkt der Kurs des Basiswerts dagegen um 3 Prozent, liegt der Verlust des Hebelzertifikats bei 6 Prozent. Je größer der Hebel, desto spekulativer. Das alles wäre aber noch tragbar – schließlich können sich fallende Kurse auch wieder erholen. Aber ein Detail macht Hebelzertifikate zum wahren Zockerpapier mit immensem Verlustrisiko: Hebelzertifikate haben üblicherweise eine Knock-out-Schwelle: Erreicht der Basiswert einen bestimmten Stand, ist das Zertifikat auf einen Schlag nichts mehr wert. Auch dann nicht, wenn der Kurs des Basiswerts sich später wieder erholt. Es besteht also stets das Risiko eines Totalverlusts. Deswegen lautet unser Rat: Hebelzertifikate sollten Sie nur in Ausnahmefällen kaufen!

> **Mögliche Alternative: Optionsscheine**
>
> Wollen Sie wirklich mit Hebel investieren? Dann sind eine mögliche
> Alternative zu Hebelzertifikaten Optionsscheine. Hier ist ein Knock-out
> ausgeschlossen. Allerdings ist die Kursentwicklung bei Optionsscheinen
> viel weniger transparent als bei Hebelzertifikaten. Für Anleger mit wenig
> Börsenerfahrung empfiehlt sich keines dieser Wertpapiere.

Zertifikate: hilfreich – wenn sie richtig eingesetzt werden

Ein einzelnes Ereignis hat die Zertifikatewelt in Deutschland auf
den Kopf gestellt: Die Pleite der US-Bank Lehman Brothers im
Jahr 2008. Das Problem für die Zertifikate-Branche war, dass Lehman Brothers an der deutschen Börse als Zertifikate-Emittent aktiv
war. Die Pleite führte dazu, dass zum ersten Mal deutlich wurde, was
Zertifikate (aber auch andere Derivate wie zum Beispiel Optionsscheine) sind: Schuldverschreibungen von Banken.

Der DAX kann morgen auf 20.000 Punkte steigen – der Wert eines
DAX-Index-Zertifikats fällt dennoch schlagartig auf Null, wenn der
Emittent des Zertifikats zahlungsunfähig ist. Ein Zertifikat hängt
also immer von zwei Faktoren ab:

1. Wie entwickelt sich der Basiswert (Aktie, Index, Rohstoff, Edelmetall), auf den sich das Zertifikat bezieht?
2. Wie finanzstark ist der Emittent, der Herausgeber der Schuldverschreibung?

Die US-Bank Lehman Brothers war Ende 2008 plötzlich nicht mehr
zahlungsfähig. Er war der erste Zertifikate-Emittent in Deutschland,
der seine Verpflichtungen nicht mehr erfüllen konnte. Die Lehman-Zertifikate wurden fast wertlos.

Seit dieser Episode hat sich in der Wahrnehmung der Anleger das
Risikoprofil der Zertifikate radikal verschlechtert (faktisch war dieses
Risiko schon vor der Lehman-Pleite in gleicher Form vorhanden). In
den ersten Monaten nach der Bankenpleite brach der Handel mit den
Zertifikaten ein.

Banken als Emittenten und Vermittler am Pranger

Die neue Risikowahrnehmung war jedoch nicht das einzige Problem für die Zertifikate-Branche. Plötzlich wurde auch die Frage diskutiert, wer die Zertifikate besitzt und warum die Zertifikate gekauft wurden.

Insgesamt sind rund 50.000 Zertifikatebesitzer betroffen. Die Schadenssumme soll bei geschätzten 700 Mio. Euro liegen. Im Prinzip ist das eine relativ kleine Summe, da der deutsche Derivatemarkt 2008 ein Volumen von gut 125 Mrd. Euro hatte. Wäre ein großer Emittent zahlungsunfähig geworden, hätte der Schaden in den zweistelligen Milliardenbereich gehen können.

Dennoch muss jeder Einzelfall genau geprüft werden. Es gab viele Anleger, die diese Zertifikate über die Börse gekauft haben und dann einfach Pech hatten, dass genau jener Emittent zahlungsunfähig wurde. Mit diesem Risiko muss jeder Anleger leben, der Börsengeschäfte tätigt. Es gab aber auch Fälle, wo man den Eindruck haben kann, dass diese Geschäfte nicht ganz sauber waren. Der Zertifikate-Emittent Lehman Brothers hat relativ teure und komplexe Zertifikate zur Verfügung gestellt, und einige andere Banken haben diese Zertifikate mit einer gewissen Überzeugungskunst an ihre Kunden weitergegeben (und dafür recht üppige Provisionen kassiert).

Einige Bankkunden waren offensichtlich nicht in der Lage, die Funktionsweise der Zertifikate zu verstehen. Diesen Anlegern war nicht bewusst, dass es sich um Schuldverschreibungen einer Bank handelt.

Die Gerichte müssen jetzt klären, in welchen Fällen die Risiken korrekt kommuniziert wurden und in welchen Fällen eine Falschberatung vorliegt. Einige Banken versuchen, die Lage zu entschärfen, indem sie den betroffenen Kunden freiwillig den finanziellen Schaden ganz oder teilweise ersetzen.

Dennoch wird weiterhin ein fader Beigeschmack bleiben: Die Zertifikate-Industrie hat überflüssige und teure Produkte konzipiert, die Banken haben diese Papiere dann eifrig verteilt. Der Nutzen für den Kunden hat dabei keine Rolle gespielt. Es ging nur um Gebühren und Provisionen.

Zertifikate: gut als Lückenfüller

Da Zertifikate ein doppeltes Risiko aufweisen (der Basiswert, auf den sich das Zertifikat bezieht, kann sich anders entwickeln als gewünscht, und der Emittent kann zahlungsunfähig werden), empfehlen wir eine relativ niedrige Gewichtung von Zertifikaten. Eine völlige Verbannung aus den Wertpapier-Depots halten wir dagegen für übertrieben. Es gibt durchaus attraktive Zertifikate, die eine Lücke im Depot füllen können.

Zwei Beispiele

1. Sie erwarten einen steigenden Goldpreis, gleichzeitig jedoch auch heftige Währungsschwankungen beim US-Dollar (Gold wird in Dollar abgerechnet). Mit einem Quanto-Zertifikat können Sie diese Währungsschwankungen beseitigen (natürlich gegen eine Gebühr) und 1:1 vom Goldpreisanstieg profitieren.

2. Sie gehen davon aus, dass der DAX in den nächsten zwölf Monaten nur eine Seitwärtsbewegung schafft, möchten aber trotzdem Geld an der Börse verdienen. Dann ist ein Discount-Zertifikat attraktiv. Sie können mit einem solchen Discount-Zertifikat zum Beispiel den DAX mit 10 Prozent Rabatt erwerben. Im Gegenzug ist Ihr maximaler Gewinn auf 10 Prozent begrenzt.

Je nach DAX-Entwicklung sind dann grob vereinfacht die folgenden fünf Szenarien möglich: Wie Sie schnell erkennen, gibt es nur ein Szenario, das dazu führt, dass der DAX (oder zum Beispiel ein DAX-Indexfonds) besser abschneidet als das Discount-Zertifikat. Und zwar dann, wenn der DAX sehr stark steigt und den maximalen Gewinn des Discount-Zertifikats übertrifft. Bei leicht steigenden, stagnierenden oder fallenden Kursen schneidet dagegen das Zertifikat immer besser ab als der Index. Daher kann ein Discount-Zertifikat in vielen Marktphasen eine attraktive Alternative zu einem Direkt-Investment in einen Index oder eine Aktie sein.

Entwicklung DAX	Entwicklung DAX-Discounter
+20 Prozent	+10 Prozent
+10 Prozent	+10 Prozent
0 Prozent	+10 Prozent
-10 Prozent	0 Prozent
-20 Prozent	−10 Prozent

Inflationäre Zertifikateflut:
Emittenten achten nicht auf Qualität

Im Jahr 2010 – nur zwei Jahre nach der Lehman-Pleite und dem Austrocknen des Zertifikate-Marktes – hat die Branche ein unglaubliches Comeback geschafft: Erstmalig in der Historie notieren an den deutschen Börsen mehr als 500.000 verschiedene Zertifikate und Optionsscheine. Unsere ganz klare Einschätzung: Da es nur wenige gute Einsatzbereiche gibt, muss die große Masse der Zertifikate Schrott sein – auch wenn das eine harte Formulierung ist.

Die Emittenten steigern die Nachfrage mit groß angelegten Werbeaktionen und erfüllen zusätzlich quasi jeden Kundenwunsch. Aber nicht jeder Kundenwunsch ist sinnvoll. Die Emittenten hätten die Aufgabe, einen Qualitäts-Check einzubauen. Das findet nicht statt. Stattdessen werden möglichst komplizierte Zertifikate »gebastelt«, damit die Anleger die Kosten und Nachteile nicht finden.

Auch hier ein einfaches Beispiel. Die Idee klingt nach den zwei Crash-Phasen 2000 bis 2003 und 2007 bis 2009 fantastisch: Mit Garantiezertifikaten wird die eingesetzte Summe abgesichert und gleichzeitig profitieren die Zertifikatebesitzer von den steigenden Kursen. Kein Risiko im Crash, hohe Gewinne im Boom. Wer träumt nicht davon? Leider wird das auch ein Traum bleiben. Bei Garantiezertifikaten können viele Fallen und Kosten versteckt sein. Hier nur eine kleine Auswahl:

• Die Emittenten kassieren direkt beim Kauf einen Ausgabeaufschlag (Beispiel: Das Zertifikat hat einen Wert von 100 Euro, kostet beim Kauf jedoch 102 Euro).

- Die Kapitalgarantie beschränkt sich dann natürlich nur auf die 100 Euro je Zertifikat, nicht auf die gezahlten 102 Euro.
- Große Falle: Die Kapitalgarantie gilt nur am Tag der Fälligkeit. Während der Laufzeit kann das Zertifikat deutlich ins Minus rutschen. Wer nicht bis zum Laufzeitende warten kann, muss Verluste beim Verkauf realisieren.
- Umgekehrt: Steigen die Kurse des Basiswerts, steigt das Zertifikat langsamer. Nur am Laufzeitende gilt die volle Gewinnbeteiligung.
- Oft werden bei steigenden Kursen Stichtage für die Berechnung gewählt. Dadurch wird der Kursgewinn am Laufzeitende in vielen Fällen niedriger sein als beim Direktkauf des Basiswerts (zum Beispiel eines ETFs auf den DAX).
- Der Emittent behält laufende Zahlungen des Basiswerts (Dividenden bei Aktien) und reicht diese nicht an die Zertifikatebesitzer weiter.
- Entscheidend ist natürlich, dass der Emittent am Ende der Laufzeit noch zahlungsfähig ist und sich der Fall Lehman nicht wiederholt.

Wie Sie sehen, sind die Verkaufsschlager »Garantiezertifikate« bei genauerer Betrachtung oft doch kein Investment wert. Je komplexer die Zertifikatebedingungen, desto vorsichtiger sollten Sie sein. Wenn Ihnen Ihr Bankberater die Funktionsweise eines Zertifikats nicht in ein bis maximal drei Sätzen erklären kann, sind mit hoher Wahrscheinlichkeit Fallen oder Kosten im Produkt versteckt.

Fazit

Zertifikate sollten Sie als Anleger nicht aus Prinzip ablehnen. Wer die Risiken und die Funktionsweise kennt, kann Zertifikate nutzen, um kleine Lücken im Depot zu schließen. Das Gros der Wertpapiere in Ihrem Depot sollte jedoch nicht aus Zertifikaten bestehen.

Optionsscheine

Um es gleich vorweg zu sagen: Auch Optionsscheine sind nichts für konservative Anleger. Man könnte sagen, sie sind ein Zockerpapier. Sie bieten enorme Gewinnchancen, aber auch die Verlustrisiken sind erheblich. In Optionsscheine können Sie dann investieren, wenn Sie bereit sind, mit einem kleinen Teil Ihrer Anlagesumme zu spekulieren, und sich außerdem schon bestens an der Börse auskennen.

Was sind Optionsscheine überhaupt? Auch sie gehören – wie die Zertifikate – zu den Derivaten, also zu den abgeleiteten Wertpapieren. Und auch sie beziehen sich folglich auf einen Basiswert, von dessen Entwicklung der Kurs des Optionsscheins abhängt. Der Basiswert ist, wie bei Hebelzertifikaten, entweder eine Aktie (z. B. Siemens), ein Index (z. B. der DAX), ein Rohstoff (z. B. Öl der Sorte WTI) oder ein Edelmetall (z. B. Gold).

Für Optionsscheine kommen die gleichen Börsenplätze infrage wie für Zertifikate, sprich die Börse Stuttgart oder das Derivatesegment der Frankfurter Wertpapierbörse (Scoach).

So funktioniert ein Optionsschein

Auch Optionsscheine hebeln die Kursentwicklung des Basiswerts, vervielfachen also die Wirkung von jedem Auf und Ab. Allerdings ist die Kursentwicklung eines Optionsscheins nicht so transparent wie die eines Hebelzertifikats. Wer einen Optionsschein (oder »Warrant«, wie es auf Englisch heißt) kauft, erwirbt einen Anspruch: Er darf eine bestimmte Menge des Basiswerts zu einem vorab festgelegten Preis kaufen (dann heißt der Optionsschein »Call«) oder verkaufen (dann heißt der Optionsschein »Put«). Für Verkaufsoptionsscheine brauchen Sie den Basiswert übrigens nicht im Depot zu haben. Sie können unabhängig davon mit dem Verkaufsrecht handeln, den Optionsschein also an jemanden weiterverkaufen, der den entsprechenden Basiswert hat.

Bei manchen Optionsscheinen (den europäischen) haben Sie dieses Recht nur am Ende der Laufzeit, bei anderen (den amerikanischen) auch schon während der Laufzeit. Eine wichtige Größe bei Optionsscheinen ist das **Bezugsverhältnis**. Es gibt an, wie viele Einheiten des Basiswerts Sie für Ihren Optionsschein bekommen. Das kann sehr unterschiedlich sein: Üblich sind Bezugsverhältnisse von 1:1 (beispielsweise eine Aktie für einen Optionsschein) bis zu 1:100 (eine Aktie für 100 Optionsscheine).

Warum Optionsscheine einen Hebel haben

Ein Hebel bedeutet: Bei einem Anstieg des Basiswerts machen Sie bei einem Optionsschein mit gleichem Einsatz höhere Gewinne als beim Kauf des Basiswerts. Sie können bei einem Kursverlust mit dem gleichen Einsatz aber auch deutlich mehr verlieren. Wie groß der Hebel ist, hängt von der Art und Ausstattung des jeweiligen Optionsscheins ab.

Achtung: Verlustgefahr

Sie haben es bereits gelesen: Die Hebelwirkung funktioniert auch in der anderen Richtung. Geht der Kurs des Basiswerts auf Talfahrt, verliert der Optionsschein sogar noch mehr als die Aktie. Anders als Hebelzertifikate haben Sie aber immerhin noch die Chance, dass sich das Papier bis zum Laufzeitende wieder erholt. Eine Knock-out-Barriere, die den Schein vor Ende der Laufzeit wertlos macht, gibt es nicht. Trotzdem: Entwickelt sich der Kurs des Basiswerts bis zum Schluss nicht so, wie Sie das erwartet haben, droht im Extremfall sogar ein Totalverlust. Darüber müssen Sie sich im Klaren sein.

Wichtige Kennzahlen bei Optionsscheinen

Von Nichtprofis lässt sich der genaue Kursverlauf eines Optionsscheins während der Laufzeit nicht ausrechnen. Denn er hängt von verschiedenen Faktoren ab. Für jeden Optionsschein gibt es mehr als ein Dutzend unterschiedlicher Kennzahlen. Wir beschränken uns hier auf die wichtigsten, die Sie kennen sollten, wenn Sie in Optionsscheine investieren:

Die **Laufzeit:** Bis wann läuft der Optionsschein überhaupt? Ein Jahr, zwei Jahre, drei Jahre? Schauen Sie sich den Basiswert an und treffen Sie eine Prognose, wie er sich bis zur Fälligkeit Ihrer Meinung nach höchstwahrscheinlich entwickeln wird.

Das **Aufgeld** sagt Ihnen, ab welchem Kurs des Basiswerts Sie Gewinne machen. Um wie viele Prozent muss der Basiswert des Optionsscheins bis zur Fälligkeit zulegen (bei Calls) oder fallen (bei Puts), damit Sie einen Gewinn erzielen? Diese Frage wird durch das Aufgeld beantwortet. Üblich ist auch die Angabe des **Aufgeldes pro Jahr.** Sie teilen einfach das Aufgeld durch die Laufzeit in Jahren. auf diese Weise können Sie auch Optionsscheine unterschiedlicher Laufzeiten miteinander vergleichen.

Beispiel

Sie erwerben einen Kauf-Optionsschein auf eine Aktie mit dreijähriger Laufzeit. Er hat ein Aufgeld von 12 Prozent. Das heißt: Die betreffende Aktie muss bis zum Laufzeitende um 12 Prozent steigen, damit Sie in die Gewinnzone kommen. Das Aufgeld pro Jahr beträgt somit 4 Prozent. So viel Kurspotenzial müssen Sie dieser Aktie in den nächsten drei Jahren zutrauen. Nur dann wäre es sinnvoll, diesen Optionsschein überhaupt zu kaufen.

Sie sehen: Die wichtigste Überlegung beim Kauf eines Optionsscheins gilt dem Aufgeld. Erstellen Sie zuerst eine Prognose, welcher prozentuale Anstieg Ihrer Meinung nach beim Basiswert bis zum Ende der Laufzeit realistisch ist. Hat er genug Potenzial, um das Aufgeld auszugleichen? Falls nicht, dann Finger weg vom entsprechenden Optionsschein. Grundsätzlich gilt: Je niedriger das Aufgeld, desto sicherer ist der Optionsschein.

Basispreis: Das ist die Kursschwelle, die erreicht werden muss, damit Sie in die Gewinnzone kommen.

Der **Omega-Hebel** gibt an, um wie viel stärker jede Kursveränderung des Basiswerts den Kurs des Optionsscheins »hebelt«, also vervielfacht. Anders gesagt: Der Omega-Hebel zeigt, welche Hebelwirkung der jeweilige Optionsschein hat. Angenommen, der Omega-Hebel liegt bei 3. Das heißt: Wenn sich der Kurs des Ba-

siswerts um ein Prozent bewegt, bewegt sich der Kurs des Optionsscheins um 3 Prozent. Aber aufgepasst: Der Omega-Hebel ist keine
feste Größe, sondern unterliegt andauernden Schwankungen.

Praktisch wertlos: der theoretische Hebel

Verwechseln Sie den Omega-Hebel nicht mit dem theoretischen Hebel.
Denn Letzterer ist überhaupt nicht aussagekräftig. Wenn Sie wirklich wissen wollen, wie groß der Hebel auf einen Optionsschein ist, schauen Sie
nicht auf den theoretischen Hebel, sondern immer auf den Omega-Hebel.

An der Kennzahl Delta können Sie ablesen, wie sich der Preis eines
Optionsscheins entwickelt, wenn sich der aktuelle Kurs des Basis-
werts um eine Einheit (beispielsweise um 1 Euro) ändert. Bei Kauf-
Optionsscheinen (Calls) beläuft sich der Wert des Delta auf 0 bis
+1 (bzw. 0 Prozent bis 100 Prozent). Bei Verkaufs-Optionsscheinen
(Puts) liegt er zwischen −1 und 0 (bzw. −100 Prozent und 0 Prozent).

Beispiel

Ein Kauf-Optionsschein auf eine bestimmte Aktie hat ein Delta von +0,5.
Das heißt: Legt der Aktienkurs des betreffenden Unternehmens um 1
Euro zu, steigt der Wert Ihres Optionsscheins um 0,50 Euro. (Falls allerdings das Bezugsverhältnis nicht bei 1:1 liegt, müssen Sie das Delta
noch mit dem Bezugspreis malnehmen.)

Die Kennzahl Delta ist, grob gesagt, ein Maß dafür, also die Wahrscheinlichkeit, mit der eine Option tatsächlich ausgeübt wird. Je
dichter beim Call auf eine Aktie Delta bei 1 liegt, desto größer ist
die Wahrscheinlichkeit, dass der Kurs der Aktie am Ende tatsächlich
über dem Basispreis liegt. Das heißt: In diesem Fall können Sie die
Option ausüben, den Basiswert also in der Tat günstiger kaufen als
zu seinem aktuellen Börsenkurs. Je näher bei einem Put Delta bei −1
liegt, desto größer ist die Wahrscheinlichkeit, dass der Kurs der Aktie
am Ende unter dem Basispreis liegt. Das würde bedeuten: Sie können die Aktie teurer verkaufen als zum aktuellen Kurs.

Je niedriger Delta, desto höher ist das Risiko für Sie als Optionsscheininhaber. Allerdings ist Delta keine konstante Größe, sondern
schwankt andauernd. Es wird beeinflusst von Kursänderungen des

Basiswerts, aber auch von der erwarteten Schwankungsstärke (Volatilität) und der Restlaufzeit.

Innerer Wert und Zeitwert: Der Reiz eines Optionsscheins besteht darin, dass Sie den Basiswert (Aktie, Index) irgendwann günstiger kaufen (Call) bzw. teurer verkaufen (Put) können als zum dann gültigen Kurs. Der innere Wert gibt an, wie viel Ihr durch den Optionsschein erworbenes Optionsrecht wert ist, wenn Sie es jetzt genau in diesem Augenblick ausüben würden. Berechnen lässt sich diese Größe ganz einfach:

> Innerer Wert = (Kurs Basiswert – Basispreis) : Bezugsverhältnis

Angenommen, Sie kaufen einen Optionsschein auf eine bestimmte Aktie. Der aktuelle Kurs der Aktie liegt bei 13,50 Euro. Der Basispreis Ihres Optionsscheins liegt bei 9 Euro, das Bezugsverhältnis bei 1:1. Dann beträgt der innere Wert Ihres Optionsscheins 13,50 Euro – 9 Euro = 4,50 Euro. Um so viel günstiger könnten Sie am heutigen Tag also die betreffende Aktie erwerben als zum aktuellen Kurs. Ihr Optionsrecht hat damit einen inneren Wert von 4,50 Euro.

Für einen Optionsschein zahlen Sie allerdings als Anleger nicht bloß den inneren Wert, sondern etwas mehr. Die Bank lässt sich das Risiko bezahlen, dass Sie als Anleger die Wette gewinnen und mit Ihrem Optionsschein viel Geld verdienen. Der Zeitwert errechnet sich so:

> Zeitwert = aktueller Kurs Optionsschein – innerer Wert

Zeitwert = aktueller Kurs Optionsschein – innerer Wert

> **Beispiel: Zeitwert-Berechnung**
>
> Bleiben wir beim oben genannten Beispiel: Der innere Wert beträgt 4,50 Euro. Tatsächlich müssen Sie für den Optionsschein aber 6 Euro bezahlen. Dann beträgt der Zeitwert 6 Euro – 4,50 Euro = 1,50 Euro.

Der Zeitwert ist ein Maß für Ihr aktuelles Risiko. Wenn der Optionsschein heute fällig werden würde, müssten Sie mit einem Verlust von 1,50 Euro rechnen. Grundsätzlich gilt: Der Zeitwert sinkt während der Laufzeit und erreicht am Tag der Fälligkeit (Laufzeitende) einen Wert von 0. Am Tag der Fälligkeit zählt also nur noch der innere Wert. Die emittierende Bank ermittelt den Zeitwert nicht beliebig. Sie berücksichtigt bei der Berechnung drei Faktoren:

- die Restlaufzeit des Optionsscheins
- die erwartete Schwankungsstärke (implizite Volatilität) und
- das Zinsniveau

Nicht bis zur Fälligkeit warten

Halten Sie einen Optionsschein nicht bis zur Fälligkeit, sondern verkaufen Sie ihn rund drei Monate vorher. Denn am Schluss sinkt der Zeitwert überproportional stark.

Die **implizite Volatilität** ist die erwartete Schwankungsstärke des Basiswerts. Je stärker eine Aktie (bzw. ein Index) schwankt, desto eher muss die Bank damit rechnen, dass der Kurs auch in eine für den Sie als Optionsscheininhaber günstige Richtung pendelt. Erwarten die Banken dagegen nur geringe Schwankungen, ist aus ihrer Sicht das Risiko, dass die Aktie sich in die vom Anleger gewünschte Richtung entwickelt, geringer. Das heißt: Rechnet die Bank mit hohen Schwankungen, wird sie den Optionsschein teurer machen (also den Zeitwert heraufsetzen). Rechnet sie nur mit geringen Schwankungen, bietet sie den Optionsschein günstiger an.

Wichtig

Selbst wenn der Kurs des Basiswerts stagniert und nur die »Vola« steigt, wird der Schein teurer. Sinkt dagegen die Volatilität, sinkt auch der Wert des Optionsscheins. Bei der Auswahl vergleichbarer Optionsscheinen suchen Sie sich daher zweckmäßigerweise den aus, bei dem die implizite Volatilität am niedrigsten ist. Er ist dann der günstigste.

Fonds und ETFs

Kommen wir von den spekulativen Hebelpapieren wieder zurück zu einer Wertpapierform, die für jeden Anleger interessant ist: zu den Investmentfonds.

»Lege nie alle Eier in einen Korb.« So lautet eine wichtige Grundregel an der Börse. Es wäre also falsch, das ganze Geld auf nur ein einziges Wertpapier zu setzen. Was aber tun, wenn das Geld nicht für mehrere Wertpapiere reicht? – Die Antwort ist ganz einfach: Kaufen Sie Anteile an einem Investmentfonds. Das Geld, das Sie für solche Anteile ausgeben, kommt in einen gemeinsamen Topf mit dem Geld anderer Anleger. Davon werden dann verschiedene Wertpapiere gekauft. Das heißt: Sie schaffen es schon mit einem einzigen Fondsanteil, Ihr Risiko zu streuen.

Achtung: keine geschlossenen Fonds kaufen

Es gibt offene und geschlossene Investmentfonds. Offene werden an der Börse gehandelt. Sie als Anleger können jederzeit ein- und wieder aussteigen. Bei geschlossenen Fonds dagegen gibt es keinen Börsenhandel. Ein Einstieg ist außerdem nur während der Zeichnungsfrist, einer bestimmten Periode am Anfang möglich. Aussteigen können Sie dagegen erst am Ende der Laufzeit. Aus diesem Grund empfehlen wir: Investieren Sie ausschließlich in offene Fonds und halten Sie sich von geschlossenen fern!

Das Schöne an offenen Investmentfonds ist – im Unterschied etwa zu Zertifikaten und Optionsscheinen: Fonds haben kein Emittentenrisiko. Geht die Fondsgesellschaft pleite, bleibt das Fondsvermögen Ihnen und den anderen Anteilseignern trotzdem erhalten. Üblicherweise werden die Wertpapiere im Fondsvermögen dann verkauft. Jeder Anteilseigner bekommt den Gegenwert seiner Anteile auf sein Konto überwiesen. In der Fachsprache sagt man dazu: Fonds bilden Sondervermögen, also ein Vermögen, das im Insolvenzfall dem Zugriff der Gläubiger entzogen ist.

Fondsgebühren

Ein Investmentfonds legt Geld für Sie an, und dafür will er Gebühren haben. Sie decken die Kosten für den Fondsvertrieb, fürs Fondsmanagement und für die laufenden Kosten der Fondsgesellschaft. Aber auch Provisionen an Fondsvermittler werden von diesen Gebühren bestritten. Mit folgenden Kosten müssen Sie rechnen:

• Der Ausgabeaufschlag ist eine Einmalgebühr, die beim Kauf von Fondsanteilen fällig wird. Auf bis zu 5,5 Prozent der Anlagesumme beläuft sich dieser Aufschlag bei Aktienfonds. Bei Rentenfonds sind es meist etwa 3 Prozent. Die gute Nachricht lautet: Diese Gebühr können Sie problemlos umgehen, wenn Sie die Fondsanteile nicht direkt bei der Fondsgesellschaft kaufen, sondern stattdessen eine Börse als Handelsplatz auswählen. Dort zahlen Sie nur den Spread, der in der Regel bei etwa 1,5 Prozent der Anlagesumme liegt.

• Die Management- und Verwaltungsgebühr, wird jährlich erhoben und liegt meistens zwischen 1 und 2 Prozent jährlich (immer bezogen auf den Wert der Fondsanteile). Wie hoch sie ist, ersehen Sie aus der Gesamtkostenquote TER (»Total Expense Ratio«).

• Manche Fonds verlangen überdies eine erfolgsabhängige Vergütung, die nicht in die Gesamtkostenquote TER einfließt. Solche Fonds sollten Sie meiden. Sie zahlen mit der Management- und Verwaltungsgebühr schon genug Geld, damit der Fondsmanager seinen Job anständig erledigt!

Ausschüttende und thesaurierende, aktive und passive Fonds

Was passiert eigentlich mit den Dividenden und Zinsen, die ein Fonds aus den Aktien und Anleihen im Fondsvermögen erhält? Ganz einfach: Das Geld steht selbstverständlich Ihnen zu! Die Fondsgesellschaft wird Sie auch in der Tat an sämtlichen Ausschüttungen beteiligen. Das kann auf zweierlei Arten geschehen:

- **Ausschüttende Fonds** zahlen das Geld ein- oder mehrmals im Jahr an die Anteilseigner aus.
- **Thesaurierende Fonds** dagegen behalten das Geld und investieren es weiter. Auf diese Weise wird der einzelne Fondsanteil wertvoller.

Gewinnverwendung

Gehört der Fonds, für den Sie sich interessieren, zu den ausschüttenden oder zu den thesaurierenden Fonds? Im Fondsprospekt oder Fact Sheet finden Sie die Antwort unter der Überschrift »Gewinnverwendung«.

Falls Sie die Wahl haben: Thesaurierende Fonds sind aus unserer Sicht besser als ausschüttende. Das gilt zumindest, wenn Sie nicht mit laufenden Ausschüttungen Ihr Einkommen verbessern wollen. Denn die Fondsgesellschaft sorgt hier automatisch dafür, dass Ihre Gewinne aus Zinsen und Dividenden schnellstens wieder angelegt werden – und das ist ein wichtiger Baustein zur Vermögensbildung.

Man kann die Anlageklasse der Fonds zudem aufteilen in **aktive und passive Fonds**. Beim aktiven, also gemanagten Fonds, trifft ein Fondsmanager jede Anlageentscheidung. Passive Fonds dagegen haben kein menschliches Management. Sie bilden einfach einen Index nach – das kann auch von einem Computer erledigt werden. Das muss nicht unbedingt schlechter sein. Die bekanntesten und günstigsten Passivfonds sind die sogenannten ETFs, die wir Ihnen im Rahmen des nächsten Abschnitts »Fondskategorien« noch vorstellen werden. Gleich im Anschluss daran erfahren Sie, wann sich aus unserer Sicht ein Fonds-Investment (statt Einzelwerten) überhaupt anbietet und ob Sie besser in aktive oder passive Fonds investieren.

Fondskategorien

Je nachdem, in welche Art von Wertpapieren ein Fonds investiert, wird er verschiedenen Kategorien zugeordnet. Für jeden Fonds – ob

Aktien-, Misch-, Renten-, Dachfonds oder ETF gilt allerdings:

Genaue Infos finden Sie im Fondsprospekt

In welche Wertpapiere und Regionen investiert der jeweilige Fonds? Nach welchen Grundsätzen werden die Anlageentscheidungen getroffen? Einige Hinweise gehen vielleicht schon aus dem Fondsnamen hervor. Sie sollten sich aber nicht darauf verlassen, sondern sich lieber den Fondsprospekt ansehen. Auch ein Fact Sheet, eine kurze, knappe Zusammenfassung des Fondsprospekts, liefert Ihnen die wichtigsten Fakten. Sie finden es beispielsweise auf der Internetseite der Fondsgesellschaft, aber auch, wenn Sie bei www.onvista.de oder www.finanzen.net die jeweilige WKN oder ISIN eingeben und dann auf »Fact Sheet« klicken.

Aktienfonds

Je nachdem, in welche Wertpapiere ein Fonds investiert, wird er bestimmten Kategorien zugeteilt. Investiert der Fonds fast ausschließlich in Aktien, spricht man – wenig überraschend – von einem Aktienfonds. Ein Fonds, der dagegen hauptsächlich in Anleihen investiert, heißt Rentenfonds. Schließlich gibt es noch sogenannte Mischfonds, die sowohl Aktien als auch Anleihen in ihrem Portfolio haben. Bleiben wir aber zunächst bei den Aktienfonds. Sie gelten – grob gesagt – als chancenreicher, aber auch als riskanter als Misch- und Rentenfonds.

In 16 verschiedene Aktien muss ein Aktienfonds mindestens investieren. Davon darf keine ein Gewicht von mehr als 10 Prozent haben, so lauten die Regeln hierzulande. Es ist allerdings keine Seltenheit, dass ein Fonds auch in 50 oder 80 Positionen zugleich investiert.

Aktienfonds ist nicht gleich Aktienfonds. Es kommt darauf an, in welche Aktien ein Fonds investiert. Jeder Aktienfonds muss sich von Anfang an festlegen, in welche Kategorie von Aktien er investiert. Dabei darf er von dieser Anlagepolitik nicht einfach beliebig abweichen. In was investiert wird, ist meist definiert nach:

- Regionen (manche Aktienfonds investieren z. B. ausschließlich in Nordamerika, in Asien, in Europa oder in Afrika)

- Ländern (manche Aktienfonds investieren z. B. ausschließlich in deutsche, Schweizer, französische oder US-amerikanische Aktien)
- Länderkategorien (z. B. Industrieländer, Schwellenländer)
- Unternehmensgröße oder Börsenwert (manche Aktienfonds investieren ausschließlich in Standardwerte, andere nur in Nebenwerte)

Passiv gemanagte Aktienfonds bilden dagegen einen Aktienindex nach, zum Beispiel den DAX oder Dow Jones. Damit ist auch schon klar definiert, aus welcher Region oder aus welchem Land die Aktien im Fondsportfolio stammen. Außerdem steht damit fest, ob es Standard- oder Nebenwerte sind. Mehr zu passiv gemanagten Aktienfonds erfahren Sie im Abschnitt »ETFs« weiter hinten in diesem Kapitel.

Rentenfonds

Rentenfonds investieren in Anleihen, die in der Fachsprache auch als »Renten« bezeichnet werden. Mit einer »Rente« im Sinne von Altersbezügen hat das jedoch nichts zu tun. Weil Anleihen in aller Regel weniger spekulativ sind als Aktien, können Sie von Rentenfonds meist eine nicht ganz so große Rendite erwarten. Dafür sind aber auch die Verlustrisiken geringer, auch wenn es von dieser Regel Ausnahmen gibt.

Rentenfonds investieren üblicherweise in

- Unternehmensanleihen
- Staatsanleihen
- andere Zinspapiere wie beispielsweise Pfandbriefe, Zero Bonds oder Genussscheine.

Auch hier wird meistens die Region bestimmt. Viele Rentenfonds investieren allerdings weltweit. In aller Regel machen Rentenfonds ihre Gewinne hauptsächlich mit Zinsausschüttungen und weniger mit Kursanstiegen. Denn die Kurse von Anleihen schwanken üblicherweise längst nicht so stark wie die von Aktien.

Mischfonds

Mischfonds investieren in Aktien und in Anleihen. Zu welchem Anteil in welche Wertpapierklasse investiert werden darf, ist üblicherweise von Anfang an festgelegt. Manche Mischfonds halten sich aber auch die Option offen, den Aktienanteil je nach Marktlage ändern zu dürfen. Überwiegt der Aktienanteil, gilt der Mischfonds als eher spekulatives Investment, überwiegt der Rentenanteil gilt der Mischfonds als defensives Investment. Entsprechend werden Mischfonds oft eingeteilt:

• in Regionen (Europa, Asien, Nordamerika)
• nach ihrem Aktien- beziehungsweise Anleihenanteil (offensiv/ aggressiv, defensiv, ausgewogen/balanced)

Sonderfall Lebenszyklusfonds

Eine besondere Art von Mischfonds sind so genannte Lebenszyklusfonds. Sie tragen dem Umstand Rechnung, dass ein Anleger mit steigendem Lebensalter immer weniger in Aktien und immer mehr in Anleihen investieren soll. Schließlich soll nicht kurz vor der Rente ein plötzlicher Börsen-Crash die ganzen Gewinne zunichte machen. Bei Lebenszyklusfonds wird daher ein Zieljahr in der Zukunft genannt, zum Beispiel 2035. Zunächst wird vorwiegend in Aktien investiert. Nach und nach aber schichtet der Fondsmanager das Vermögen in Anleihen um. Im Zieljahr ist praktisch das gesamte Fondsvermögen in Anleihen investiert. Es ist ohne Weiteres möglich, daraus dann eine Rente zu beziehen.

Dachfonds und sonstige Fonds, die wir nicht empfehlen

Dachfonds kaufen Aktien und Anleihen nicht direkt, sondern investieren in andere Fonds, die so genannten Zielfonds. Das klingt zunächst einmal nach einem interessanten Ansatz. Der Dachfondsmanager könnte unter den Fonds auswählen, die in der Vergangenheit am erfolgreichsten waren. Auch unter dem Aspekt der Risikostreuung scheint ein Dachfonds zunächst eine gute Idee zu sein. In der Praxis aber sind Dachfonds aus mehreren Gründen keine empfehlenswerten Investments:

- **Grund 1: hohe Gebühren.** Schaut man nur auf die Verwaltungsgebühr, scheinen Dachfonds moderat zu sein. Meist liegen sie bei 0,8 bis 1,2 Prozent pro Jahr. Das Problem ist aber: Die Gebühren, die der Dachfonds an die Zielfonds zahlt, in die er investiert, sind in der Verwaltungsgebühr nicht sichtbar. Die machen sich nur dadurch bemerkbar, dass die Rendite eines Dachfonds in der Regel vor sich hin dümpelt.
- **Grund 2: fehlende Objektivität.** In was wird ein Dachfonds der genossenschaftlichen Union Investment wohl investieren? Vermutlich nicht gerade in einen Zielfonds der sparkasseneigenen Konkurrenz Deka. Da nimmt er vermutlich dann doch lieber ein hauseigenes Produkt. Und genau hier liegt das Problem: Der Fondsmanager ist nicht unbedingt frei, wirklich in die besten Fonds zu investieren. Sie müssen sich mitunter mit den mittelmäßigen Fonds aus dem eigenen Hause begnügen.
- **Grund 3: Intransparenz.** Dachfonds waren in Deutschland bis 1998 verboten. Denn ein besonders krasser Fall in den USA hatte die ganze Fondskategorie in Verruf gebracht. Ein US-Investor gründete einen Dachfonds namens IOS und verkaufte zahlreiche Fondsanteile in den USA, aber auch hier in Europa. Er schuf einen unübersichtlichen Dschungel von Fonds, Subfonds und Unternehmensbeteiligungen. Dadurch gelang es ihm, unauffällig Geld aus seinem Dachfonds abzuziehen und zu veruntreuen. Erst bei einem größeren Börsen-Crash flog der Schwindel auf, weil viele Anteilseigner auf einmal ihre Anteile an die Fondsgesellschaft zurückgeben wollten. Er konnte sie nicht mehr auszahlen, und erst dadurch wurde das ganze Ausmaß seines Betrugs offenbar. Auch wenn Sie mit so einer Katastrophe heute nicht mehr rechnen müssen: Schon allein die Tatsache, dass Sie nicht direkt sehen, in welche Aktien und Anleihen die Zielfonds investieren, macht die Sache etwas undurchsichtig. Auch das ist ein Grund zur Vorsicht.

> **Weitere Fondsarten (ebenfalls nicht empfehlenswert)**
>
> Der Vollständigkeit halber sei hier erwähnt, dass es noch weitere Arten von offenen Fonds gibt, so beispielsweise **Geldmarktfonds**, die durch den Kauf bald fälliger Anleihen versuchen, einen festen Zinssatz zu erwirtschaften. In der Praxis fahren Sie aber mit einem einfachen Tagesgeldkonto meist besser, zumal Sie hier keine Gebühren zahlen, feste Zinsen erhalten, keine Verluste erleiden und überdies vom gesetzlichen Einlagenschutz profitieren. All das kann Ihnen ein Geldmarktfonds – bei vergleichbaren Renditen – nicht bieten.
>
> Offene **Immobilienfonds** investieren in Wohn- und Gewerbeimmobilien. Die Anteilseigner hätten eigentlich die Möglichkeit haben müssen, ihr Geld jederzeit aus dem Fonds abzuziehen. Doch mehrfach mussten solche Fonds schließen, weil zu viele Anteilseigner auf einmal ihre Fondsanteile zurückgeben wollten. Inzwischen hat der Gesetzgeber eine Kündigungsfrist für Anleger eingeführt.

Exchange Traded Funds (ETFs)

Kommen wir zu den Passivfonds und hier gleich zu den wichtigsten Vertretern dieser Kategorie, den Exchange Traded Funds, abgekürzt ETFs. Sie kommen ohne Fondsmanager aus. Ein Computer kauft und verkauft die Wertpapiere. Das geht natürlich nur, weil er genaue Vorgaben hat, was er kaufen soll: Passivfonds bilden einen Index nach. In der Regel ist das ein Aktienindex, so beispielsweise der DAX, der Euro Stoxx oder der Dow Jones. Es gibt aber auch ETFs auf Rentenindizes.

Was bedeutet überhaupt ETF? »Exchange Traded Funds« heißt auf Deutsch »börsengehandelte Fonds«. Zwar werden auch die meisten aktiv gemanagten Fonds heutzutage an der Börse gehandelt. ETFs jedoch werden ausschließlich über die Börse verkauft und nicht – wie andere Fonds – über die Fondsgesellschaft.

ETFs bilden einfach einen Index ab

Die Zusammensetzung eines ETFs ist genau gleich wie die des Index, den er abbildet. Im Portfolio eines DAX-ETF befinden sich also die 30 Aktien des deutschen Leitindex, und zwar zu genau den Anteilen, wie sie im Index vertreten sind.

Geändert wird daran nur etwas, wenn sich auch im Index etwas ändert. Allerdings werden solche Änderungen im ETF nicht börsentäglich vollzogen, sondern meist im Abstand von einem Vierteljahr. Der Fehler, der sich daraus ergibt, wird durch sogenannte Swaps – Tauschgeschäfte zwischen den Banken und der Fondsgesellschaft, die den ETF aufgelegt hat – ausgeglichen. Der Anteil solcher Tauschgeschäfte ist allerdings auf maximal 10 Prozent begrenzt. Es gibt nur wenige ETFs, die nicht mit solchen Tauschgeschäften arbeiten, und die sind etwas teurer als andere.

Die Vorteile aus Anlegersicht

Bei aktiven Fonds hat der Fondsmanager ein großes Ziel: Er will einen Vergleichsindex – die so genannte Benchmark – schlagen, also besser sein als der Index. Das gelingt in der Praxis aber bei Weitem nicht immer. ETFs dagegen haben diesen Anspruch gar nicht. Sie bilden den Index ab – und fertig. Damit sind sie zwar nicht besser als ihre Benchmark, aber auch nicht schlechter. ETFs haben für Sie als Anleger mehrere große Vorteile:

- Ihre Kursentwicklung lässt sich leicht verfolgen. Das gilt zumindest, wenn Sie einen ETF auf einen der gängigen Indizes kaufen (DAX, Euro Stoxx, Dow Jones). Sie sehen den Kursverlauf abends in den Nachrichten, wenn die Schlussstände der großen Leitindizes über den Bildschirm flimmern.
- ETFs funktionieren am besten nach dem Prinzip: kaufen und liegen lassen. Solange Sie einem Index auf lange Sicht großes Kurspotenzial zutrauen, brauchen Sie die einmal gekauften Fondsanteile auch nicht wieder zu verkaufen.
- ETFs sind unschlagbar billig. Denn ein Ausgabeaufschlag fällt nicht an. Der Spread (Unterschied zwischen An- und Verkaufskurs) liegt meist nur bei 0,15 bis 0,2 Prozent der Anlagesumme (und nicht bei 1,5 Prozent wie bei anderen Fonds).

Und auch die Verwaltungsgebühren fallen weniger ins Gewicht als bei aktiv gemanagten Fonds. Sie betragen üblicherweise 0,15 bis 0,5 Prozent, in Ausnahmefällen auch mal 1,5
Prozent pro Jahr.

• Bei ETFs entgehen Ihnen – anders als bei Index-Zertifikaten –
die Dividenden nicht. ETFs auf Performance-Indizes, in die die
Dividenden eingerechnet sind, sind üblicherweise thesaurierende ETFs. Das heißt, die Dividenden werden laufend reinvestiert.
ETFs auf Kursindizes, deren Verlauf nur durch die Aktienkurse,
nicht aber durch die Dividenden beeinflusst wird, schütten die
Dividenden üblicherweise an ihre Anteilseigner aus.

Fondsgesellschaften, die ETFs anbieten

ETFs sind heute – anders als noch vor wenigen Jahren – ein großer Renner, auch unter privaten Investoren. Wir finden, das hat seine Berechtigung. ETFs sind wirklich ein attraktives Investment. Inzwischen gibt es eine ganze Reihe von Anbietern, und Jahr für Jahr
werden es mehr. Die folgende Aufzählung nennt einige Beispiele von
Fondsgesellschaften, die sich auf ETFs spezialisiert haben. Sie erhebt aber nicht den Anspruch auf Vollständigkeit:

• iShares war der erste Anbieter von ETFs in Deutschland und
hat diese Anlageklasse unter Privatanlegern bekannt gemacht.
Früher gehörte iShares zur britischen Großbank Barclays. Inzwischen wurde die Fondsgesellschaft an den Finanzkonzern
BlackRock verkauft. Die ETFs von iShares sind oft etwas teurer,
denn sie arbeiten ohne Swaps und bilden einen Index stets durch
einen exakt indexgetreuen Nachkauf von Aktien ab. (Internet:
http://de.ishares.com)

• Lyxor ETFs: Diese Fondsgesellschaft gehört zur französischen
Großbank Société Générale, vertreibt ihre Fonds aber auch in
Deutschland. (Internet: www.lyxoretf.de)

• db x-trackers ist die ETF-Gesellschaft der Deutschen Bank. (Internet: www.etf.db.com)

• Deka ETF heißt die auf ETFs spezialisierte Fondsgesellschaft

der Sparkassengruppe. (Internet: www.deka-etf.de)
- ComStage: So heißen die ETFs, die von der Commerzbank aufgelegt werden. (Internet: www.comstage.de)
- Amundi ist der Name der ETF-Gesellschaft, die von den beiden französischen Großbanken Crédit Agricole und Société Générale gegründet wurde. (Internet: www.amundietf.com, klicken Sie in der Rubrik »Privatkunden« auf »Deutschland«)

Sie haben es in der Übersicht der Börsenplätze schon gesehen: ETFs ordern sie am besten über Xetra. Da fallen üblicherweise am wenigsten Gebühren an.

ETFs auswählen: So gehen Sie vor

1. Überlegen Sie, auf welchen Index Sie setzen wollen. Eine erste Entscheidungshilfe und wichtige Hinweise bekommen Sie weiter hinten in diesem Buch im Kapitel »Die wichtigsten Indizes«. Berücksichtigen Sie bei Ihrer Auswahl, wie gut der Index die gewünschte Region, das gewünschte Land oder die gewünschte Branche repräsentiert.
2. Suchen Sie die zugehörigen ETFs heraus. Meist genügt schon die Eingabe des Index mit dem Zusatz »ETF« in eine Internet-Suchmaschine, und Sie finden einen oder mehrere ETFs, die den betreffenden Index abbilden. Auf den Anbieterseiten erfahren Sie dann die Einzelheiten.
3. Die Auswahl ist ganz einfach: Schauen Sie nur auf die Gebühren. Je günstiger die jährliche Verwaltungsgebühr (beziehungsweise die Gesamtkostenquote TER), desto besser. Wer den ETF anbietet, ist letztlich nicht wichtig. Denn Sie wissen ja: Auch ETFs bilden Sondervermögen, und bei einer Insolvenz des Anbieters bleibt Ihnen Ihr Anteil am Fondsvermögen erhalten. iShares ist übrigens meistens etwas teurer, weil die Fondsgesellschaft in der Regel ohne Swaps arbeitet (es sei denn, es stünde im Fondsnamen). Wenn Ihnen dieser Vorteil die Mehrgebühren wert ist, ist auch das akzeptabel.

Beispiel

Sie interessieren sich für ein Investment in den deutschen Leitindex DAX, weil Sie den deutschen Aktien auf Sicht der nächsten Jahre und Jahrzehnte durchaus einiges zutrauen. Auf die Eingabe der Suchbegriffe »DAX ETF« in eine Suchmaschine erhalten Sie folgende Treffer:

> iShares DAX ETF (ISIN: DE0005933931, Verwaltungsgebühr: 0,16 Prozent)

> db x-trackers DAX ETF (ISIN: LU0274211480, Verwaltungsgebühr: 0,16 Prozent)

> ComStage DAX ETF (ISIN: LU 0378438732, Verwaltungsgebühr: 0,12 Prozent)

In diesem Fall würden Sie also als günstigsten Anbieter ComStage wählen.

Die zwei Streitfragen: Fonds oder Einzelwerte? Aktiv- oder Passivfonds?

Beim Thema Fonds gibt es daher gleich zwei große Streitfragen:

1. Soll man als Anleger überhaupt auf (teure) Fonds setzen, oder nicht doch besser die aussichtsreichsten Anleihen und Aktien herausfiltern?
2. Sind aktiv oder passiv geführte Fonds besser?

Die erste Frage haben wir bereits im Aktienkapitel beantwortet: Es kommt auf die Faktoren Zeit und Wissen an. Wenn Sie als Anleger sehr viel Zeit haben und das nötige Fachwissen besitzen, die Aktien- und Anleihenmärkte zu bewerten, haben Sie gute Chancen, mit der Stockpicker-Strategie eine bessere Performance zu erreichen als mit einem reinen Fonds-Depot.

In der Praxis dürften die Faktoren Zeit und Wissen dazu führen, dass Privatanleger den heimischen Aktienmarkt relativ gut im Griff haben, aber spätestens bei der Analyse des chinesischen Aktienmarktes oder der internationalen Rohstoffmärkte passen müssen. Daher gleich zu Beginn des Kapitels unsere Empfehlung: Setzen Sie auf Einzelwerte (Aktien, Anleihen) *und* auf Fonds. Als grobe Faustformel kann gelten: Konzentrieren Sie sich bei der Einzeltitelauswahl auf die Märkte, die Sie beherrschen. »Exotische« Märkte können Sie dagegen dauerhaft erfolgreicher mit Fonds abdecken.

Und so kommen wir direkt zur zweiten Streitfrage: Sind aktiv oder passiv geführte Fonds besser? In vielen Wirtschaftsmedien werden die passiv geführten Fonds (Indexfonds oder auch ETF genannt) als große Innovation gefeiert. Aktiv geführte Fonds gelten als aussterbende »Dinosaurier« an der Börse, die von den Indexfonds mehr und mehr verdrängt werden.

Die Wachstumsraten sind in der Tat imposant: 1993 wurde der erste Indexfonds am Markt platziert (ein ETF auf den US-Aktien-Index S&P 500). Nicht einmal 20 Jahre später – laut Fondsgesellschaft BlackRock exakt im Dezember 2009 – durchbrach die junge Fonds-Gattung beim Anlagevermögen die Schallmauer von 1 Billion Dollar. Aktuell gibt es bereits rund 5.000 unterschiedliche ETFs mit einem Volumen von 2 Billionen Dollar – Tendenz weiter steigend.

Der rasante Siegeszug hat drei Gründe: Indexfonds sind leicht zu verstehen, sind auf der Kostenseite günstiger als aktiv geführte Fonds mit teuren Analyseabteilungen und bieten einen klaren Rendite-Vorsprung (es gibt Untersuchungen, die zu dem Ergebnis kommen, dass langfristig 80 bis 90 Prozent der aktiv geführten Fonds schlechter abschneiden als der Vergleichsindex. Angesichts dieser Vorteile ist es verständlich, dass viele Anleger teure Fonds meiden und zu den Indexfonds wechseln.

Indexfonds (ETFs) sind die Aufsteiger des Jahrzehnts –
eine kritische Würdigung

Vorab die Bemerkung: Indexfonds sind eine große Bereicherung und ein pflegeleichter Baustein in einem gut strukturierten Depot. Später im Kapitel werden Sie auch erfahren, in welchen Fällen wir Indexfonds als Depot-Beimischung empfehlen. Zunächst möchten wir jedoch mit einer kritischen Analyse beginnen. Wie jedes Börsen-Instrument hat auch ein Indexfonds Schwachpunkte, die Sie kennen sollten.

Ein Index ist der Blick in den Rückspiegel

Ein Indexfonds bildet – wie der Name schon sagt – einen Index ab. Es stellt sich jedoch die Frage: Wie sinnvoll es ist, einen bestehenden Index 1:1 abzudecken? Denn die aktuelle Indexgewichtung und Indexzusammenstellung ist immer ein Blick in den Rückspiegel. So sind in einem Aktienindex die Werte vertreten und hoch gewichtet, die in der Vergangenheit gut abgeschnitten haben und rege an der Börse gehandelt wurden. Ein Erfolg in der Vergangenheit ist aber keine Garantie dafür, dass diese Werte auch zukünftig gut abschneiden. Im Gegenteil: Einige Kritiker bemängeln, dass die Indexschwergewichte oft kursmäßig »überhitzt« sind und Rückschläge drohen. Auch sei ein Index nicht immer die perfekte Mischung aus verschiedenen Branchengewichtungen, da es ständig »Boom-Branchen« gibt und diese dann aufgrund der jüngsten Kursanstiege im jeweiligen Index besonders stark vertreten sind. So kann sich ein »Klumpenrisiko« bilden, das Risiko, dass bestimmte Aktien der gleichen Branche alle zusammen in einem Index vertreten sind und gemeinsam in den Keller rauschen, wenn es mit dieser Branche bergab geht.

Diese Kritik trifft bei einigen Indizes und folgerichtig auch Indexfonds zu. Blicken wir auf einen relativ jungen Indexfonds, der 2010 an der Börse platziert wurde. Dieser ETF ermöglicht es auch Privatanlegern, auf die Wachstumskarte China zu setzen. Der Indexfonds deckt den Index HSCEI ab, der die wichtigsten Aktien kontinental-chinesischer Unternehmen an der Börse Hongkong (H-Aktien) vereint. So können Anleger auch in Deutschland einfach und kostengünstig in den chinesischen Aktienmarkt investieren. Was in der Fondswerbung seltener erwähnt wird, ist die Indexgewichtung. Die sehr gut gelaufenen chinesischen Aktien aus der Finanzbranche hatten beim Start 2010 ein Indexgewicht von fast 60 Prozent. Mit anderen Worten: Dieser Indexfonds ist im Prinzip eine Wette auf den Erfolg der chinesischen Banken und Versicherungen. Wenn es dagegen in China zu einer Finanzkrise kommt, rauscht der Index (und damit auch der Indexfonds) in die Tiefe. Ein aktiv geführter Aktienfonds mit Schwerpunkt China setzt auf einen besseren Branchenmix. Damit sinkt das Risiko.

Das China-Beispiel ist auch keine exotische Ausnahme. Wir müssen nur in unser Nachbarland Schweiz blicken. Wenn Sie glauben, dass Sie mit dem Kauf eines Indexfonds auf den Leitindex SMI den Schweizer Aktienmarkt breit gefächert abdecken, müssen wir Sie enttäuschen: Die drei Schwergewichte Roche, Novartis und Nestlé haben zusammen ein Indexgewicht von über 50 Prozent. Wenn diese drei Schwergewichte nicht laufen, stagniert der Index.

Fehlende Flexibilität – immer Vollgas

Wenn Sie einen Aktienindexfonds im Depot haben, geben Sie am Aktienmarkt immer Vollgas. Der Indexfonds investiert das Fondsvolumen stets zu 100 Prozent – auch in Crash-Phasen. Während aktiv geführte Fonds in Crash-Phasen zum Beispiel die Bargeldquote erhöhen können oder zum Teil sogar am Terminmarkt bestehende Positionen absichern können, ist ein Indexfonds in jeder Börsenphase voll investiert. In Crash-Phasen kann diese fehlende Flexibilität ein Nachteil sein. Allerdings darf nicht unerwähnt bleiben: Kein Fondsmanager wird den Wendepunkt am Aktienmarkt exakt treffen und die Aktienquote genau am Tiefpunkt wieder erhöhen. Der Indexfonds ist dagegen auch am Wendepunkt voll investiert und profitiert so schneller und dynamischer vom Aufschwung.

Schwieriger Vergleich aktiv gegen passiv

Sie haben es bereits gelesen: Es gibt Studien, die zu dem Ergebnis gekommen sind, dass 80 bis 90 Prozent der Fondsmanager es nicht schaffen, den Vergleichsindex zu schlagen. Diese Studien sind zum Teil umstritten. Die Fondsgesellschaft DWS, eine Tochter der Deutschen Bank, kommt zum Beispiel zu dem Ergebnis, dass über einen Zeitraum von zehn Jahren 72 Prozent der DWS-Fonds besser abgeschnitten haben als der Vergleichsindex (da DWS aktiv geführte Fonds vertreibt, ist diese Untersuchung auch keine objektive Messung). Je nachdem, wie man misst, wie man gewichtet und welche Zeiträume betrachtet werden, fallen die Unterschiede recht groß aus. Die Mehrheit der uns bekannten Studien kommt zu dem Ergebnis, dass mehr als 50 Prozent der aktiv geführten Fonds den Vergleichsindex nicht schlägt, aber ob diese Quote tatsächlich bei 80 bis 90 Prozent liegt, muss stark bezweifelt werden. Es ist also durchaus nicht die berühmte Suche nach der Nadel im Heuhaufen, wenn man einen gut geführten aktiven Fonds herausfiltern möchte.

Eine Spitzfindigkeit bei den Statistiken müssen Sie auch noch berücksichtigen: Die Anhänger der Indexfonds verweisen stets darauf, dass die meisten aktiv geführten Fonds den Vergleichsindex nicht schlagen. Spontan könnte man das mit der Aussage gleichsetzen, dass diese aktiv geführten Fonds dann zwangsläufig schlechter abschneiden als die Indexfonds. Das muss aber nicht zwingend so sein. Indexfonds sind sehr günstige Anlageformen, aber auch nicht gratis zu haben. Die Kosten liegen im Regelfall im Bereich von 0,1 bis 0,5 Prozent pro Jahr. Das heißt: Die Indexfonds schneiden Jahr für Jahr etwas schlechter ab als die entsprechenden Indizes. Ein fairer Vergleich müsste daher die Ergebnisse von aktiven und passiven Fonds untersuchen und nicht den Umweg über Indizes gehen. Ein solcher Vergleich ist aber (noch) nicht möglich, da die meisten Indexfonds sehr jung sind. Wenn mittelfristig Vergleiche über zehn oder 30 Jahre vorliegen, wird man objektiver entscheiden können, welche Fondsvariante langfristig besser ist.

ETF-Anbieter wiederholen die Fehler der Zertifikate-Industrie

Der Lerneffekt in der Finanzindustrie ist leider sehr gering. Die ETF-Anbieter wiederholen exakt die gleichen Fehler, die die Zertifikate-Emittenten (aufgrund der Zertifikatemasse passt besser der Begriff Zertifikate-Industrie) gemacht haben: Aus Geldgier wird eine ursprünglich gute Idee verwässert und ins Gegenteil umgekehrt.

Zur Erinnerung: Die Zertifikate-Emittenten haben zunächst relativ sinnvolle Innovationen wie Index-Zertifikate und Discount-Zertifikate entwickelt. Irgendwann waren die guten Ideen erschöpft und es wurde fast nur noch »Zertifikatemüll« produziert.

Die Geschichte wiederholt sich. 1993 wurde der erste Indexfonds gegründet, jetzt gibt es schon über 5.000. Die Zahl der ETFs explodiert förmlich. Da die gängigen Indizes bereits mehrfach abgedeckt wurden, kommen immer kuriosere Fonds auf die Kurszettel. Es werden neue Indizes »erfunden«, es gibt ETFs mit Hebel, ETFs, die Strategien abdecken, ETF-Dachfonds und so weiter ...

Mit diesen Neuerungen werden die elementaren Vorteile der ETFs ausgehebelt. ETFs sind so erfolgreich, weil sie einfach, transparent und günstig konstruiert sind. Dieses Alleinstellungsmerkmal zerstört die Fondsindustrie mit den »exotischen« Neukonstruktionen. Nebenbei bemerkt: Solche künstlichen Indizes und die zugehörigen ETFs bringt man vorwiegend deshalb heraus, weil man dann auch höhere Gebühren verlangen kann. Leider ist dies eine sehr bedenkliche Entwicklung.

Fazit

Beide Fondstypen – aktiv und passiv geführte Fonds – sind trotz der genannten Schwachpunkte sehr sinnvolle Depot-Bausteine. Setzen Sie nicht einseitig nur auf aktive Fonds (Ihre Hausbank wird wahrscheinlich versuchen, Ihnen die teuren aktiven Fonds zu verkaufen) und auch nicht nur auf passive Fonds (wenn es keinen »guten« Index gibt, sollte man auch keinen Indexfonds mit diesem Schwerpunkt kaufen). Wählen Sie für Ihr Depot das Beste aus beiden Welten!

ETCs (Exchange Traded Commodities)

Gold und Silber: Viele Anleger betrachten es als sinnvoll, diese Edelmetalle zu kaufen. Denn sie sind von beständigem Wert, der bereits Jahrtausende überdauert hat. Da besteht in der Tat Anlass zu der Annahme, dass der Wert von Gold und Silber auch in den nächsten Jahrhunderten nicht verblasst – egal was mit unseren Währungen passiert.

Es kann eine Beruhigung sein, Gold und Silber zu besitzen, wenn es an den Börsen mal wieder abwärts geht oder wenn die Stabilität von Dollar und Euro angesichts der Schuldenkrise beeinträchtigt wird. Allerdings müssen Sie sich darüber im Klaren sein: Der Gold- und Silberpreis schwankt extrem. Gold und Silber sind also nicht gerade Investments, bei denen keine Verlustrisiken bestehen. Im Gegenteil: Eigentlich handelt es sich um ein sehr spekulatives Investment. Vergleichsweise sicher ist nur: Der Wert von Gold und Silber wird vermutlich nicht auf Null fallen. »Wertvoll« (was auch immer das heißen mag) sind und bleiben beide Edelmetalle.

Die meisten Edelmetallkäufer legen sich Münzen und Barren in den Tresor oder das Bankschließfach. Aber es geht auch anders: Sie können sich diese Edelmetalle sogar ins Depot holen. Dadurch vermeiden Sie teure Lagergebühren oder den Aufwand, Münzen und Barren umständlich zu Hause lagern zu müssen. Gold im Depot – wie funktioniert das? Die Antwort lautet ETC.

Was sind ETCs genau und wie funktionieren sie?

ETC ist die Abkürzung für Exchange Traded Commodities, also börsengehandelte Rohstoffe. Die ETCs der meisten Rohstoffe werden mit Terminkontrakten unterlegt, also mit Lieferverträgen, die sich auf die Zukunft beziehen. Bei Gold gibt es aber einige ETCs, die tatsächlich zu 90 bis 100 Prozent mit reinem Gold unterlegt sind. Dieses Gold wird im Banktresor gelagert und von einem Treuhänder verwaltet. ETCs können Sie so einfach über die Börse kaufen und verkaufen, als wären es Aktien. Ein ETC-Anteil im Depot verbrieft einen Lieferanspruch auf eine bestimmte Menge Goldes, zum Beispiel ein Gramm oder eine Feinunze (ca. 31,1 Gramm).

ETCs bilden also den Goldpreis nicht nur ab – wie beispielsweise Index-Zertifikate. Sie kaufen tatsächlich physisches Gold mit dem Geld der Anleger. Allerdings gibt es auch ETCs, die die physischen Edelmetallbestände durch »Buchgold« und »Buchsilber«, also Ter-

minkontrakte oder Swaps (Tauschgeschäfte unter Banken) ergän-
zen beziehungsweise ersetzen. Beispiele (dies sind keine Kaufempfehlungen von unserer Seite):

- Der ETC Gold Bullion Securities (ISIN: DE000A0LP781) ist
  zu rund 99 Prozent mit physischem Gold unterlegt.
- Xetra Gold (ISIN: DE000A0S9GB0) lagert teilweise physisches Gold ein, teilweise existieren die Goldbestände aber auch
  als »Buchgold«.
- db Physical Gold (ISIN: DE000A1E0HR8) und db Physical
  Silver (ISIN: DE000A1E0HS6) sind zu 100 Prozent mit Gold
  beziehungsweise Silber hinterlegt.

Übrigens: ETCs gibt es auch auf sonstige Rohstoffe

Ob Weizen, Mais, Nickel, Gas, Öl oder Kupfer: Es gibt auch ETCs auf andere
Rohstoffe, die nicht so edel sind wie Gold und Silber. Meist werden sie zusammengefasst in Gruppen wie »Agrargüter«, »Energie«, »Industriemetalle«. Klar ist aber auch: Solche ETCs sind nicht physisch besichert, sondern
bilden den Preis der jeweiligen Rohstoffgruppe anhand von Terminkontrakten und Swaps ab. Wir sehen solche ETCs mit großer Skepsis und empfehlen Ihnen nicht, Ihr Geld in solchen Wertpapieren anzulegen.

Was passiert, wenn der Emittent pleitegeht?

Die spannende Frage lautet: Bleibt Ihnen als Anleger etwas von diesem Gold, wenn der Emittent pleitegeht? Die Frage ist durchaus
berechtigt. Denn anders als Fonds (inklusive der börsengehandelten ETFs) bilden ETCs kein Sondervermögen. Theoretisch könnte
das bedeuten, dass bei einer Insolvenz des Emittenten jeder beliebige
Gläubiger Zugriff auf die Gold- und Silberbestände hätte und nicht
allein Sie als Inhaber von ETC-Anteilen.

Allerdings haben all diese ETCs eine rechtliche Konstruktion gewählt,
deren Wirkung praktisch gleich ist wie Sondervermögen. Meist wird
über die Verpfändung des Goldes an Treuhänder dafür gesorgt, dass
der Lieferanspruch auf die entsprechende Menge an Gold oder Silber auch dann erhalten bleibt, wenn der Emittent je Insolvenz anmelden müsste.

Finger weg!
In was Sie besser
nicht investieren

Es ist leider eine Tatsache: Wo Menschen Geld investieren möchten, um es zu vermehren, tummeln sich immer auch Leute, die dieses Geld abgreifen wollen. In diesem Kapitel geht es im Prinzip um das Thema »Nepper, Schlepper, Bauernfänger«, die sich an den Börsen tummeln, sprich: um vermeintliche »Anlageprofis«, die wahre Kursfeuerwerke versprechen und dabei nur Aktien anpreisen, die buchstäblich keinen Cent wert sind.

Ein leichtes Spiel:
die Abzocke mit Pennystocks

Die Zeit des Abwartens ist vorbei. Die Staatsanwaltschaft München erklärte den Börsenabzockern den Krieg. Die nackten Zahlen: 48 Büro- und Privaträume wurden durchsucht, 31 Verdächtige stehen im Fokus der Justiz, und drei Beschuldigte sitzen bereits in Untersuchungshaft.

Und darum geht es: Die Verdächtigen haben im Ausland – oft in den USA und in Kanada – für ein paar Dollar wertlose, börsennotierte Pleiteunternehmen gekauft. Diese Unternehmen haben dann einen neuen Namen erhalten, sind offiziell in einer Boom-Branche tätig (oft Rohstoffwerte) und wurden anschließend in kostenlosen Internet-Börsendiensten als die neuen Stars am Aktienhimmel verkauft. Wenn dann genug Privatanleger eingestiegen sind, haben die Betrüger die an sich wertlosen Schrottaktien nach und nach teuer über die

Börse verkauft. Es gab ja genug interessierte Abnehmer, die an die »Kursraketen von morgen« glaubten.

Die Ermittler gehen davon aus, dass diese Betrugsmasche bei mindestens 20 Unternehmen eingesetzt wurde. Am Ende stand ein Totalverlust für die Privatanleger, die diese Aktien als letzte Investoren in der Kette im Depot hatten.

Das Eingreifen der Justiz ist lobenswert, aber einen echten Schutz vor solchen Betrügern wird es nie geben. Das ist wie bei Hase und Igel: Der Hase kann noch so schnell rennen, der Igel ist schon am Ziel. Wenn die Justiz in Deutschland hart durchgreift, verlagern die Betrüger ihren Sitz ins Ausland. Schon heute kommen auffallend viele Aktienempfehlungen mit einem betrügerischen Hintergrund aus der Schweiz. Seien Sie daher sehr vorsichtig, wenn Sie per Post, Fax oder E-Mail unaufgefordert und gratis Aktienempfehlungen aus der Schweiz erhalten.

Oft helfen aber bereits der gesunde Menschenverstand und 30 Minuten Internetrecherche, um unseriöse Empfehlungen zu enttarnen.

So schützen Sie sich gegen wertlose Schrottaktien

Börsengeschäfte sind immer spekulativ. Ein gewisses Restrisiko wird man nie ausschließen können. Aber: Mit einigen wenigen Sicherheitstricks verhindern Sie, dass Sie auf Schrottunternehmen hereinfallen, mit denen Sie nur verlieren können.

> **Vorsicht Falle: Mit dieser »Aktienempfehlung«**
> **sollen Sie abgezockt werden**
>
> **Betreff: Kursrakete: Max Mustermann AG**
>
> Sehr geehrte Damen und Herren,
>
> wir empfehlen, folgende Aktie in Ihr Depot aufzunehmen:
> Max Mustermann AG
> Kurs: 11 Cent
> Sieben-Tage-Ziel: 32 Cent
> Vier-Wochen-Ziel: 1 Euro
> WKN: 123456
> ISIN: DE0001234567
>
> Bewertung: sofort kaufen! Eine Mantelverwertung ist in Rede gestellt.
> Nutzen Sie das geballte Wissen unseres Chart-Experten-Teams.
>
> Herzlichst
>
> Ihr Werner Meier, Stellvertr. Chefredakteur

Diese »Empfehlung« wurde an viele arglose Privatanleger verschickt (wir haben nur die Namen und Wertpapierkennnummern geändert). Die Betrüger arbeiten mit allen Tricks:

- Der Kurs der empfohlenen Aktie ist fast immer extrem niedrig und liegt unter der 1-Euro-Grenze. Psychologisch ist das sehr geschickt. Untersuchungen zeigen, dass Anleger einer Aktie, die 11 Cent kostet wesentlich mehr Kurspotenzial zutrauen als einer Aktie, die 11 Euro kostet.
- Es werden zwei Kursziele genannt. Zunächst ein sehr schneller Gewinn von rund 200 Prozent, der die Gier auslösen soll. Danach folgt das »mittelfristige« Ziel. Hier wird eine Verzehnfachung des Einsatzes in nur vier Wochen versprochen. Das soll die Träume der Anleger anregen.
- Der Hinweis »sofort kaufen!« löst einen Handlungsdruck aus. Wer zögert, verpasst unter Umständen die Chance seines Lebens. Der Hintergedanke: Wer sofort kauft, hat keine Zeit, die Fakten der unseriösen Empfehlung zu überprüfen oder mit einem unabhängigen Aktienexperten zu sprechen.
- Das Stichwort »Mantelverwertung« soll Erinnerungen an spektakuläre Kursgewinne wecken. Ein Börsengang ist in Deutsch-

land teuer und zeitraubend. Daher benutzen einige Unternehmen einen Trick: Sie kaufen ein börsennotiertes Unternehmen, das nicht mehr operativ tätig ist, und bringen das eigene Geschäft in dieses Unternehmen ein – schlüpfen also unter den Mantel einer bereits bestehenden börsennotierten AG. Aus einer wertlosen Hülle kann dann plötzlich ein operativ erfolgreiches Unternehmen werden – mit entsprechenden Folgen für den Aktienkurs, der steil gen Himmel schießt. Bedenken Sie aber dabei: In Deutschland gibt es ca. 100 börsennotierte AGs, die für eine »Mantelspekulation« infrage kommen. Die Käufer werden aber keine AG auswählen, die bereits im Fokus der Anleger steht.

• Mit dem abschließenden Hinweis auf das »Chart-Experten-Team« wird gleichzeitig mitgeteilt, dass es ein charttechnisches Kaufsignal gibt (die Chart-Technik wird bei Anlegern immer beliebter) und ein ganzes Team die Aktienempfehlung geprüft hat.

Fazit: In diesen wenigen Zeilen wurden fast alle Kaufanreize genannt, die es an der Börse gibt. Teilweise werden völlig unterschiedliche Kaufargumente wie Mantelspekulation und Chart-Technik wild und chaotisch zusammengewürfelt (aktuell funktionieren besonders gut Hinweise auf Gold, Öl oder Rohstoffe allgemein). Die Verfasser der Zeilen hoffen, dass ein Stichwort das Interesse des Anlegers weckt.

Und die Moral von der Geschicht ...

Kaufen Sie nie »blind« eine Aktie. Wenn Ihnen eine Aktie empfohlen wird, die Sie nicht kennen, sollten Sie stets eine Kontrolle vor dem Kauf durchführen. Die Mindestanforderung: Überprüfen Sie im Internet den Geschäftsbericht des Vorjahres und den aktuellen Quartalsbericht. Diese kleine Maßnahme reicht schon, um 80 oder 90 Prozent der Schrottunternehmen zu enttarnen. Denn nur sehr selten machen sich die Betrüger die Mühe, einen Geschäftsbericht mit 100 Seiten zu fälschen. Im Regelfall besitzen die Schrottunternehmen nur eine einfache Internetseite mit wenigen reißerischen Pressemeldungen. Fehlt auf der Internetseite ein Archiv mit Geschäfts- und Quartalsberichten, bedeutet dies: Finger weg von der Aktie!

Seien Sie misstrauisch, wenn Limitangaben fehlen

Speziell bei Nebenwerten, die weniger oft an der Börse gehandelt werden, geben seriöse Börsendienste bei einer Kaufempfehlung immer ein maximales Kauflimit an, das relativ dicht am aktuellen Kurs liegt (die Orderart »Limit« haben Sie im Kapitel über Wertpapierorders kennengelernt). Fehlt diese Angabe, besteht der Verdacht, dass der Tipp-Geber bewusst eine Order ohne Limit provozieren will.

Ein Kaufauftrag ohne Limit ist der Traum für jeden Betrüger: Die Betrüger können dann ihre Aktien, die sie vorher für winzige Cent-Beträge gekauft haben, so teuer wie theoretisch möglich an den leichtsinnigen Privatanleger verkaufen.

Schlechtes Zeichen: ein neuer Name und wenig Umsätze in der Vergangenheit

Stutzig sollten Sie werden, wenn Sie eine Aktienempfehlung erhalten und Sie den Namen noch nie gehört haben. Oft reicht es schon, wenn Sie den Namen bei Google eingeben. Gibt es nur Treffer aus dem laufenden Jahr, deutet das darauf hin, dass das Unternehmen den Namen erst kürzlich gewechselt hat. Ein solcher Vorgang muss sehr kritisch hinterfragt werden. Gibt es stichhaltige Gründe dafür?

Aufschlussreich ist auch ein Blick auf die Börsenumsätze. Wenn Sie sehen, dass eine Aktie, die nur wenige Cent kostet (auch »Pennystock« genannt), über viele Monate an der Börse praktisch »tot« war und kaum gehandelt wurde und plötzlich die Umsätze förmlich explodieren, ist das ein Hinweis darauf, dass ein Betrüger den Kurs einer an sich wertlose Aktie hochjubeln will.

Wenn der Betrüger einige 100.000 E-Mails mit dringenden Kauf-Empfehlungen verschickt und auch nur einer von 100 Empfängern »anbeißt«, werden die Umsätze und Kurse rasant steigen. Ein steigender Aktienkurs lockt dann die nächsten Opfer an. Daher Vorsicht: Ein steigender Kurs kann eine Falle sein. Oft treiben die Betrüger den Kurs auch durch eigene Käufe nach oben, um etwas Schwung in die Sache zu bringen. Seien Sie daher misstrauisch, wenn Umsätze und Kurse überraschend – ohne Meldungen – steigen.

Fazit

Mit diesen wenigen Sicherheitsvorkehrungen schützen Sie sich vor Verlusten mit Schrottaktien. Mehr als 30 Minuten brauchen Sie für diesen Sicherheits-Check nicht – das sollte Ihnen Ihr Geld wert sein.

Deutsche Börse: Ist jetzt Schluss mit solchen Betrügereien?

Die Betrügereien an der Börse sorgen dafür, dass die Anlageform Aktie noch stärker unter Druck gerät. Wenn ein Neueinsteiger bei seinem ersten Börsengeschäft auf eine unseriöse Aktienempfehlung reinfällt und dadurch in kurzer Zeit einen Totalverlust erleidet, dürfte das Kapitel Aktienhandel für diesen Anleger schnell wieder erledigt sein.

An einem Kundenschwund kann aber auch die Deutsche Börse kein Interesse haben. Daher kam es zwischenzeitlich zu einigen Reformen:

- Der Open Market und das First Quotation Board, sprich die börslichen Handelssegmente, in denen sich die meisten dieser wertlosen Schrottaktien getummelt hatten, wurden abgeschafft.
- Der Rest bleibt als so genannter Quotation Board bestehen. Aber Vorsicht: Hier bestehen für die dort gelisteten Unternehmen immer noch keine besonders hohen Anforderungen an Transparenz. Immerhin kann ein Unternehmen nur dann dort gelistet werden, wenn es bereits an einer anderen in- oder ausländischen Börse gelistet ist.
- Ein Unternehmen, das eine Börsenzulassung möchte, muss sich daher im Entry Standard listen lassen. Dort sind die Anforderungen etwas höher. Die dort neu gelisteten Unternehmen müssen immerhin mindestens seit 2 Jahren als Gesellschaft existieren, über ein Grundkapital in Höhe von 750.000 Euro verfügen, einen Nennwert von einem Euro je Aktie besitzen und einen Mindeststreubesitz von 10 Prozent aufweisen. Alle Unternehmen aus

dem Entry Standard müssen außerdem einen Jahresbericht und einen Halbjahresbericht mit Bilanz sowie Gewinn- und Verlustrechnung veröffentlichen und kursrelevante Informationen an die Öffentlichkeit weitergeben. Trotzdem gilt: Die Unternehmen, die in diesem Segment gelistet sind, sind für unerfahrene Privatanleger nicht geeignet.

Das Problem mit den Aktien, die optisch aufgrund des niedrigen Kurses extrem attraktiv wirken, ist aber nicht nur bei solchen Betrügereien ein Thema. Es gibt auch andere Praxisfälle, vor denen wir nur warnen können.

Das doppelte (Börsen-)Lottchen: General Motors ist nicht gleich General Motors

Wer vor einiger Zeit die Aktie des amerikanischen Automobilkonzerns General Motors (GM) an der Börse ordern wollte, musste genau auf die Wertpapierkennnummer (WKN) achten. Denn auch die ehemalige General-Motors-Aktie notierte noch lange an der Börse.

Wer bei den Finanzportalen im Internet nur »GM« eintippte und daraufhin die Aktie orderte, konnte eine böse Überraschung erleben. Denn diese GM-Aktie (WKN A0X900) war das alte, in Abwicklung befindliche General-Motors-Papier (»Motors Liquidation«), sprich: die Aktie des Unternehmens, das insolvent war. Die WKN der neuen GM-Aktie lautet A1C9CM. Wer versehentlich die alte Aktie geordert hatte, erlitt einen Totalverlust. Der Kurs bewegte sich in Richtung 0,00 Euro.

Eine drohende Pleite interessiert die Zocker nicht

Auf der Internetseite der alten GM-Gesellschaft stand ganz deutlich: »*Management continues to remind investors of its strong belief that there will be no value for the common stockholders in the bankruptcy liquidation process, even under the most optimistic of scenarios.*« (Frei übersetzt: Das Management erinnert weiterhin die Investoren daran, dass selbst unter den optimistischsten Szenarien kein

Finger weg! In was Sie besser nicht investieren

146

Restwert für die Aktienbesitzer bleiben wird.)

Dazu passend hatte der GM-Chef Dan Akerson einen sehr schön Satz gesagt: *»Dies ist ein großer Tag für alle, die ein Interesse an GM haben, Mitarbeiter, Pensionäre, Steuerzahler und unsere neuen Aktionäre.«* Ist es Ihnen aufgefallen? Akerson hat nur die neuen Aktionäre erwähnt. Die alten GM-Aktionäre, die wahrscheinlich einen Totalverlust erlitten hatte, hat der GM-Boss in seiner Rede »vergessen«.

Trotzdem versuchten einige Glücksritter immer noch, irgendwie Profit aus der Aktie zu schlagen. An amerikanischen und deutschen Börsen wurden die alten GM-Aktien noch sehr rege gehandelt. Anscheinend dachten manche Investoren, dass bei einem Kurs von 6 Cent je Aktie nicht mehr viel schief gehen kann. Unsere Warnung: Finger weg von solchen Schrottaktien!

Vorsicht bei optisch billigen Aktien

Nicht jede Aktie, die optisch billig ist, ist auch günstig bewertet. Immer wieder spekulieren »Zocker« auf eine Rettung von insolventen Unternehmen, da die Aktienkurse dieser angeschlagenen AGs weit unter dem historischen Durchschnittskurs notieren. Frei nach dem Motto: »Wenn ich nur ein paar Cent je Aktie investiere, kann nicht mehr viel passieren. Eine Aktie, die kürzlich noch 20 Euro gekostet hat, kann nicht wertlos sein.«

Entscheidend ist aber immer der absolute Betrag, der investiert wird. 100 Prozent Verlust haben Sie unabhängig davon, ob eine Aktie zu 10 Euro oder 10 Cent erworben wurde – wenn die Aktie am Ende wertlos ist. Es ist egal, ob 100 Aktien zu 10 Euro oder 10.000 Aktien zu 10 Cent gekauft wurden – wenn der Kurs auf 0 Euro fällt, sind jeweils 1.000 Euro für immer verloren.

Lassen Sie sich daher nicht von einer augenscheinlich niedrigen Bewertung täuschen – dafür gibt es fast immer gute Gründe. Genauso naiv ist es, eine Kaufentscheidung ausschließlich auf Basis historisch niedriger Kurse zu fällen. Nur wenn es fundamentale Gründe gibt, die ein Erreichen von höheren Kursen rechtfertigen, sollten Sie einsteigen.

Die wichtigsten Indizes

DAX, Dow Jones, Nikkei-Index – die bekanntesten Börsenindizes begegnen jedem regelmäßig, der sich für das Börsengeschehen interessiert und die Wirtschaftslage in den Nachrichten verfolgt. Aber was sind Indizes eigentlich? Und warum lohnt es sich für Sie als Anleger, sich mit diesem Thema näher zu befassen? Welche Indizes gibt es und wie können Sie sie für Ihre Investments nutzen?

Was sind Indizes überhaupt?

Im Grunde ist ein Index, das ist die Einzahl von Indizes, eine Kennzahl, die die Kursentwicklung eines bestimmten Marktsegments abbildet. Klingt kompliziert, ist es aber nicht. Beim Deutschen Aktienindex, dem DAX, z. B. errechnet sich diese Kennzahl vereinfacht gesagt aus den 30 wichtigsten, an der Börse notierten deutschen Unternehmen, also denjenigen, die den höchsten Börsenwert haben. Steigen die Kurse dieser Unternehmen, steigt auch der DAX. Fallen die Kurse, geht auch der DAX auf Talfahrt.

Ein Index zeichnet also die allgemeine Kursentwicklung für einen bestimmten Marktbereich nach und ist damit ein wichtiger Lieferant von Informationen. Als Anleger können Sie mit einem Blick erfassen, was sich an den Börsen in bestimmten Segmenten gerade abspielt und wie die Tendenz ist. Den Stand der wichtigsten Indizes erfahren Sie problemlos aus den Medien. Wer in einen Index investiert hat (etwa durch den Kauf eines Index-Zertifikats oder ETFs), kann sich die aufwendige, regelmäßige Kontrolle einzelner Kurse schenken. Mehr noch: Ein Index kann Ihnen die mühselige Auswahl von Einzelaktien ersparen.

Wie wird der Index berechnet?

Neben den reinen Aktienkursen beeinflussen aber noch einige andere Faktoren den Stand eines Indexes. So stellt sich z. B. die Frage nach der Gewichtung der einzelnen Mitgliedswerte. Eine Möglichkeit ist, die Summe aller Aktienkurse durch die Anzahl der Unternehmen im Index zu teilen. Statistisch allerdings kommt bei dieser Berechnung ein unsinniges Ergebnis heraus, denn so erhält das Unternehmen mit dem höchsten Aktienkurs automatisch das größte Gewicht. Ein Index, der dennoch auf diese Art berechnet wird, ist der Dow Jones.

Die meisten Indizes gewichten aber die enthaltenden Aktien mithilfe der absoluten Größe nach dem Börsenwert der Mitgliedsunternehmen. Dabei wird die sogenannte Marktkapitalisierung errechnet, also die Zahl der Aktien mit deren Kurs multipliziert. Dieses Berechnungsverfahren liegt den meisten Indizes zugrunde, u. a. dem deutschen Leitindex DAX.

Und noch eine weitere Sicherung wird häufig eingebaut: die Kappungsgrenze. Auch sie soll verhindern, dass ein einzelnes Unternehmen zu großen Einfluss auf den Index nimmt. Beim DAX liegt die Kappungsgrenze bei 10 Prozent. Das heißt: Steigt der Börsenwert eines Unternehmens so sehr an, dass es mehr als 10 Prozent des DAX ausmacht, wird es dennoch nur mit maximal 10 Prozent bei der Indexberechnung berücksichtigt.

Moderne Indizes

Als Anleger sollten Sie vor allem Indizes im Auge behalten, die mit modernen Berechnungsverfahren arbeiten, also mit Gewichtung und Kappungsgrenze.

Performance- oder Kursindex – diesen Unterschied sollten Sie kennen

Ebenso wichtig wie die Gewichtung ist bei der Berechnung und Beurteilung eines Indexes die Frage, ob es sich um einen reinen

Kursindex oder um einen Performance-Index handelt. Was ist was?

- Bei einem **Kursindex** fließen die Dividenden, die von den Mitgliedsunternehmen ausgeschüttet werden, nicht in die Berechnung ein. Berücksichtigt werden vielmehr ausschließlich die Kurse der Aktien. Nach diesem Prinzip arbeiten zahlreiche Indizes, etwa der Dow Jones, der Standard & Poor's 500 und der britische FTSE 100.
- Bei **Performance-Indizes** dagegen werden die Dividenden in die Kursberechnung einbezogen. Die Folge ist klar: Im direkten Vergleich steigt ein Performance-Index stärker an als ein reiner Kursindex. Einer der wenigen Indizes, die so rechnen, ist der DAX.

Kaufen Sie Index-Zertifikate nur von Performance-Indizes

Sollten Sie überlegen, ein Index-Zertifikat zu kaufen, sollten Sie unbedingt auf einen Performance-Index setzen. Immerhin wollen Sie ja von den ausgeschütteten Dividenden profitieren, oder?

Die schöne, bunte Welt der Indizes

Indizes gibt es wie Sand am Meer. Neben den ganz bekannten wie DAX, MDAX, Dow Jones, Nikkei, EuroStoxx 50 etc. können Sie solche zu bestimmten Branchen zurate ziehen, in denen je nachdem nur Pharma-, Medien-, Banken- oder Technologieunternehmen zur Berechnung herangezogen werden. Es gibt Indizes für Rohstoffe, wie Öl, Edelmetalle und Kaffee, für Rentenpapiere oder bestimmte Regionen. Und natürlich finden Sie für nahezu jedes Land auf der Erde auch einen Länderindex. Mit Indizes können Sie also eine breite Streuung bei Branchen, Regionen oder Ländern erreichen. Die wichtigsten Indizes stellen wir Ihnen auf den nächsten Seiten näher vor.

Deutsche Aktienindizes

DAX – Deutscher Aktienindex

Wie schon gesagt vereinigt der DAX die 30 wichtigsten deutschen Aktien. Im DAX sind also Unternehmen wie die Deutsche Bank, Siemens, BASF, Daimler, E.ON, Allianz und BMW vertreten. Die Zusammensetzung wird übrigens regelmäßig angepasst, d. h., ein schwächeres DAX-Unternehmen kann in die »zweite Liga«, den MDAX, absteigen, und aus dem MDAX steigt dafür ein starkes Unternehmen in den DAX auf.

Den Stand des DAX berechnet und veröffentlicht die Deutsche Börse in Frankfurt. Der DAX ist ein sehr moderner Index. Zum einen werden die Unternehmen nach ihrem Börsenwert gewichtet, zum anderen gibt es auch noch, wie oben beschrieben, eine Kappungsgrenze von 10 Prozent. Zudem ist der DAX, von dem Sie täglich in den Medien hören, einer der wenigen Performance-Indizes: In seine Berechnung fließen also die Dividenden ein. Es gibt daneben zwar auch einen weiteren DAX, der als Kursindex berechnet wird, der fristet aber ein Schattendasein und wird nicht weiter beachtet.

MDAX – Midcap-DAX

Midcap ist die Abkürzung von Middlecapitalization, also für eine mittlere Marktkapitalisierung. Im MDAX finden Sie die 50 Unternehmen in Deutschland, deren Börsenwert auf die 30 DAX-Unternehmen folgt. Darin sind Firmen versammelt wie Hannover Rück, Fuchs Petrolub, Fraport, Krones und Fielmann.

SDAX – Smallcap-DAX

Smallcap steht für Smallcapitalization, also für eine niedrige Marktkapitalisierung. In ihm versammeln sich die nächsten 50 Unternehmen, also jene, die in ihrem Börsenwert hinter den MDAX-Unternehmen liegen. Auch hier sind durchaus namhafte Unternehmen vertreten, wie etwa Hornbach, Sixt, Cewe Color, Deutz und Gesco.

TecDAX – Deutscher Technologie-Index

Während sich in MDAX und SDAX Unternehmen aus klassischen Branchen versammeln, sind im TecDAX jene 30 wichtigsten Technologie-Unternehmen vertreten, die in Marktkapitalisierung und Börsenwert dem DAX nachfolgen. Der TecDAX ist ein sehr junger Index. Er ist der Nachfolger des Neue-Markt-Index Nemax 50, der nach dem Zusammenbruch des Neuen Markts in Misskredit geraten war. Im TecDAX sind Unternehmen wie Jenoptik, Carl Zeiss Meditec, Morphosys und Nordex vertreten, von Windenergie und Solartechnik über Medizintechnik bis hin zur Biotechnologie reicht die bunte Mischung. Sie alle sollen angeblich Zukunftstechnologien sein – mit durchaus unsicheren Erfolgsaussichten. Unserer Meinung nach ist es aber bei solch hoch spezialisierten Unternehmen besser, gezielt auf Einzelaktien zu setzen, um sich nicht »lahme Enten« ins Depot zu holen.

Internationale Aktienindizes

MSCI World

Die Abkürzung MSCI steht für Morgan Stanley Capital International. Das ist ein amerikanischer Finanzdienstleister, der gleich mehrere verschiedene Indizes liefert. Der MSCI World Index ist ein reiner Kursindex, der nach modernen Verfahren berechnet wird. Wie sein Name schon sagt, versammelt er Aktien aus der ganzen Welt, insgesamt ca. 2.000 Unternehmen sind gelistet. Allerdings ist die Bezeichnung »World« mit Vorsicht zu genießen. Denn im MSCI World sind nur Unternehmen aus Industriestaaten vertreten, Entwicklungsländer werden nicht berücksichtigt. So sind ca. 20 Länder im Index repräsentiert. Außerdem sind US-amerikanische Unternehmen mit gut 50 Prozent deutlich übergewichtet, gefolgt von europäischen mit ca. 25 Prozent und japanischen mit knapp 10 Prozent. Wichtige Schwellenländer wie etwa Brasilien, China, Russland oder Indien kommen im MSCI World nicht vor.

MSCI Emerging Markets

Aber für die Schwellenländer gibt es eine Alternative: den MSCI Emerging Markets. Die darin enthaltenen Aktien stammen zu gut 50 Prozent aus Asien, der Rest verteilt sich auf Lateinamerika (vor allem Brasilien und Mexiko), Osteuropa und Russland sowie Afrika. In diesen Regionen und Ländern empfehlen wir Ihnen allerdings kein Index-Investment. Aktiv gemanagte Fonds sind hier die bessere Alternative.

EuroStoxx 50 und Stoxx 50

Der EuroStoxx 50 (eigentlich Dow Jones EuroStoxx 50) ist ein Kursindex, der 50 Unternehmen aus der Eurozone repräsentiert, darunter z. B. den französischen Ölkonzern Total, den deutschen Mischkonzern Siemens und den italienischen Energieversorger ENI. Die Eurozone umfasst alle Länder, die den Euro als Währung eingeführt haben, damit sind etwa England, Norwegen oder die Schweiz draußen. Ganz Europa ist dagegen im Stoxx 50 inbegriffen. Wer also in seinem Investment nicht nur auf den Euroraum beschränkt sein will, greift besser zum Stoxx 50. Dann sind auch Aktien wie z. B. British American Tobacco und die Schweizer Großbank Credit Suisse dabei.

Dow Jones und Standard & Poor's 500

Der Dow Jones ist das Urgestein der Börsenwelt, er ist nicht nur der älteste Aktienindex, auch seine Berechnungsweise ist – wie schon erwähnt – eher antiquiert. Denn dabei werden einfach die Börsenwerte der 30 wichtigsten US-amerikanischen Unternehmen als gleichwertig betrachtet. Von Gewichtung keine Spur. Und noch ein weiteres Manko hat der Index: Er wird von einem Verlag, dem Dow-Jones-Verlag, berechnet und veröffentlicht. Und dieser Verlag entscheidet, welche US-Unternehmen zu den 30 wichtigsten gehören – die Kriterien dafür sind aber unklar. Im Dow Jones sind Unternehmen wie Microsoft, Wal-Mart und Coca-Cola gelistet.

Trotz allem findet der Kursindex viel Beachtung in den Medien, der Dow Jones ist immerhin der bekannteste Index der Welt. Sein Stand wird börsentäglich in den Nachrichten vermeldet. Nach wie vor gilt er als Gradmesser für die Stimmung an den Börsen. Als Anleger sollten Sie aber bei Investments in den USA einen Bogen um den Dow Jones machen, dafür gibt es bessere Indizes.

Vorteilhafter ist beispielsweise der Standard & Poor's 500 (S & P 500). Wer im US-Markt sein Geld unterbringen möchte, ist bei diesem Index besser aufgehoben als beim Dow Jones. Der S & P 500 bezieht immerhin 500 US-amerikanische Unternehmen in die Berechnung ein, darunter Unternehmen wie Exxon Mobil, Intel und Procter & Gamble. Außerdem sind die Berechnungsmethoden des S & P 500 viel moderner und ergeben damit ein realistischeres Bild.

Nikkei 225 Index und Hang Seng China Enterprises Index

Der Nikkei ist der Leitindex der japanischen Börse und damit (neben dem Hang Seng) der bedeutendste Index Asiens. Dabei handelt es sich um einen reinen Kursindex, der nach der Dow-Jones-Methode berechnet wird – es findet also keine Gewichtung nach dem Börsenwert der Mitgliedsunternehmen statt. Im Nikkei finden Sie Aktien von insgesamt 225 Unternehmen, darunter auch so bekannter Namen wie Sony, Casio, Panasonic, Olympus, Fujitsu, Mitsubishi und Toshiba.

Der Hang Seng China Enterprises Index ist der wichtigste der zahlreichen chinesischen Indizes und damit für Sie als Anleger der interessanteste. Errechnet und veröffentlicht wird er als reiner Kursindex von der Börse in Hongkong. Anders als der Nikkei berücksichtigt die Berechnungsmethode aber die Börsenwerte der beteiligten Unternehmen. Für den Hang Seng gilt – wie für Indizes aus anderen Schwellenländern auch –, dass ein Investment mit Risiken verbunden ist. Denn oft sind darin Aktien gelistet, die man sich als Einzelaktie nicht ins Depot legen würde. Diese kaufen Sie aber automatisch mit, wenn Sie in den Index investieren. Um solche Papiere zu vermeiden, sollten Sie bei Schwellenländern besser zu einem gemanagten Fonds greifen.

SMI und SLI – die Schweizer Indizes

Der Schweizer Leitindex heißt SMI, der Swiss Market Index. Er ist ein reiner Kursindex. In ihm sind die 20 wichtigsten Schweizer Unternehmen verzeichnet, darunter solche globalen Schwergewichte wie Nestlé und Novartis. Aber genau diese Unternehmen stellen auch ein Problem beim SMI dar, denn sie sind so stark, dass sie im Index ein großes Übergewicht bilden. Wenn Sie in der Schweiz ausgewogener investieren wollen, ist der SLI, der Swiss-Leader-Index, eine bessere Wahl. Denn in diesem Index sind neben den 20 größten noch zehn weitere mittelgroße Unternehmen vertreten. Außerdem ist der Einfluss der größten vier auf jeweils maximal 9 Prozent begrenzt.

ATX – der österreichische Leitindex

Was in Frankfurt der DAX ist, ist in Wien der ATX. Das Kürzel steht für Austrian Traded Index. In diesem Kursindex sind die 20 wichtigsten österreichischen Unternehmen vertreten, der Index ist gewichtet, und es gibt eine Kappungsgrenze von 20 Prozent. Die ist relativ hoch, die Kursentwicklung einzelner Unternehmen kann damit immer noch großen Einfluss auf die Indexentwicklung nehmen. Ein Investment in unserem Nachbarland kommt für all jene Anleger infrage, für die Süd- und Osteuropa interessant ist. Denn österreichische Unternehmen sind in dieser Region sehr engagiert, sitzen aber gleichzeitig in einem hoch entwickelten Land.

CECE – der Osteuropa-Index

Für Anleger, die die Länder Polen, Tschechien und Ungarn im Auge behalten möchten, bietet sich noch der CECE-Euro-Index an. Dieser Index wird von der Wiener Börse berechnet und fasst die drei Leitindizes aus Ungarn, Tschechien und Polen zusammen. Ein Investment in diesen Index kommt aus unserer Sicht allerdings nur bedingt infrage. Denn so chancenreich Osteuropa auch sein mag – hier kommen gleich mehrere Risiken zusammen. Ungarn ist von der Finanzkrise schwer erschüttert worden, außerdem sind viele der in den Indizes gelisteten Unternehmen nicht wirklich überzeugend. In Osteuropa könnten Sie mit gemanagten Fonds, bei denen der Fondsmanager eine Einzelauswahl von Aktien trifft, besser fahren.

Themen- und Branchenindizes

Einen Branchenindex haben wir Ihnen bereits vorgestellt: den Tec-DAX. Er repräsentiert deutsche Technologieunternehmen. Das ist aber nur ein Beispiel von vielen. Es gibt Indizes für alle möglichen Branchen: Banken, Pharma, Freizeit, Automobil, Nahrungsmittel, Rohstoffe und, und, und. Oftmals handelt es sich dabei um Teilindizes der bereits bekannten Standardindizes Standard & Poor's, MSCI World oder ähnlichen. Die Auswahl ist riesig.

> **Holen Sie sich Informationen bei ETF-Anbietern**
>
> Einen Überblick über die Fülle der Branchenindizes können Sie sich bei den verschiedenen ETF-Anbietern wie www.ishares.de oder www.etf. db.com verschaffen.

Nasdaq Composite und Nasdaq-100-Index

Der Nasdaq ist das amerikanische Pendant zum deutschen TecDAX. Dabei müssen Sie zwei verschiedene Indizes unterscheiden: Der Nasdaq Composite listet 3.000 Aktien aus dem Technologiesektor auf, der Nasdaq 100 nur die 100 wichtigsten. Der Index berücksichtigt nur die Kurse, in der Berechnung findet aber eine Gewichtung nach dem Börsenwert statt. Die Abkürzung steht übrigens für National Association of Securities Dealers Automated Quotations. Dahinter verbirgt sich der Betreiber einer elektronischen Börse in den USA.

Für den Nasdaq gilt das Gleiche wie für den TecDAX: Es sind zwar viele gute (wie etwa die Apple-, Google- oder Microsoft-Aktie), aber eben auch viele mittelmäßige Aktien darin enthalten. Wollen Sie auf amerikanische Technologieaktien setzen, sollten Sie besser aktiv selbst auswählen oder auf einen gemanagten Fonds zurückgreifen.

Branchenindizes »Stoxx Europe 600 ...«

Aus dem Stoxx Europe 600 werden zahlreiche Teil- und Branchenindizes herausgezogen, bei denen es sich durchweg um Kursindizes handelt. Einige Beispiele sind:

- Automobil- und Zulieferbetriebe: Stoxx Europe 600 Automobiles & Parts
- Banken: Stoxx Europe 600 Banks
- Rohstoffe: Stoxx Europe 600 Basic Resources
- Nahrung und Getränke: Stoxx Europe 600 Food & Beverage
- Pharma und Gesundheit: Stoxx Europe 600 Health Care
- Versicherungen: Stoxx Europe 600 Insurance
- Medien: Stoxx Europe 600 Media
- Öl- und Gasförderer: Stoxx Europe 600 Oil & Gas
- Einzelhandel: Stoxx Europe 600 Retail
- Technologie: Stoxx Europe 600 Technology
- Telekommunikation: Stoxx Europe 600 Telecommunications
- Reise und Freizeit: Stoxx Europe 600 Travel & Leisure
- Versorger: Stoxx Europe 600 Utilities

Wer auf eine bestimmte Branche setzt, ist mit einem ETF auf solche Branchenindizes in der Regel gut bedient. Bedenken Sie aber: Es gibt zyklische und nicht zyklische Branchen. Mit einem ETF auf einen dieser Branchenindizes erreichen Sie einen Durchschnitt der gewählten Branchen. Wenn die Branche allerdings gerade einen Einbruch erlebt – diese Gefahr besteht hauptsächlich bei zyklischen Branchen – wird der Index(-fonds) entsprechend zurückgehen.

Weitere Indizes

Bisher haben wir nur Aktienindizes beschrieben. Aber – Sie ahnen es vielleicht – die Börsenwelt hält noch weit mehr Indizes bereit, etwa solche zu Rentenpapieren oder Rohstoffen.

REX – Deutscher Rentenindex

Der Deutsche Rentenindex bildet den Markt für deutsche Staatspapiere ab. Darin sind 30 idealtypische Anleihen, Obligationen und Schatzanweisungen der Bundesrepublik, des Fonds Deutsche Einheit und der früheren Treuhandanstalt beinhaltet. Berücksichtigt werden dabei Anleihen mit einer Laufzeit von ein bis zehn Jahren. Der REX ist ein gewichteter Kursindex, der als Indikator dafür gilt, wie sich der Markt für festverzinsliche Papiere entwickelt. Wie sind die Indexwerte zu verstehen? Ganz einfach: Bei fallenden Zinsen steigen die Kurse der Anleihen, mit denen sie an der Börse gehandelt werden. Der REX klettert also nach oben. Bei steigenden Zinsen hingegen fallen die Kurse, der REX bekommt also weiche Knie.

Unserer Meinung nach sollten Sie bei Staatspapieren besser gleich zu den Originalen und nicht zu Indexpapieren greifen.

Die Rohstoffindizes

Wer als Anleger direkt in Rohstoffe investieren und dabei auf Indizes setzen will, kann z. B. den RJ/CRB, kurz CRB, nutzen. Die Abkürzung steht für Reuters/Jefferies Commodity Research Bureau. Dieser Index bildet die Entwicklung von 19 Rohstoffen ab, darunter Industriemetalle wie Aluminium, Nickel, Silber, Kupfer, Energieträger wie Erdöl, aber auch Agrargüter wie Mais, Sojabohnen oder Schweine.

Ein anderer Rohstoffindex ist der S&P GSCI (früher: Goldman Sachs Commodity Index). In ihm sind 24 Rohstoffe enthalten, deren Gewichtung sich nach dem jährlichen Handelsumsatz richtet. Wenn Sie in diesen Index investieren wollen, achten Sie darauf, dass

Sie auch die richtige Variante erwischen: Es gibt ihn einmal mit und
einmal ohne Energieträger, außerdem noch ausschließlich für Metal-
le oder Agrarrohstoffe und so weiter.

Klar – als Grundlage für Indizes von Aktien und Rentenpapieren
dienen die aktuellen Börsenkurse. Aber auf welcher Basis erfolgt die
Berechnung von Rohstoffindizes? Ganz einfach: Hier werden Ter-
mingeschäfte, sogenannte Futures, herangezogen. Diese müssen natürlich regelmäßig erneuert, in der Fachsprache: rolliert, werden.

Achtung: Risiko

Seien Sie sich der Gefahren eines jeden Rohstoffinvestments bewusst:
Die Preise für Mais oder Öl schwanken stark. Damit brauchen Sie auch
für entsprechende Indizes ein kräftiges Nervenkostüm. Wir raten davon
ab, Wertpapiere auf Rohstoffindizes zu kaufen, und auch von Rohstoff-
zertifikaten sollten Sie besser die Finger lassen. Also Rohstoffspekulant
wird man als Privatanleger nicht reich.

Fondssparpläne

Nicht immer werden Sie große Summen auf einmal erübrigen können, um sie an der Börse anzulegen. Manchmal reichen die Verdiens-
te – oder die Ausschüttungen, die Sie aus anderen Wertpapieren erhalten – allenfalls für kleine Investments. Die gute Nachricht aber
lautet: Auch kleine Sparbeiträge können sinnvoll sein, wenn sie regelmäßig erfolgen. Zu diesem Zweck gibt es Sparpläne.

Erfahrungsgemäß bringt es nichts, sich vorzunehmen, von Zeit zu
Zeit Fondsanteile zu kaufen. Wesentlich besser ist es da, sich einen Sparplan einzurichten. Es ist wie mit einem Dauerauftrag: Das
Geld wird dann einfach vom Girokonto abgebucht, und dafür werden
Fondsanteile gekauft. Sie brauchen sich um nichts mehr zu kümmern,
der Broker erledigt alles von allein. Trotzdem sind Sie nicht auf ewig
an einen einmal eingerichteten Sparplan gebunden, sondern Sie können diesen jederzeit wieder ändern oder löschen.

Es gibt auch sparplanfähige ETFs

Nicht alle, aber einige ETFs (Exchange Traded Funds) sind sparplanfähig.
Sie müssen also nicht unbedingt einen aktiv gemanagten Fonds kaufen,
wenn Sie regelmäßig kleinere Beträge in Fonds investieren möchten. Auf
dem Fact Sheet des jeweiligen ETFs ist in der Regel vermerkt, ob er sparplanfähig ist oder nicht.

Cost-Average-Effect bringt vergleichsweise
günstige Preise

Monat für Monat oder Quartal für Quartal werden immer für den
gleichen Betrag Fondsanteile gekauft. Das heißt automatisch: Ist

der Kurs der Fondsanteile gerade hoch, werden weniger Fondsanteile gekauft. Ist er dagegen niedrig, werden vom gleichen Betrag entsprechend mehr Anteile gekauft. Damit ist Ihr Fondskauf im Durchschnitt günstiger, als wenn Sie Monat für Monat oder Quartal für Quartal beispielsweise immer zehn Fondsanteile kaufen würden. Ökonomen nennen diese Tatsache »Cost Average Effect« – auf Deutsch: Durchschnittskosten-Effekt.

Beispiel: quartalsweiser Kauf für eine feste Summe

Angenommen, Sie zahlen jedes Quartal 120 Euro in einen Fondssparplan ein. Beobachten wir einmal den Zeitraum von einem Jahr:

➤ Im ersten Quartal können Sie 20 Fondsanteile zum Preis von je 6 Euro kaufen.

➤ Im zweiten Quartal sinkt der Kurs auf 4 Euro. Von den 120 Euro können Sie nun 30 Anteile kaufen.

➤ Im dritten Quartal steigt der Kurs auf 8 Euro. Somit können Sie sich von 120 Euro 15 Anteile leisten.

➤ Im vierten Quartal sinkt der Fondskurs wieder auf 5 Euro, was bedeutet, Sie erhalten 24 Fondsanteile für die Summe von 120 Euro.

Insgesamt haben Sie nun 89 Anteile, und Sie haben dafür 480 Euro gezahlt. Das bedeutet: Für den einzelnen Fondsanteil haben Sie im Durchschnitt gerade einmal 5,39 Euro berappt.

Der Cost-Average-Effect sorgt automatisch dafür, dass Sie antizyklisch handeln. Ist der Fondspreis hoch, kaufen Sie wenig, ist er niedrig, kaufen Sie viel. Da das Ganze automatisch abläuft, brauchen Sie nicht bei jedem Kauf aufs Neue zu überlegen, ob das jetzt sinnvoll ist oder nicht. Sie kaufen automatisch vergleichsweise günstig ein. Machen wir die Gegenrechnung auf:

Gegenbeispiel: quartalsweiser Kauf einer bestimmten Stückzahl

In vier Quartalen wurden oben insgesamt 89 Fondsanteile gekauft. Nehmen wir an, Sie hätten stattdessen jedes Quartal die gleiche Anzahl von Fondsanteilen gekauft, also (89 geteilt durch 4 =) 22,25 Anteile pro Quartal. So sähe Ihre Rechnung dann aus:

> Erstes Quartal: 22,25 Anteile zu je 6 Euro = 133,50 Euro
> Zweites Quartal: 22,25 Anteile zu je 4 Euro = 89 Euro
> Drittes Quartal: 22,25 Anteile zu je 8 Euro = 178 Euro
> Viertes Quartal: 22,25 Anteile zu je 5 Euro = 111,25 Euro
>
> Summiert man die Beträge, die Sie pro Quartal ausgegeben hätten, kommt man auf 511,75 Euro und damit auf deutlich höhere Kosten für die gleiche Anzahl von Fondsanteilen wie im oben angeführten Beispiel, wo insgesamt nur 480 Euro gezahlt wurden.

Das beweist: Sie sparen besser regelmäßig in festen Beträgen anstatt in festen Anteilen.

Wie Sie einen Sparplan einrichten

Einen Sparplan richten Sie bei Ihrer Depot-Bank beziehungsweise Ihrem Direkt-Broker ein. Legen Sie fest:

- in welchen Fonds Sie das Geld investieren möchten (dazu brauchen Sie die WKN oder ISIN),
- welchen Betrag Sie investieren möchten,
- von welchem Konto dieser Betrag abgebucht werden soll (Bankleitzahl und Kontonummer Ihres Girokontos) und
- in welchen Zeiträumen die Anteile gekauft werden sollen (monatlich, quartalsweise, im Halbjahresrhythmus).

Sobald Sie den Sparplan eingerichtet haben, kümmert sich der Broker automatisch um die laufenden Abbuchungen von Ihrem Konto und darum, die Fondsanteile für Sie zu ordern.

Änderungen sind problemlos möglich

Gegenüber Kapitallebensversicherungen oder Sparverträgen hat ein Fondssparplan einen entscheidenden Vorteil. Sie können ihn jederzeit wieder ändern. Ist das Geld gerade knapp, und Sie wollen verhindern, mit Ihrem Konto ins Minus zu geraten, senken Sie die Sparraten oder setzen Sie den Sparplan aus. Haben Sie gerade mehr Geld flüssig, können Sie die Sparraten auch erhöhen. Ein Fondssparplan lässt sich jederzeit beliebig an die eigene Finanzlage anpassen. Das gibt Ihnen die größtmögliche Flexibilität.

Aber Achtung: Oft schlagen die Transaktionskosten gerade bei Sparplänen überproportional stark zu Buche. Viele, aber nicht alle Depot-Banken haben für Fondssparpläne Sonderkonditionen eingeführt. Einige verlangen pro Order fix etwa 2,50 Euro. Was harmlos klingt, ist prozentual gesehen eine ordentliche Summe. Würden Sie nur 25 Euro pro Anteilskauf ausgeben, wären Sie damit bei Transaktionskosten von 10 Prozent. Bei 50 Euro wären es noch 5 Prozent, was auch nicht gerade wenig ist.

Drei Tipps, um bei Sparplänen die Kosten zu senken

Folgende Tipps helfen Ihnen, die Transaktionskosten zu senken:

Tipp 1: Suchen Sie sich einen Broker aus, der bei Sparplänen besonders günstige Bedingungen anbietet. Die Sparplan-Gebühren finden Sie im Preis-Leistungs-Verzeichnis jedes Brokers. Zur Not eröffnen Sie extra für Ihren Sparplan ein eigenes Depot.

Tipp 2: Bei Sparplänen erfolgt der Fondskauf in der Regel über die Fondsgesellschaft. Ein Ankauf über eine Börse ist nicht möglich (außer bei ETF-Sparplänen). Suchen Sie sich daher einen Broker, der auf den Ausgabeaufschlag Ihres Fondsfavoriten einen Rabatt gewährt oder ihn sogar ganz erlässt. Achten Sie außerdem auf Rabattaktionen. Beliebte Publikumsfonds werden oft in Sonderaktionen ganz ohne Ausgabeaufschlag angeboten. Wichtig: Suchen sie erst den Fonds aus, und kümmern Sie sich dann um die Rabatte. Denn die Auswahl soll in erster Linie nach Qualität erfolgen und nicht nach Rabatten.

Tipp 3: Erhöhen Sie die Sparrate und verlängern Sie dafür den Zeitraum, der zwischen den einzelnen Fondskäufen liegt. Statt etwa monatlich 50 Euro zu sparen, sollten Sie besser quartalsweise 150 Euro sparen.

Steuern auf Kapitalerträge

Es ist leider so: Von den Kapitalerträgen möchte auch der Fiskus einen Anteil haben. Egal ob Kursgewinne, Dividenden, Zinsen oder sonstige Ausschüttungen: Was Sie durch die Geldanlage verdienen, unterliegt grundsätzlich der Kapitalertragssteuer, die landläufig auch Abgeltungssteuer heißt. Die Höhe der Abgeltungssteuer beträgt 25 Prozent. Dazu kommen noch der Solidaritätszuschlag (5,5 Prozent der Steuersumme) und bei Kirchenmitgliedern die Kirchensteuer (je nach Bundesland 8 oder 9 Prozent der Steuersumme). Insgesamt beträgt die Steuerbelastung also

- 26,375 Prozent (wenn Sie kein Kirchenmitglied sind),
- 27,81 Prozent (wenn Sie Kirchenmitglied in Baden-Württemberg oder Bayern sind) oder
- 27,98 Prozent (wenn Sie Kirchenmitglied in einem der anderen Bundesländer sind).

Bestandsschutz genießen lediglich Wertpapiere, die Sie vor 2008 gekauft haben. Da sind immerhin die Kursgewinne steuerfrei (nicht aber die Dividenden und Zinsen, die Sie seitdem auf diese Papiere erhalten haben).

Abweichende Stichtagsregelung bei Zertifikaten

Eine Sonderregelung gilt für Zertifikate: Hier bleiben die Kursgewinne nur steuerfrei, wenn Sie das betreffende Zertifikat vor dem 14. März 2007 gekauft haben. Hintergrund dieser Sonderregelung ist, dass einige Zertifikate-Emittenten den Bogen überspannt haben. Nach Bekanntwerden der Pläne zur Einführung einer Abgeltungssteuer (am 14. März 2007) wurden immer mehr Zertifikate konstruiert mit dem Ziel, diese Steuer zu umgehen.

Die Bank behält die Abgeltungssteuer automatisch ein und leitet sie ans Finanzamt weiter. Das erspart es Ihnen in der Regel, die Anlage KAP (Einkünfte aus Kapitalvermögen) zusammen mit Ihrer Steuererklärung einreichen zu müssen. Allerdings gibt es auch Ausnahmen von dieser Regel – etwa wenn Sie Spenden von der Steuer absetzen oder außergewöhnliche Belastungen als Sonderausgaben geltend machen möchten.

Seit Einführung der Abgeltungssteuer können Sie keine Werbungskosten mehr geltend machen. Es lohnt sich also nicht, etwa die Fahrten zu Hauptversammlungen oder die Gebühren für die Depot-Führung gesondert aufzulisten. Das Finanzamt wird sie nicht mehr berücksichtigen. Die Transaktionskosten werden allerdings steuerlich sehr wohl berücksichtigt. Es zählt üblicherweise die Differenz zwischen Verkaufserlös und den Ausgaben beim Kauf inklusive Transaktionskosten. Nur was übrig bleibt, fällt unter die Abgeltungssteuer, sofern der Sparerpauschbetrag schon überschritten ist.

Immerhin:
Der Sparerpauschbetrag bleibt steuerfrei

Ein Teil Ihrer Kapitalerträge bleibt allerdings steuerfrei, nämlich der so genannte Sparerpauschbetrag. Bei unverheirateten Anlegern beläuft er sich auf 801 Euro. Bei zusammen veranlagten Ehepaaren auf 1.602 Euro. So viel darf jeder Steuerzahler bzw. jedes Ehepaar in Deutschland an Kapitalerträgen erwirtschaften, ohne dass eine Steuer darauf erhoben wird.

Allerdings wird die Abgeltungssteuer normalerweise automatisch von der Bank einbehalten und an den Fiskus abgeführt. Um das zu verhindern, stellen Sie einen so genannten Freistellungsauftrag bei Ihrer Bank. Sind ihre Depots und Konten über mehrere Banken verteilt, brauchen Sie auch mehrere Freistellungsaufträge. Einzelheiten dazu haben Sie bereits im Kapitel über die Depot-Eröffnung erfahren.

Keine Steuerpflicht? Reichen Sie eine NV-Bescheinigung ein

Führen Sie ein Konto oder Depot auf den Namen Ihres Kindes oder Enkels? Oder müssen Sie selbst für Ihre Konten und Depots aus anderen Gründen keine Steuern zahlen, etwa, weil Sie als Rentner oder Student zu wenig Geld verdienen? Dann sollten Sie beim Finanzamt eine Nichtveranlagungs-Bescheinigung (kurz: NV-Bescheinigung) beantragen. Sobald Sie diese bekommen haben, gehen Sie damit zur Bank. So können Sie verhindern, dass auf die entsprechenden Konten oder Depots die Abgeltungssteuer abgeführt wird. Liegt eine NV-Bescheinigung vor, ist der Sparerpauschbetrag unerheblich und ein Freistellungsauftrag nicht nötig. Die Bank führt dann auf Ihre Kapitalerträge überhaupt keine Steuern ab, unabhängig davon, wie hoch sie sind. Eine NV-Bescheinigung ist üblicherweise maximal drei Jahre lang gültig. Die Bank muss sie allerdings erst beachten, wenn Sie diese dort auch vorgelegt haben. Rückwirkend kann sie Ihnen also keine Steuern erstatten.

Was tun, wenn Sie aus Versehen zu viel Steuern gezahlt haben? Etwa, weil Sie keinen Freistellungsauftrag gestellt haben oder nicht dazu gekommen sind, bei Ihrer Bank eine NV-Bescheinigung einzureichen? – Keine Sorge: Das Geld ist nicht ein für allemal verloren. Das Finanzamt wird Ihnen zu viel gezahlte Steuern erstatten. Allerdings müssen Sie dafür eine Steuererklärung abgeben – inklusive der vollständig ausgefüllten Anlage KAP (Einkünfte aus Kapitalvermögen).

Dauerhafter Anlageerfolg: neun Praxistipps für die Depot-Optimierung

Sie haben ein Depot, darin liegen bereits Wertpapiere, aber Sie fragen sich, was Sie jetzt noch besser machen können? Mit den folgenden neun Praxistipps optimieren Sie Ihre Geldanlage und sorgen für nachhaltigen Erfolg:

Tipp 1: Entscheiden Sie, was Ihnen am wichtigsten ist: Sicherheit, Rendite oder Liquidität

Grundsätzlich möchte jeder Anleger die Ziele Sicherheit, Rendite und Liquidität vollständig erfüllt haben, aber ohne Kompromisse sind diese drei Ziele unvereinbar. Das magische Dreieck der Vermögensanlage veranschaulicht diesen Zielkonflikt:

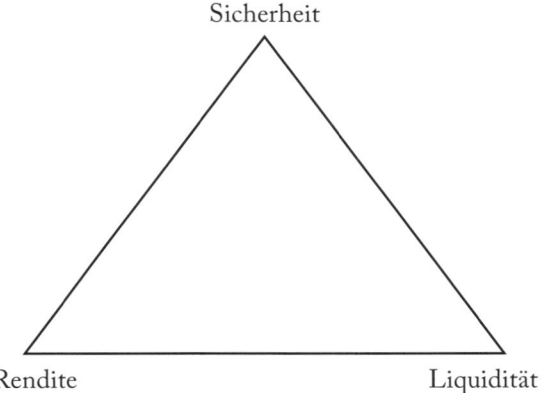

Um diesen Zielkonflikt zu lösen, müssen Sie sich über Ihre Anlageziele vor dem ersten Kauf im Klaren sein.

Sicherheit: Wenn für Sie Sicherheit an erster Stelle steht, müssen Sie Abstriche bei Ihrer Rendite-Erwartung machen. Jede Rendite-Erwartung, die höher ist als die aktuelle Umlaufrendite der deutschen Staatsanleihen, muss mit Risiken erkauft werden. Seien Sie daher sehr skeptisch, wenn Ihnen jemand höhere Renditen »garantiert«. Wie belastbar ist diese »Garantie«? Im Zweifel: Finger weg!

Rendite: Es ist realistisch, langfristig eine Aktienrendite von 8 bis 12 Prozent anzustreben. Mit einem kleinen Teil Ihres Anlagekapitals können Sie auch »zocken«. Wenn der Markt in die gewünschte Richtung läuft, kann Ihnen ein Optionsschein oder Hebelzertifikat 100 oder 200 Prozent Gewinn bringen. Läuft der Markt gegen Sie, droht jedoch im schlimmsten Fall ein Totalverlust. Daher die Empfehlung: Sehr spekulative Positionen sollten Sie gering gewichten (eine einzelne Optionsscheinposition sollte zum Beispiel maximal 2 Prozent des Depot-Volumens ausmachen. Bei einer Depot-Größe von 50.000 Euro also allenfalls 1.000 Euro). Gleichzeitig empfehlen wir, Hebelinstrumente mit automatischen Stop-Loss-Marken abzusichern.

Liquidität: Vor einem Wertpapierkauf müssen Sie sich fragen, wie lange Sie auf das Kapital maximal verzichten können. Wenn zum Beispiel absehbar ist, dass Sie in zwölf Monaten 20.000 Euro für ein neues Auto benötigen, hat es keinen Sinn, dieses Kapital jetzt in langfristige Anlageformen wie Aktien oder Aktienfonds zu investieren. Infrage kommen in diesem Fall Anleihen mit Fälligkeit im nächsten Jahr, oder Discount-Zertifikate mit einer Restlaufzeit von maximal zwölf Monaten.

Gleichzeitig gilt: Je länger Sie auf das Kapital verzichten können, desto stärker können Sie auf Rendite setzen. Auf eine Sicht von zehn Jahren ist ein Aktienfonds, der auf Wachstumsmärkte oder Nebenwerte setzt, ein sehr attraktives Investment.

Tipp 2: Achten Sie darauf, Ihre Börsen-Investments gezielt zu streuen

Der kontinuierliche Börsenerfolg ist nur mit dem richtigen Anlagemix möglich. Deswegen sollten Sie stets Ihr Gesamt-Depot im Auge behalten. Setzen Sie zwar auf verschiedene Aktien, die aber der gleichen Branche zugerechnet werden, kann ein Einbruch der Branche Ihrem Depot erheblichen Schaden zufügen. Verteilen Sie jedoch Ihr Vermögen auf verschiedene Sektoren, können schlecht abschneidende Branchen durch andere Wertpapiere ausgeglichen werden. Die einzelnen Branchen lassen sich grob in vier Gruppen unterteilen, die ganz unterschiedlich auf die wirtschaftliche Entwicklung reagieren.

a) Frühzyklische Branchen profitieren schon vor dem eigentlichen Aufschwung von einer gesteigerten Nachfrage. Hierzu zählen insbesondere Rohstoff- und Chemie-Unternehmen. Bevor viele andere Unternehmen ihre Produktion ausweiten können, brauchen sie Öl und Chemikalien.

b) Zyklische Branchen machen den größten Umsatz und die höchsten Gewinne, wenn die Wirtschaft boomt. Die Entwicklung zyklischer Unternehmen verläuft annähernd parallel zur Konjunktur.

c) Spätzyklische Unternehmen profitieren erst mit einer Verzögerung von mehreren Monaten auf einen konjunkturellen Aufschwung. Die Auftragsbücher werden im Aufschwung und in der Hochkonjunktur gefüllt, der Ertrag und die Auslieferung erfolgen später.

d) Nichtzyklische Branchen generieren ihren Umsatz völlig unabhängig von der wirtschaftlichen Entwicklung. Die Nahrungsmittel- und die Pharmaindustrie zählen zu dieser Branche.

Das gleiche Grundprinzip der Diversifikation herrscht auch bei der Auswahl der Länder. Setzen Sie alles auf deutsche Aktien, ignorieren Sie gleichzeitig die Chancen von Wachstumsmärkten und regionalen Nischen. In gewisser Hinsicht ist dieses »patriotische« Anlegerverhalten, in deutsche Aktien zu investieren, verständlich. Anleger, die in Deutschland leben, können nun einmal die Entwicklung von DAX-, MDAX- oder TecDAX-Aktien ganz einfach anhand der

Zeitungslektüre verfolgen. Zumindest aber die allabendlichen Fernsehnachrichten informieren Anleger täglich über die Entwicklung ihrer Aktien.

So fühlen sich die Inhaber von DAX-Papieren auch stets gut über die betreffenden Unternehmen informiert. Dennoch gilt: Eine zu einseitige Konzentration auf heimische Werte ist ein Renditekiller. Die Informationsbeschaffung zu österreichischen und Schweizer Aktien sowie ausländischer »Global-Players« stellt im Internetzeitalter kein großes Problem mehr dar. Sie fahren viel besser damit, wenn Sie Ihre Anlage global ausrichten. Eine solche Streuung mindert die Risiken regionaler Turbulenzen. Je nach Marktlage und Risikoneigung können Sie dann die Gewichtung der einzelnen Länder bestimmen und das Potenzial aller Aktienmärkte voll abschöpfen.

Aber Vorsicht: Lassen Sie bei Ihrer Diversifikation nicht die Anzahl der Depot-Werte ausufern. Mehr als 15 bis maximal 20 Einzeltitel kann ein Privatanleger kaum im Blick halten. Decken Sie eine Region ruhig mit Fonds und nicht mit Einzeltiteln ab, wenn Sie von dem Potenzial im Ganzen überzeugt sind, sich aber dort nicht auskennen.

Markowitz: der Erfinder der Diversifikation (Risikostreuung)

Die Risikostreuung ist keine neue Strategie an der Börse. Der US-Wirtschaftswissenschaftler Harry Markowitz hat bereits im Jahr 1952 eine wissenschaftliche Arbeit veröffentlicht, die mit dem Fazit endet, das Kapital auf verschiedene Anlageklassen zu verteilen, um so das Risiko zu reduzieren. Daraus wurde die goldene Regel: »Lege nie alle Eier in einen Korb«. Markowitz erhielt für seine wissenschaftlichen Arbeiten den Wirtschaftsnobelpreis.

Tipp 3: Ein Börsentagebuch mit Depot-Check identifiziert Ihre Stärken und Schwächen

Um Ihrem Anlageverhalten weiter auf der Spur zu bleiben und es gezielt zu optimieren, eignet sich ein Börsentagebuch. Das ist ein wichtiger Schritt, um Ihren Anlageerfolg dauerhaft zu sichern.

Nutzen Sie die folgende Kopiervorlage für die Anlage Ihres Börsentagebuchs. Tragen Sie an den entsprechenden Stellen Ihre wichtigsten Argumente pro und contra für den Kauf und den späteren Verkauf des Wertpapiers ein. Sie können die Stärke der Argumente noch durch ein Doppel- oder Dreifachplus genauer qualifizieren, um später auf einen Blick zu sehen, welche den Ausschlag gegeben haben.

DEPOT-CHECK-FORMULAR   **SEITE:**

Kopiervorlage ▼

Wertpapier/Anlage:

WKN/Bezeichnung:

Börse/Bank:

Depot-Konto-Nr.:

Gekauft am ...., für .... Euro

Verkauft am ...., für ....Euro

PRO	Gründe für den Kauf	**CONTRA**

PRO	Gründe für den Verkauf	**CONTRA**

ERGEBNISSE:

Rendite = Kursgewinn + Ausschüttungen _____ %
innerhalb von _____ Monaten/Jahren.
Weiterer Verlauf ○ bestätigt / ○ widerspricht getroffener Entscheidung

FAZIT:

Depot-Check-Formular – Kopiervorlage

Wenn Sie diese Notizen aufbewahren und von Zeit zu Zeit analysieren, werden Sie schnell ein Gespür dafür bekommen, wo Ihre besonderen Stärken und Schwächen als Anleger liegen.

Tipp 4: Dividenden und Zinserträge in Sparpläne investieren

Umfragen zeigen, dass laufende Börsenerträge meist völlig unterschätzt werden. So erreichten uns sogar Leseranfragen, warum wir dividendenstarke Aktien empfehlen. Die 50 oder 100 Euro Dividende, die pro Unternehmen und Jahr ausgeschüttet werden, reichen gerade einmal für ein Abendessen im Restaurant. Jede Auszahlung einzeln betrachtet ermöglicht in der Tat keine großen Sprünge. Wenn Sie aber zehn Aktien und fünf Anleihen im Depot haben, können Sie sich pro Jahr bereits über 15 Zins- und Dividendenzahlungen freuen (einige ausländische Unternehmen schütten sogar mehrmals pro Jahr Dividenden aus).

Die Gesamtsumme ist dann schon sehr interessant. Auch wenn es banal klingt: Kleinvieh macht auch Mist. Nutzen Sie diese vielen kleinen Zahlungen, um Ihre Sparpläne zu »füttern«. Sie können zum Beispiel 250 Euro pro Quartal in einen Aktienfonds investieren. Über mehrere Jahre kommt so eine große Anlagesumme zusammen. Wer mit 30 Jahren einen solchen Sparplan eröffnet und das regelmäßige Sparen bis zum 60. Lebensjahr durchhält, kann sich mit großer Wahrscheinlichkeit über ein kleines Vermögen freuen. Ein solcher Sparplan ist der ideale Baustein für die private Altersvorsorge (über das Problem der zu erwartenden Rentenkürzungen haben wir zu Beginn des Buches bereits berichtet).

Da Sparpläne auf ein langfristiges Investment hindeuten, sind solche Kunden bei den Banken und Brokern heiß begehrt. Davon profitieren Sie direkt: Seit Jahren gibt es eine Rabattschlacht. Immer mehr Banken senken die Kosten für Sparpläne. Zum Teil gibt es bereits Gratisangebote, wenn ein Sponsor dafür seine Fonds besonders gut sichtbar platzieren darf (Sie müssen diese Fonds jedoch nicht auswählen, sondern können sich frei entscheiden. Die meisten großen Banken haben mehrere Dutzend passende Fonds im Sparplanangebot).

Ein kleines Rechenbeispiel

Sie sparen über 30 Jahre lang pro Monat 100 Euro und investieren das Kapital in einen Aktienfonds, der durchschnittlich 10 Prozent Rendite pro Jahr erzielt. Der Zinseszinseffekt sorgt dafür, dass Sie sich dann nach 30 Jahren über ein angespartes Vermögen im Wert von ca. 208.000 Euro freuen können.

Dieser Effekt funktioniert nicht nur bei den ganz langfristigen Investments. Gehen wir von 100 Euro aus, die Sie monatlich 15 Jahre lang sparen und setzen eine niedrigere Rendite von 5 Prozent pro Jahr an. Das Ergebnis: gut 26.000 Euro – auch eine hübsche Summe.

Tipp 5: Re-Balancing – bringen Sie Ihr Depot jedes Jahr aufs Neue ins Gleichgewicht

Dauerhafter Börsenerfolg hat nichts mit Glück zu tun, sondern ist das Ergebnis harter Arbeit. Auch ein Depot, das gut läuft und in einem Jahr zweistellig zugelegt hat, sollte bearbeitet werden. Hier gilt ausnahmsweise nicht die Sportlerweisheit: »Never change a winning team!« (Ändere nie ein erfolgreiches Team!)

Wenn Sie mit Ihrem Depot-Aufbau beginnen, sollten Sie eine Risikostruktur wählen, die zu Ihnen passt. Falls Sie an der Börse konservativ agieren möchten, bietet sich die 70:30-Strategie an. 70 Prozent des Kapitals investieren Sie in relativ sichere Anlagen (Anleihen, Value-Aktien wie Nestlé oder Coca-Cola, Cash-Reserven) und 30 Prozent in spekulative Investments (wachstumsstarke Nebenwerte, Schwellenländer, Rohstoffe).

Läuft die Börse gut, werden die spekulativen Positionen überdurchschnittlich gut abschneiden und die konservativen Anlagen wertmäßig abhängen. Nach zwölf Monaten kann es dann passieren, dass Ihr Depot auch ohne aktive Umschichtung ein 60:40-Verhältnis erreicht hat. Aufgrund der hohen Kursgewinne kommen die spekulativen Werte zusammen auf ein Depot-Gewicht von 40 Prozent.

Genau dann müssen Sie entscheiden, ob Sie bewusst etwas offensiver anlegen möchten oder ob Sie nicht doch mit der 70:30-Strategie ruhiger schlafen können. Wenn das so ist, müssen Sie bei den spekulativen Positionen Gewinne mitnehmen (verkaufen) und das freie Kapital in die konservativen Positionen investieren.

Diesen Vorgang nennt man »Re-Balancing« – wieder ins Gleichgewicht bringen. Wenn Sie das nicht machen, wird Ihre Depot-Struktur spätestens nach drei Jahren nicht mehr zu erkennen sein. Dann haben Sie ein Zufalls-Depot. Eine unerwartete Börsenentwicklung kann Sie dann auf dem falschen Fuß erwischen.

Wir empfehlen Ihnen, Ihr Depot mindestens einmal pro Jahr gründlich unter die Lupe zu nehmen. Vergleichen Sie die aktuelle Struktur und Gewichtung mit dem Ausgangswert. Gibt es deutliche Abweichungen, bieten sich die oben beschriebenen Umschichtungen an. Damit diese Depot-Optimierung auch regelmäßig durchgeführt wird (in guten Phasen »vergisst« man diese Arbeit erfahrungsgemäß gerne), sollten Sie sich einen festen Termin aussuchen. Das können die ruhigen Börsentage in der zweiten Dezemberhälfte sein, aber auch ein Wochenende in den Sommerferien. Wichtig ist nur, dass Sie einen festen Rhythmus einhalten.

Unsere Empfehlung

Falls es Ihnen zeitlich zu arbeitsintensiv ist, dass gesamte Depot immer Jahr für Jahr neu zu justieren, können Sie einen Teil der Arbeit an einen Fondsmanager abgeben (Sie zahlen dafür allerdings die Managementgebühren). Infrage kommen in diesem Fall die Mischfonds, die Aktien und Anleihen kombinieren. Fast jeder Mischfonds hat eine bestimmte Strategie. Es gibt ein relativ festes Verhältnis von Anleihen- und Aktienquote. Die Fondsregeln schreiben vor, dass hier ein Re-Balancing stattfinden muss. Der Fondsmanager erledigt den Job. Je nach Risikoneigung können Sie einen Mischfonds mit hoher oder niedriger Aktienquote aussuchen.

Tipp 6: Vermeiden Sie Emotionen, wenn Sie an der Börse Erfolg haben möchten

Die Erfahrung zeigt, wenn Anleger mit einer Aktie einen 100-prozentigen Gewinn schaffen, also ihren Einsatz verdoppeln, wird diese Aktie zu einer »Lieblingsaktie«. Sobald aber positive Emotionen ins Spiel kommen, ist es fraglich, ob der Blick noch ungetrübt ist und die Verkaufs-Entscheidung rechtzeitig getroffen wird. Sinkt der Kurs der »Lieblingsaktie«, ist das aus Sicht des Anlegers dann nur eine harmlose Korrektur. Der Kurs wird schon wieder steigen, denkt er sich. Schneller als man glaubt, hat sich dann der einst hohe Gewinn in Luft aufgelöst.

Freude über Gewinne ist natürlich erlaubt. Gönnen Sie sich auch ein richtig schönes Wochenende, wenn Sie einen großen Gewinn realisiert haben, aber verlieren Sie nicht die Bodenhaftung. Zu Zeiten des Neuen Marktes, 1998 bis 2003, wurden aus Kleinanlegern mit einem winzigen Depot plötzlich Millionäre. Anschließend wurden sie aber wieder zu Kleinanlegern. Man muss an der Börse wissen, wann das Blatt ausgereizt ist.

Falls Sie unsicher sind, ob Sie die Gewinne rechtzeitig realisieren können, gibt es passende Hilfsmittel. Denken Sie zum Beispiel an die automatischen und mentalen Stop-Loss-Marken, die wir Ihnen in diesem Buch ausführlich vorgestellt haben. Auch das Börsentagebuch, das in diesem Kapitel eine große Rolle spielt, ist hilfreich.

Ein einfacher Trick

Legen Sie bei einer Aktie ein Kursziel fest. Mit den Kennzahlen Kurs-Gewinn-Verhältnis, Kurs-Buchwert-Verhältnis oder Kurs-Cashflow-Verhältnis lassen sich entsprechende Kursziele berechnen. So können Sie zum Beispiel festlegen, dass die Aktie in Ihrem Depot mit einem Kurs-Gewinn-Verhältnis von 15 angemessen bewertet ist. Da Sie den Gewinn je Aktie (oder die aktuelle Schätzung) und den aktuellen Kurs kennen, können Sie das Kurs-Gewinn-Verhältnis berechnen.

Liegt das Kurs-Gewinn-Verhältnis bei 15 oder höher, sollten Sie prüfen, ob jetzt ein Verkauf angesagt ist. Sie müssen nicht zwingend verkaufen. Wenn Sie zum Beispiel zu dem Ergebnis kommen, dass der Gewinn im laufenden und im nächsten Jahr jeweils um 30 Prozent steigt, kann das ein gutes Argument sein, die Aktie noch zu halten.

Oft ist es aber so, dass in einer Überhitzungsphase keine guten Argumente für weitere Kurssteigerungen vorhanden sind. Ganz typisch für solche Marktphasen: Plötzlich werden neue Bewertungskennzahlen »erfunden«, die höhere Kursziele rechtfertigen. Im Boom 1999/2000 hieß es plötzlich, dass ein KGV von über 20 beim DAX nicht teuer sei (der historische Durchschnitt liegt bei rund 14). Die Analysten haben Zinsbelastungen, Abschreibungen, Einmalkosten und viele Faktoren einfach »bereinigt« – und plötzlich waren die Aktien angeblich nicht mehr teuer.

Seien Sie sehr wachsam, wenn plötzlich neue Regeln gelten sollen. Es gibt ein geflügeltes Wort: »*Dieses Mal ist alles anders – das ist der teuerste Satz der Börsengeschichte*«. Denken Sie immer an das Kostolany-Zitat, das wir bereits einmal genannt haben: »*Der Börsenkurs verhält sich zur Wirtschaft wie der Hund zum Spaziergänger: Er läuft oft voraus oder hinterher, kommt aber immer wieder zurück.*«

Wenn der DAX ein Durchschnitts-KGV von 14 hat, kann dieser Wert auf 10 sinken oder auf 20 steigen – mit sehr großer Wahrscheinlichkeit wird aber dieser Wert bald wieder bei 14 liegen. Das gilt für den Gesamtmarkt – aber auch für Ihre »Lieblingsaktie«. Wenn sich der Kurs der Aktie zu sehr vom errechneten Kursziel entfernt, sollten Sie verkaufen, oder mindestens eine Stop-Loss-Marke zur Absicherung setzen.

Es gibt an der Börse nicht nur das Phänomen der »Lieblingsaktie«. Umgekehrt gibt es auch Aktien, die ein Anleger strikt meidet. Oft hat dieser Anleger mit der Aktie in der Vergangenheit einen bitteren Verlust erlitten und will das Thema verdrängen. Auch hier gilt: Schalten Sie Ihre Emotionen aus. Wenn ein Unternehmen gut geführt wird, ein gutes Geschäftsmodell hat und günstig bewertet ist, sollten Sie die Gunst der Stunde nutzen. Verschenken Sie keine Gewinne, weil Sie vor zehn Jahren eine negative Erfahrung gemacht haben.

Eine letzte emotionale »Falle«: Der dringende Wunsch, einen Verlust mit genau dieser Position wieder auszugleichen. Mann will einfach nicht wahrhaben, dass die Anlage-Idee gescheitert ist und vermeidet den Verkauf. Schließlich sind Buchverluste keine echten Verluste. Das ist natürlich Unsinn! Verlust ist Verlust.

Fragen Sie sich bei jeder Minusposition, ob diese Aktie objektiv betrachtet Argumente liefert, die für eine Erholung sprechen. Wenn dagegen Aktie B mehr Potenzial besitzt, sollten Sie die Aktie A mit Verlust verkaufen und mit Aktie B auf den (wahrscheinlichen) zukünftigen Gewinner setzen. Die innere Wut wird ansonsten noch größer, wenn Aktie A ein Rohrkrepierer bleibt und Aktie B der Gewinner des Jahres wird. Man hat einen hohen Gewinn verpasst, nur weil man nicht eingestehen wollte, dass die erste Anlage-Idee – aus welchen Gründen auch immer – gescheitert ist.

Auch hier hilft ein kleiner psychologischer Trick

Denken Sie immer daran, dass selbst der beste Investor der Welt nicht einmal annähernd eine 100-Prozent-Treffer-Quote hat. Wenn von zehn Anlage-Ideen sieben ein Treffer sind, haben Sie einen fantastischen Job gemacht.

Wie man mit Verlusten umgeht, zeigt die Börsen-Legende Warren Buffett: Seine Beteiligungsgesellschaft Berkshire Hathaway war ursprünglich ein Textilunternehmen. Buffett dachte, er könne damit Geld verdienen. Der Plan scheiterte. Andere hätten die Pleite vertuscht und verdrängt, Buffett hat aus der Firmenhülle seine Beteiligungsgesellschaft gemacht. So denkt er automatisch bei jeder Beteiligung, die er neu in sein Berkshire-Reich aufnimmt, daran, dass Investmentideen auch scheitern können. Das ist keine Schande.

Tipp 7: Konzentrieren Sie sich auf Ihre Kernkompetenzen

Es gibt weltweit keinen einzigen Investor, der gleichzeitig Spezialist für den Ölpreis, für chinesische Nebenwerte, den spanischen Immobilienmarkt, den australischen Dollar und für deutsche Standardaktien ist. Man kann an der Börse nicht jeden Markt beherrschen. Wer das glaubt, wird sich verzetteln und unnötige Verluste erleiden.

Daher unsere Empfehlung: Konzentrieren Sie sich auf einige wenige Spezialgebiete. Den Rest können Sie zum Beispiel mit Fonds abdecken. Mit einem überschaubaren zeitlichen Aufwand können Sie sich auf kleinere und mittelgroße Aktiengesellschaften aus dem SDAX und MDAX konzentrieren. Dieser Markt ist dann Ihre Kernkompetenz. Hier können Sie den Markt (den jeweiligen Index) schlagen.

Versuchen Sie dann aber nicht, auch noch zu berechnen, wo der australische Dollar in zwölf Monaten notieren könnte. Wenn Sie den Devisenmarkt für aussichtsreich halten, können Sie in einen passenden Fonds investieren. Machen Sie nur wenige Aktionen an der Börse, die aber richtig.

Nutzen Sie auch Ihr berufliches Wissen

Die Erfahrung zeigt, dass oft der Beruf eine große Hilfe ist. Wenn Sie in der Automobilbranche arbeiten, haben Sie wahrscheinlich gute Informationen, wie Ihr eigenes Unternehmen und die Konkurrenz abschneiden. Wer ist hinsichtlich der aktuellen Motorenentwicklung an der Spitze? Wer hat die besten neuen Modelle? Welche Anbieter kann die Gewinnmarge halten oder ausbauen? So werden Sie durch berufliche Informationen zum Börsen-Insider.

Tipp 8: Laufen Sie keinen Trends hinterher!

An den Börsen werden immer wieder große Trends oder Boom-Branchen gefeiert. Der Ablauf ist stets identisch: Die Aktien aus einer bestimmten Branche laufen sehr gut, die Bankhäuser springen auf den Zug auf und basteln mit einer gewissen Zeitverzögerung entsprechende Fonds und Zertifikate. Diese Fonds und Zertifikate investieren in die Boom-Branche (dadurch steigen die Aktien aus der Branche noch stärker), und zum Schluss werden die neuen Fonds und Zertifikate mit einem riesigen Werbeaufwand in den Wirtschaftsmedien und Banken platziert, um möglichst viele Privatkunden anzulocken.

Ist Ihnen auch schon aufgefallen, dass plötzlich in vielen Banken und Medien gleichzeitig von Themen wie Logistik, Nanotechnologie, Wasser, Uran oder Seltene Erden die Rede war? Zufall war das nicht. Das Problem: Wenn die Privatanleger dann am Ende der Kette in die Fonds und Zertifikate einsteigen, ist der Höhepunkt oft schon überschritten. Wenn die Emittenten Zeit hatten, den Trend zu erkennen, Produkte zu konstruieren, die Fonds mit den Werten zu bestücken und die Werbetrommel zu rühren, sind die cleveren Investoren bereits seit Monaten investiert und warten auf das Geld der privaten Anleger. Umgekehrt wird ein Schuh draus.

Neuemissionen eignen sich als Kontraindikator

Wenn Sie merken, dass fast zeitgleich mehrere Fonds und Zertifikate-Emittenten thematisch deckungsgleiche Produkte neu vorstellen, sollten Sie das als Warnsignal betrachten und langsam aus dieser Branche aussteigen. Den ersten Werbeansturm können Sie noch mitnehmen, aber dann wird die Geschichte zu heiß.

Wenn Sie neues Geld anlegen möchten, sollten Sie lieber überprüfen, wo jetzt kaum jemand investiert ist, aber zukünftig hohe Gewinne locken.

Tipp 9: Suchen Sie den goldenen Mittelweg bei der Informationsbeschaffung

Bevor Sie viel Geld in ein Wertpapier investieren, sollten Sie sich genau darüber informieren. Hier lauern gleich zwei Fallen: Die einen informieren sich zu wenig und riskieren, das Geld falsch zu investieren. Die anderen informieren sich zu viel. Das führt zu einer Handlungsblockade. Wer 100 Pro- und Contra-Argumente kennt, wird überhaupt nicht mehr investieren. Suchen Sie daher den goldenen Mittelweg! Eine einzelne Informationsquelle reicht nicht aus. Lesen Sie aber auch nicht zehn Börsendienste oder Anlegermagazine gleichzeitig. Die Informationsfülle wird Sie erschlagen. Optimal sind zwei bis drei zuverlässige Informationsquellen.

Vorsicht vor Gratis-Informationen

Häufig gibt es kostenlose Studien, in denen »heiße« Aktien-Tipps veröffentlicht werden. Aber die Erstellung einer fundierten Studie kostet viel Zeit. Kein seriöser Analyst wird seine Arbeit verschenken. Kostenlose Studien sind daher nur scheinbar gratis. Entweder handelt es sich dabei um Auftragsarbeiten (börsennotierte Unternehmen bezahlen Analysten für positive Einschätzungen). Oder der Analyst hat vor Veröffentlichung der Studie auf steigende Kurse gesetzt und will jetzt Investoren in die Aktie locken. Daher gilt: Finger weg von Gratis-Aktientipps!

Depot-Absicherung: So schützen Sie Ihr Aktien-Depot in Crash-Phasen

Wenn Sie in Aktien oder Aktien-Fonds investieren, sollten Sie einen langfristigen Anlagehorizont besitzen. Drei Jahre betrachten wir als Mindestanlagezeitraum, besser sind 5 bis 10 Jahre. Wer sein Geld rund 10 Jahre an der Börse investieren möchte, kann ein Aktien-Depot aufbauen und dann nach rund 7 Jahren anfangen, die Positionen langsam abzubauen. Wer so langfristig denkt und investiert, kann fast sicher auf gute Verkaufs-Kurse bauen.

Allerdings schützt selbst ein langfristiger Anlage-Plan nicht vor Verlusten, wenn die Märkte extrem schwankungsstark und unberechenbar sind. Betrachten wir die aktuelle Situation. Wer im Jahr 2003, nach dem großen Crash, ein Aktien-Depot aufgebaut hat und es nach gut 10 Jahren auflösen will, hat im Prinzip alles richtig gemacht. Die Aktienmärkte boten im Jahr 2003 ein phantastisches Kauf-Niveau und der DAX erreichte 2014 ein neues Allzeithoch. Aber der Ausstieg gestaltet sich schwierig.

Einen ersten Rückschlag gab es im nächsten Crash 2007 bis 2009. Den konnten Sie als Anleger zeitlich noch locker aussitzen. Doch dann folgte der Mini-Crash im Sommer 2011, der reichte, um den DAX auf Jahressicht 15 Prozent nach unten zu drücken. Das war die dritte Crash-Phase innerhalb von nur 10 Jahren.

Dieses Beispiel zeigt, dass Ihnen auch eine langfristige Anlage-Strategie keinen optimalen Ausstieg garantieren kann. Wer sicher ein gewisses Mindestniveau beim Ausstieg erreichen will, muss sein Depot absichern. Dafür gibt es verschiedene Instrumente: Put-Optionsscheine, Short-Zertifikate und Short-ETFs. Wir zeigen Ihnen in diesem Kapitel die Vor- und Nachteile der Absicherungs-Strategie und die Stärken und Schwächen der einzelnen Instrumente.

Die Formel für Ihre Depot-Sicherheit

Die gute Nachricht: Wenn Sie einen einfachen und wirksamen Schutz für Ihr Aktien-Depot wünschen, können Sie die »Depot-Versicherung« innerhalb von 30 Minuten kalkulieren und die entsprechende Order Ihrer Bank mitteilen. Die Depot-Absicherung ist sehr einfach. Als Basis reicht eine kleine Formel:

$$\text{Anzahl der Put} - \text{Optionsscheine} = \frac{\text{Depotwert}}{\text{Indexstand} \times \text{Bezugsverhältnis}}$$

Praxisbeispiel für die Anwendung dieser Depot-Versicherungs-Formel

Sie besitzen für 10.000 Euro Index-Fonds auf den DAX (oder mehrere Einzelwerte aus dem DAX). Der DAX notiert am Stichtag bei 8.300 Punkten. Sie suchen dann einfach über eine Börsenseite im Internet wie onvista. de, www.finanzen.net oder www.finanztreff.de einen Put-Optionsschein auf den DAX mit dem Basispreis 8.300 und einer Laufzeit von 12 Monaten. Wie im Optionsschein-Kapitel angegeben, erlaubt Ihnen ein Put-Optionsschein mit dem Basispreis 8.300, den DAX am Tag der Fälligkeit für 8.300 Punkte zu verkaufen (auch wenn der Index dann nur noch bei 4.000 Punkten notieren sollte).

In der Auswahlliste haben wir am Stichtag einen DAX-Put mit einer Restlaufzeit von 12 Monaten, einem Basispreis 8.300 und einem Bezugsverhältnis von 1:100 (0,01) gefunden. Der Optionsschein hat 7,32 Euro gekostet. Diese Daten setzen wir in die oben genannte Formel ein:

$$\text{Anzahl der Put} - \text{Optionsscheine} = \frac{10.000}{8.300 \times 0,01} = 120,48$$

Ergebnis: Wenn Sie (gerundet) 120 dieser Put-Optionsscheine kaufen, haben Sie eine Art Depot-Versicherung abgeschlossen.

Überprüfen wir die Wirksamkeit der Depot-Versicherung: Angenommen, ein Jahr nach dem Kauf der Put-Optionsscheine notiert der DAX nur noch bei 4.150 Punkten (-50 Prozent). Ihre DAX-Indexfonds sind dann nur noch 5.000 Euro wert (10.000 Euro – 50 Prozent). Gleichzeitig ist der Wert der Put-Optionsscheine sprunghaft angestiegen. Wie oben beschrieben, verbrieft der ausgewählte Put-Optionsschein das Recht, dass Sie den DAX für 8.300 Punkte verkaufen dürfen. Da der DAX nur noch bei 4.150 Punkten notiert, kassieren Sie die Differenz zwischen 8.300 und 4.150 Punkten (multipliziert mit dem Bezugsverhältnis des Optionsscheins). Die Rechnung lautet: 4.150 x 0,01 = 41,50 Euro je Put-Optionsschein. Da Sie 120 Put-Optionsscheine gekauft haben, sieht Ihr Wertpapier-Depot wie folgt aus:

- Position 1: Die Indexfonds auf den DAX sind noch 5.000 Euro wert
- Position 2: Die 120 Put-Optionsscheine sind 4.980 Euro wert (120 x 41,50 Euro)

Ihr Gesamt-Depot liegt damit bei 9.980 Euro.

Fazit: Während der DAX in diesem Beispiel innerhalb von 12 Monaten um 50 Prozent eingebrochen ist, hat sich Ihr Depot-Wert praktisch nicht verändert. Sie besitzen noch immer Wertpapiere im Wert von rund 10.000 Euro. Praxis-Test bestanden.

Die Kosten der Depot-Versicherung: 5 bis 12 Prozent pro Jahr

Sie kennen das von Ihren ganz normalen Haftpflicht-, Kfz- oder sonstigen Versicherungen: Einen Versicherungsschutz bekommen Sie niemals gratis. Sie müssen für die Sicherheit zahlen. Das ist der Preis dafür, dass Sie das Risiko minimieren und nachts ruhiger schlafen Wie teuer ist die Depot-Versicherung? Eine exakte Zahl können wir Ihnen nicht nennen. Das hängt zum Beispiel davon ab, mit welchen Instrumenten Sie Ihr Depot schützen und wie stark die Märkte zum Zeitpunkt des Kaufs der Put-Optionsscheine schwanken. Als Faustformel gilt: Je höher die Schwankungen, desto teurer wird die Absicherung.

Da wir im Beispiel einen echten Optionsschein ausgewählt haben, können wir die genauen Kosten berechnen, die im Muster-Beispiel angefallen wären. Nehmen wir an, der DAX ist nach dem Kauf der

Put-Optionsscheine nicht gefallen, sondern auf 9.000 Punkte gestiegen. In diesem Fall werden die Put-Optionsscheine am Ende der Laufzeit wertlos ausgebucht, da der Indexstand über 8.300 lag. Die Rechnung: 120 Put-Optionsscheine zu je 7,32 Euro = 878,40 Euro

Diese Investition, eine Art »Versicherungsprämie«, ist dann wertlos verfallen. Bei einem Depot-Stand von 10.000 Euro und Versicherungskosten von 878,40 Euro liegt die Kostenbelastung bei knapp 9 Prozent. Diese Größenordnung passt zu unseren Erfahrungen. In sehr ruhigen Marktphasen können Sie Put-Optionsscheine günstiger einkaufen (aufgrund der niedrigen Volatilität), in ganz heißen Börsenphasen wird es noch teurer. Insgesamt müssen Sie bei dieser Absicherungsstrategie mit Kosten von 5 bis 12 Prozent pro Jahr rechnen.

Hier sind große Investoren im Vorteil, die am Terminmarkt maßgeschneiderte Absicherungen für deutlich weniger Geld erwerben können. Als Privatanleger haben Sie diese Möglichkeit im Regelfall nicht, sondern müssen auf einfachen und relativ teure Instrumente wie Optionsscheine zurückgreifen.

Tipp: Absicherungs-Kosten sparen

Absicherungs-Kosten in Höhe von 5 bis 12 Prozent belasten Ihre Depot-Kasse. Es gibt allerdings zwei Möglichkeiten, diese Kosten zu senken. 1) Wie bei einer Krankenversicherung gilt auch beim Depot-Schutz: Wenn Sie eine höhere Selbstbeteiligung wählen, sinken die Versicherungskosten. Wenn Sie zum Beispiel nicht den aktuellen Index-Stand absichern, sondern beim Put-Optionsschein einen Basispreis wählen, der 10 Prozent unter dem aktuellen Kurs liegt, sinken die Preise deutlich (die Put-Optionsscheine sind viel günstiger). Diese Absicherungs-Variante bietet sich dann an, wenn Sie mit kleineren Kursrückschlägen gut leben können, aber einen Schutz gegen einen großen Crash einbauen möchten. 2) Sie halten die Put-Optionsscheine nicht bis zum Laufzeitende, sondern nur kurzfristig in besonders kritischen Phasen (wenn Sie zum Beispiel in der Urlaubszeit Ihr Depot nicht täglich kontrollieren können).

Instrumente für die Depot-Absicherung

Als Privatanleger haben Sie drei einfache Instrumente zur Auswahl, um Ihr Depot abzudecken:

- Put-Optionsscheine
- Short-Zertifikate und
- Short-ETFs.

Wie diese Wertpapiere funktionieren, haben Sie bereits im Kapitel »Das ABC der Wertpapiere« erfahren. In diesem Kapitel geben wir Ihnen einen kurzen Überblick über die Vor- und Nachteile der Instrumente im Bereich der Depot-Absicherung.

Put-Optionsscheine

Put-Optionsscheine sind Wertpapiere, die das Recht verbriefen, bei Fälligkeit eine bestimmte Menge des Basiswerts zu einem vorher festgelegten Preis am Markt zu platzieren (Näheres dazu im Abschnitt »Optionsscheine« im Kapitel »Das ABC der Wertpapiere«.

Vorteile

Put-Optionsscheine sind der einfachste Weg, um ein Aktien-Depot abzusichern. Da dieses Instrument in Deutschland sehr beliebt ist, finden Sie eine riesige Auswahl an passenden Put-Optionsscheinen. So gibt es aktuell rund 20.000 Put-Optionsscheine auf den DAX. Sie können praktisch jede Laufzeit und jeden Basispreis abdecken. Der große Wettbewerb sorgt auch dafür, dass die Emittenten relativ faire Kurse stellen (wobei wir in der Vergangenheit auch negative Ausreißer beobachtet haben). Ein weiterer Vorteil: Kommt es zum Kurssturz am Aktienmarkt, steigt die Volatilität. Da die Volatilität in den Kurs des Optionsscheins einfließt, steigt der Wert des Put-Optionsscheins in unruhigen Crash-Phasen überproportional.

Nachteile

Optionsscheine sind immer nur eine Schuldverschreibung des jeweiligen Emittenten. Und Emittent ist fast immer eine Bank. Die Pleite der US-Bank Lehman Brothers zeigt, dass ein Emittent quasi über Nacht in den Abgrund stürzen kann. Ist der Emittent zahlungsunfähig, ist der Optionsschein – unabhängig von der Entwicklung des Basiswertes – nichts mehr wert. Wer also an einen Aktien-Crash aufgrund einer schweren Bankenkrise glaubt, sollte sein Depot nicht ausgerechnet mit Put-Optionsscheinen (oder anderen Derivaten) absichern.

Ein weiterer Schwachpunkt ist die fehlende Transparenz. Da der Preis eines Optionsscheins aus vielen Teilkomponenten besteht, ist eine genaue Kontrolle des Preises praktisch nicht möglich. Sie können während der Laufzeit des Optionsscheins nur grob abschätzen, ob das Kursniveau zur Entwicklung des Basiswertes passt.

Short-Zertifikate

Short-Zertifikate gehören zu den Hebel- und Knock-out-Zertifikaten, die wir im Abschnitt »Zertifikate« im Kapitel »Das ABC der Wertpapiere« ausführlich beschrieben haben.

Vorteile

Positiv zu bewerten ist die Transparenz. Der Kurs ist leicht berechenbar und die Hebel-Wirkung steht fest. Ein wichtiger Unterschied im Vergleich zu den Optionsscheinen besteht aber doch: Es gibt kein vorbestimmtes Laufzeitende. Wenn die Knock-out-Schwelle nicht berührt wird, kann dieses Absicherungs-Instrument sehr lange im Depot bleiben und muss nicht regelmäßig ausgetauscht werden.

Nachteile

Der größte Nachteil von Short-Zertifikaten ist die Knock-out-Schwelle (kurz: KO-Schwelle). Erreicht das Zertifikat diese Schwelle, wird es automatisch aufgelöst. Zurück bleibt ein großer Verlust (oder sogar ein Totalverlust). Gefährlich ist dabei, dass sich viele Zertifikate-Käufer nur die Knock-out-Schwelle zum Zeitpunkt des Kaufes merken. Bei Hebel-Zertifikaten ohne Laufzeitbeschränkung wird die KO-Schwelle aber ständig nach oben verschoben. Auf Monatssicht sind das nur Mini-Schritte, aber nach einem Jahr Haltedauer kann die Verschiebung erheblich sein. Die Knock-out-Schwelle sollte daher regelmäßig auf der Emittenten-Seite im Internet überprüft werden.

Vorsicht Falle: Falsche Daten im Internet

Sie sollten sich bei der Überprüfung der Knock-out-Schwelle nicht auf die Angaben der einschlägigen Finanz-Internetportale (zum Beispiel www. onvista.de, www.finanzen.net, www.finanztreff.de) verlassen. Deren Datenqualität ist zum Teil sehr schlecht. So »vergessen« einige Portale, dass die Knock-out-Schwellen variabel sind. Daher die dringende Empfehlung: Wenn Sie die Knock-out-Schwelle überprüfen möchten, sollten Sie unbedingt die Original-Daten des jeweiligen Emittenten (Emittent = Herausgeber des Zertifikats) nutzen. Sie finden diese Daten entweder auf der Internet-Seite des Emittenten, oder – noch besser – Sie können die oft kostenlosen Servicenummern der Emittenten anrufen und sich nach den aktuellen Knock-out-Schwellen erkundigen. Das ist aber zugebenermaßen recht zeitaufwändig.

Die Short-Zertifikate weisen noch zwei weitere Schwachstellen auf. Zum einen handelt es sich bei diesen Zertifikaten (wie auch bei den Optionsscheinen) um Schuldverschreibungen der Emittenten. Wenn der Emittent zahlungsunfähig wird, werden diese Zertifikate wertlos verfallen (falls es kein Vermögen gibt, das an die Besitzer der Schuldverschreibungen verteilt werden kann). Zum anderen ist die Depot-Versicherung mit Hilfe von Short-Zertifikaten in der Praxis oft teurer als die Absicherung mit Put-Optionsscheinen. In einem Praxistest lag die Kostenbelastung bei fast 15 Prozent.

Computer-Crash macht Zertifikate mit KO-Schwelle noch riskanter

In diesem Buch haben wir mehrfach vor den Gefahren der Hebel-Zertifikate gewarnt. Damit stellen wir uns gegen zahlreiche Hebel-Zertifikate-Fans (diese Zertifikate gehören zu den am häufigsten gehandelten Produkten an der Börse). Die Hebel-Zertifikate sind zwar einfach und transparent, aber die Knock-out-Gefahr überdeckt aus unserer Sicht die Vorteile. Durch den verstärkten Einsatz der Computertechnologie an der Börse wächst die Gefahr sogar noch. Fehler in der Software oder menschliche Eingabefehler machen aus den Computerprogrammen ein unkalkulierbares Risiko. Genau das ist Gift für Hebel-Zertifikate mit Knock-out-Schwelle.

Das bekannteste Beispiel ist der Computer-Crash, der die US-Börsen am 6. Mai 2010 erschüttert hat. Eine Fehlerkombination löste im Computersystem eine Kettenreaktion aus. Innerhalb von wenigen Minuten stürzte der US-Leitindex Dow Jones um fast 1.000 Punkte ab. Grundsolide Aktien wie Procter & Gamble implodierten förmlich und verloren in kürzester Zeit bis zu 40 Prozent. Einige weniger liquide Werte rauschten über 90 Prozent in die Tiefe. Wenige Minuten später war der Spuk vorbei. Als der Schlussgong ertönte, befanden sich fast alle Aktienkurse wieder auf dem Vortagesniveau. Für die Aktienbesitzer kein Problem. Eine Tragödie war es nur für die Besitzer von Derivaten mit Knock-out-Schwelle. Wenn der Handel nicht storniert wurde (was in einigen Fällen passiert ist), brachte ihnen der nur wenige Stunden anhaltende Crash bei den Werten, die die Knock-out-Schwelle im Tagesverlauf berührten, einen Totalverlust. Wer Produkte mit Knock-out-Schwelle kauft, muss mit diesem Rest-Risiko leben.

Short-ETFs

Short-ETFs sind börsengehandelte Indexfonds auf einen Short-Index, also einen Index, der in die entgegengesetzte Richtung läuft wie sein »Vorbild«.

Vorteile

Short-ETFs sind relativ neu am Markt. Die Funktionsweise: Fällt der Index-Wert um 5 Prozent, steigt zeitgleich der Kurs des Short-ETFs um 5 Prozent. Einfacher und günstiger können Sie kurzfristig keinen Index absichern.

Nachteile

Die Short-ETFs eignen sich nicht für eine längere Investitions-Phase. Da die Short-ETFs auch keine Hebelwirkung besitzen, ist ein deutlich größerer Kapitaleinsatz notwendig als bei den Put-Optionsscheinen und Short-Zertifikaten. Hinzu kommt, dass dieses Absicherungsinstrument in extrem schwankungsstarken Börsenphasen Schwächen hat. Die Deutsche Bank hat zu diesem Thema eine Musterrechnung erstellt. Zunächst die ETF-Entwicklung in einer ruhigen Marktphase, dann die Entwicklung in einer sehr schwankungsstarken Phase. So sieht die Entwicklung in einer ruhigen Börsenphase aus:

Tag	Index-Stand	Kurs Short-ETF
1	100 Punkte	100 Euro
2	98 Punkte	102 Euro
3	102 Punkte	97,84 Euro
4	99 Punkte	100,77 Euro
5	100 Punkte	99,77 Euro

Entwicklung eines Short-ETF in einer ruhigen Börsenphase
Quelle: Deutsche Bank (modifiziert)

Der Short-ETF erfüllt die Erwartungen. An den schwachen Index-Tagen 2 und 4 legt der Kurs des Short-ETFs zu. Am Ende der Beobachtungsphase erreichen Index und Short-ETF wieder das Ausgangsniveau (der ETF nicht ganz).

Ganz anders dagegen das Bild in einer schwankungsstarken Börsenphase, wie die folgende Tabelle zeigt:

Tag	Index-Stand	Kurs Short-ETF
1	100 Punkte	100 Euro
2	80 Punkte	120 Euro
3	120 Punkte	60 Euro
4	90 Punkte	75 Euro
5	100 Punkte	66,75 Euro

Entwicklung eines Short-ETF in einer schwankungsstarken Börsenphase
Quelle: Deutsche Bank (modifiziert)

Index-Schwankungen von 50 Prozent pro Tag (wie an Tag 3) können zu 99,99 Prozent ausgeschlossen werden. Es geht in diesem Beispiel nur darum, zu zeigen, dass der Index am Ende der Phase wieder den Ursprungswert erreicht, während der Short-ETF, obwohl er sich immer richtig bewegt hat, über 33 Prozent im Minus liegt. In der Praxis werden die Kursschwankungen und damit die Kursverluste des Short-ETFs geringer sein. Das Grundproblem, die Abweichung von der Index-Entwicklung, wird in diesem Beispiel jedoch deutlich.

Auslöser dieser Abweichungen ist kein Konstruktionsfehler der Short-ETFs, sondern die Prozentrechnung. Nehmen wir an, der DAX steigt von 7.000 auf 7.350 Punkte (+5 Prozent). Der Short-ETF verliert dann gleichzeitig 5 Prozent. Am nächsten Tag fällt der DAX wieder auf 7.000 Punkte und erreicht den Ausgangswert. Unter dem Strich ist nichts passiert. Anders beim Short-ETF. Der Rückgang von 7.350 auf 7.000 Punkte entspricht nur einem Tagesminus von knapp 4,8 Prozent. Der Short-ETF steigt an diesem Tag um knapp 4,8 Prozent, kann damit aber den Vortagesverlust von 5 Prozent nicht ganz ausgleichen. Es bleibt ein Minus. Je größer die Kursschwankung, desto größer auch die »Lücke« zwischen Index und Short-ETF.

Fazit: Put-Optionsscheine für die längerfristige Absicherung, Short-ETFs für kurzfristige Absicherungen

Alle drei in diesem Buch vorgestellten Absicherungs-Instrumente haben Vor- und Nachteile. Wer sein Depot für ein Jahr absichern will, wird wahrscheinlich mit den Put-Optionsscheinen das beste Ergebnis erzielen. Wer nur für einige Tage einen Versicherungsschutz aufbauen will, kann die günstigen und transparenten Short-ETFs einsetzen.

Depot-Absicherung in der Praxis: Keine Wunderwaffe zur Verlust-Vermeidung

Speziell nach einem heftigen Kurssturz wie im Sommer 2011 oder nach einer langen Crash-Phase wie in den Jahren 2000 bis 2003 sind Absicherungsstrategien an der Börse ein beliebtes Thema in den Wirtschaftsmedien. Oft wird den Anlegern in diesen Beiträgen vorgegaukelt, dass die Depot-Absicherung ein Kinderspiel sei. Der Crash verliert seinen Schrecken. Wir haben beim Studium dieser Beiträge teilweise den Eindruck gewonnen, dass die Anleger mit falschen Versprechen zurück an die Börse gelockt werden sollen.

Richtig ist die Aussage, dass die Depot-Absicherung theoretisch sehr einfach ist. Die erstaunlich einfache Formel für die Absicherungs-Strategie mit Put-Optionsscheinen haben Sie am Anfang dieses Kapitels anhand eines passenden Musterbeispiels kennengelernt. Im Anlegeralltag ergeben sich für Sie aber einige Probleme bei der praktischen Umsetzung der Depot-Absicherung. Es folgt eine kleine Problem-Auswahl, die in den weniger kritischen Wirtschaftsmedien »vergessen« oder schlicht ignoriert wird.

Problem Nummer 1: Die Auswahl der Short-Position

Das erste praktische Problem fängt direkt bei der Auswahl der Short-Position an. Wie sollen Sie ein Wertpapier-Depot absichern, das aus 10 deutschen Aktien, 10 internationalen Aktien und 5 breit streuenden Aktien-Fonds besteht?

Der Depot-Besitzer, der Anfang 2011 zur Absicherung einen DAX-Short gekauft hat, lag zufällig richtig, da der DAX 15 Prozent verloren hat. Wer hingegen zeitgleich den US-Leitindex Dow Jones als Basis für die Short-Position ausgewählt hat, musste sogar Verluste hinnehmen, da der Dow Jones im Jahr 2011 um 5,5 Prozent zugelegt hat und die Short-Position daher dank Hebel-Wirkung zweistellig verloren hätte.

Künftig kann es umgekehrt laufen. Der DAX gewinnt, der Dow Jones verliert. Im Prinzip müsste ein Anleger sein Depot mindestens in 4 oder 5 regionale und branchenspezifische Gruppen einteilen und dann entsprechende Short-Positionen auswählen. Der Traum, das Aktien-Depot mit einer einzigen Position einfach und pflegeleicht abzudecken, bleibt ein Traum.

Problem Nummer 2: Nicht jeder Basiswert kann abgesichert werden

In der Praxis werden Sie nicht jede Depot-Position absichern können. Der Grund: Es gibt nicht für jeden Basiswert ein passendes Short-Instrument. Während Sie den DAX oder auch die 30 DAX-Einzelwerte sehr gut abdecken können und reichlich Auswahl haben (wie oben geschrieben: Auf den DAX gibt es rund 20.000 Put-Optionsscheine), können beim MDAX, der mittelgroße deutsche Aktiengesellschaften abdeckt, bereits erste Lücken auftreten.

Fast schon hoffnungslos wird es im Nebenwerte-Bereich. Selbst auf den Index SDAX gibt es aktuell (Stand Juni 2013) keine Put-Optionsscheine oder Short-Zertifikate. Ähnlich trostlos sieht es bei den Einzelwerten im Nebenwertesegment aus. Der Grund für diese Lücken: Der Emittent muss die Short-Position einfach, schnell und sicher mit Terminkontrakten abdecken können. Bei wenig liquiden Werten ist das nicht möglich. Das Risiko für den Emittenten wäre zu groß.

Das Problem kann aber auch bei internationalen Blue Chips und Indices entstehen. Es geht immer auch um die Nachfrage-Seite. Wenn die Emittenten den Eindruck haben, dass ein bestimmter Basiswert am deutschen Derivate-Markt nicht ausreichend nachgefragt wird, entsteht eine Lücke. Die Emittenten leben schließlich davon, dass die Derivate eifrig gehandelt werden.

Sobald Sie im Nebenwertesegment aktiv sind oder leicht exotische internationale Indices abdecken, wird es nicht möglich sein, diese Positionen mit einer Short-Strategie abzusichern.

Problem Nummer 3: Die Kosten sind ein Belastungsfaktor

Das Thema Kosten der Depot-Absicherung haben wir in diesem Kapitel bereits mehrfach angesprochen. Fondsgesellschaften oder große Vermögensverwalter können Depot-Positionen relativ günstig am Terminmarkt absichern. Privatanleger haben nur eingeschränkte Möglichkeiten und müssen im Regelfall auf Absicherungs-Instrumente zurückgreifen, die relativ teuer sind. Erschwerend kommt hinzu, dass viele Absicherungs-Instrumente gerade dann teuer sind, wenn die Börse unruhig wird. Eine hohe Volatilität (Schwankungsstärke) macht Optionsscheine teurer.

In der Praxis werden die Kosten bei 5 bis 15 Prozent pro Jahr liegen, wenn man als Privatanleger sein Depot umfassend und flexibel mit Short-Instrumenten abdeckt. Das lohnt sich in Crash-Phasen, wird aber ein teures Vergnügen, wenn die Märkte mehrere Jahre lang steigen oder stagnieren (wie zum Beispiel von März 2003 bis Sommer 2007).

Wer 4 oder 5 Jahre lang sein Depot teuer abgesichert hat, hätte für diese Kosten auch den nächsten Crash »aussitzen« können. Attraktiv sind Absicherungsstrategien, wenn Crash-Phasen schnell aufeinander folgen. Aber das ist vorab nicht berechenbar.

Wer sehr langfristig investieren möchte, zum Beispiel für die private Altersvorsorge, muss folgende Rechnung aufmachen: Über mehrere Jahrzehnte gerechnet haben Aktien in der Vergangenheit 8 bis 10 Prozent Rendite pro Jahr gebracht. Lohnt sich dann ein langfristiges Aktien-Investment mit Absicherung, wenn die Kosten bei 5 bis 15 Prozent pro Jahr liegen?

Problem Nummer 4: Emittenten-Risiko nicht unterschätzen

Der Musterfall Lehman Brothers (die Pleite-Bank war als Zertifikate-Emittent auch in Deutschland aktiv) macht es erforderlich, das Thema Emittenten-Risiko noch einmal zu betonen. Ganz bitter wäre folgender Fall: Sie sichern sich mit einem Put-Optionsschein (oder mit einem Short-Zertifikat) gegen die Folgen einer neuen Bankenkrise ab. Die Krise bricht aus, der Put gleicht wie geplant die Aktien-Verluste aus, verfällt dann aber wertlos, weil der Emittent des Optionsscheins Insolvenz anmelden musste (wie die US-Bank Lehman Brothers).

Denken Sie immer daran: Emittent (Herausgeber) der Optionsscheine und Short-Zertifikate sind fast immer Banken. Und Banken sind in Crash-Phasen besonders gefährdet.

Problem Nummer 5: Dynamische Absicherung kostet zu viel Zeit und Geld

Die in diesem Kapitel beschriebene Depot-Absicherung ist relativ statisch. Sie wählen einen fixen Ausgangspunkt und wählen einen Put-Optionsschein aus, der in 12 Monaten das Laufzeitende erreicht. Am Tag der Fälligkeit wird der Optionsschein automatisch abgerechnet.

Falls aber zwischenzeitlich die Kurse steigen und Ihr Depot an Wert gewinnt, ist Ihr Depot nicht mehr zu 100 Prozent geschützt. Wer eine perfekte Absicherung wünscht, müsste die Short-Position jeden Tag neu berechnen und die passenden Short-Instrumente kaufen. Diesen Aufwand (Zeit und Geld) können nur Großanleger betreiben. Privatanleger können die einfache, statische Absicherung wählen, besitzen dann aber keinen 100-Prozent-Schutz.

Depot-Absicherung nur mit Einschränkungen machbar

Wie oben beschrieben: Ein Depot-Schutz mit Short-Instrumenten ist machbar, kostet aber Geld und Zeit. Eine solche Absicherung ist speziell dann sinnvoll, wenn Sie großen Wert auf Schutz legen und bereit sind, für diesen Schutz Jahr für Jahr Prämien zu zahlen.

Wer auch in anderen Bereichen des Lebens die unterschiedlichsten Risiken mit Versicherungen abdeckt, wird mit einer Depot-Absicherung ruhiger schlafen können. Ob aber nach 10 Jahren eine Depot-Versicherung netto einen Mehrertrag bringt, ist ungewiss. In guten Börsenphasen verschlingt die Versicherung Gebühren, in schlechten Phasen gleicht sie Verluste aus. Ein Fazit können Sie immer erst nach 5 oder 10 Jahren ziehen.

Glossar

Abgeltungssteuer
Die Abgeltungssteuer wird seit dem Jahr 2009 einheitlich auf alle Kapitalerträge erhoben. Ausgenommen sind nur Kursgewinne von Wertpapieren, die Sie 2008 oder früher gekauft haben (bei Zertifikaten gilt ein früherer Stichtag, nämlich der 14. März 2007). Wenn Sie Ihrer Bank einen → Freistellungsauftrag erteilt haben, bleibt auch der → Sparerpauschbetrag von der Abgeltungssteuer befreit. Der Steuersatz liegt bei 25 Prozent plus Solidaritätszuschlag und gegebenenfalls Kirchensteuer. Insgesamt kommen so bis zu 28 Prozent zusammen.

Ad-hoc-Mitteilung
Alle Anleger – ob groß oder klein – sollen die Möglichkeit haben, auf Meldungen, die den Kurs eines Unternehmens beeinflussen können, umgehend zu reagieren. Aus diesem Grund sind börsennotierte Aktiengesellschaften verpflichtet, entsprechende Vorkommnisse sofort bekannt zu machen. Dazu dienen die Ad-hoc-Mitteilungen.

Aktie
Als Aktionär erwerben Sie einen Anteil an einer Aktiengesellschaft, der in einer Aktie verbrieft ist. Damit erhalten Sie gleichzeitig ein Stimmrecht und ein Recht auf eine Beteiligung an den Erfolgen, die das Unternehmen erwirtschaftet.

Aktienfonds
Ein Fonds, der ausschließlich in Aktien investiert.

Aktiengesellschaft

Bei einer Aktiengesellschaft (AG) ist das Grundkapital in Anteile, sogenannte → Aktien, aufgeteilt, die an der Börse gehandelt werden können. Hintergrund ist die Beschaffung von Eigenkapital. Aktienkurse schwanken im Wert – je nachdem, wie gut das Unternehmen wirtschaftet oder auch wie die psychologische Gesamtlage an den Börsen ist.

Aktienindex

Ein Aktienindex repräsentiert eine Auswahl bestimmter Aktien, etwa aus einem bestimmten Land oder einer speziellen Branche. Dazu wird aus den Kursen dieser Aktien über verschiedene Verfahren eine Kennzahl errechnet, die die Entwicklung des speziellen Marktsegments widerspiegelt. Die bekanntesten Indizes sind der DAX, der die 30 wichtigsten deutschen Aktien enthält, oder der Dow Jones für den US-amerikanischen Markt.

Aktienrendite/Kapitalrendite

Wenn Sie wissen wollen, was Sie effektiv an Ihren Wertpapieren verdient haben, berechnen Sie die Aktien- bzw. Kapitalrendite. Basis der Berechnung ist das eingesetzte Kapitel, der Ertrag addiert sich aus Dividenden und Zinsen. Hinzu kommen noch Kursveränderungen und die sonstigen Erträge.

Aktien-Split

Durch einen Aktien-Split will ein Unternehmen seine Aktien optisch billiger machen. Dazu werden die vorhandenen Aktien geteilt und so vermehrt. Ein Aktien-Split im Verhältnis 1 : 3 sagt aus, dass der Kurs der Aktie durch 3 geteilt, die Zahl der Aktie dagegen mit 3 multipliziert wird. Für Sie als Anleger bedeutet dieser Vorgang: Der einzelne Anteil am Unternehmen (repräsentiert durch eine Aktie) wird kleiner, dafür haben Sie aber eine größere Anzahl von Aktien im Depot.

Anleihe

Unter einer Anleihe (engl.: Bond) versteht man ein festverzinsliches Wertpapier. Darunter fallen etwa Staatsanleihen, Unternehmensanleihen, Pfandbriefe usw. Der Emittent der Anleihe, ein Staat oder ein

Unternehmen, und der Anleger vereinbaren dabei einen festen Zinssatz, zu dem Letzterer sein Geld zur Verfügung stellt, sowie eine feste Laufzeit, für die das Kapital zur Verfügung steht. Meist erfolgt einmal im Jahr eine Zinsausschüttung. Anleihen unterliegen während der Laufzeit Kursschwankungen, die jedoch in der Regel geringer ausfallen als bei Aktien. Als Anleger sollten Sie sich vor dem Kauf einer Anleihe unbedingt über die → Bonität des Emittenten informieren.

Asset
Als Assets werden die Wertpapierklassen, die sich in einem Depot befinden, bezeichnet. Darunter fallen z. B. Aktien, Anleihen, Immobilien und Fonds, also das, was wir Ihnen im Kapitel »Das ABC der Wertpapiere« vorgestellt haben.

Baisse
Fallen über einen längeren Zeitraum hinweg die Kurse an der Börse oder in einzelnen Bereichen, ist die Rede von einer Baisse. Man könnte sagen: Eine Baisse ist eine Kursflaute, die über längere Zeit anhält. Das Gegenteil dazu ist eine → Hausse.

Bär
Mit »Bär« wird ein Anleger bezeichnet, der auf fallende Kurse setzt. Die Frage, woher dieser Begriff kommt, lässt sich nicht eindeutig beantworten. Am geläufigsten ist folgende Erklärung: Wird der Bär angegriffen, schlägt der Bär mit der Pranke von oben nach unten. Diese Bewegung wurde für sinkende Kurse übernommen. Das Gegenstück ist der → Bulle. Beide Tiere wurden übrigens in früheren Zeiten in Arenen aufeinander gehetzt.

Basiswert
Derivate, also abgeleitete Wertpapiere, beziehen sich immer auf einen Basiswert. Das kann eine Aktie, ein Index, aber auch ein Rohstoff sein. Von der Entwicklung des Basiswerts hängt die Entwicklung des → Derivats ab.

Bestens
Order-Zusatz, wenn ein Verkauf an der Börse ohne Limit durchgeführt werden soll (zu empfehlen sind immer Verkäufe mit Limit).

Bilanz

In einer Bilanz finden Sie eine Gegenüberstellung des Vermögens eines Unternehmens (Mittelverwendung = Aktiva) und des Kapitals (Mittelherkunft = Passiva) zu einem bestimmten Stichtag. Aus diesem Instrument lässt sich erkennen, wie gesund das Unternehmen ist und welche zukünftige Entwicklung es voraussichtlich nehmen wird. Die Bilanz bildet gemeinsam mit der Gewinn- und Verlustrechnung den Jahresabschluss.

Billigst

Order-Zusatz, wenn ein Kauf an der Börse ohne Limit durchgeführt werden soll (zu empfehlen sind immer Käufe mit Limit).

Blue Chips

Als Blue Chips werden an der Börse jene Aktien bezeichnen, die als besonders solide und werthaltig gelten (qualitative Einordnung), oder besonders große Unternehmen mit einer hohen Marktkapitalisierung (quantitative Einordnung). In der Regel sind es die Aktien der größten Unternehmen eines Landes, die sich dann auch im jeweiligen Standard-Index des Landes wiederfinden. Ursprünglich stammt der Begriff aus dem Spielkasino, in dem die blauen Jetons den höchsten Gegenwert in Geld repräsentieren.

Bond

→ Anleihe

Bonität

Mit der Bonität wird die Fähigkeit eines Schuldners, also etwa eines Anleiheemittenten, bezeichnet, seine Schulden auch bedienen, also bezahlen zu können. Wenn Sie eine → Anleihe, ein Zertifikat oder einen Optionsschein kaufen wollen, sollten Sie die Bonität des Emittenten unbedingt überprüfen. Ermittelt wird diese in der Regel von Rating-Agenturen. Ratings wie Aaa bzw. AAA bedeuten, dass es sich um einen exzellenten Schuldner handelt, bei dem keine Schwierigkeiten zu erwarten sind, wenn die Zinsen oder der Gesamtbetrag fällig werden. Schlechtere Ratings wie z. B. BB+ sprechen dafür, dass es zu Ausfällen bei den Zinszahlungen oder Rückzahlung kommen kann. Allerdings sollten Sie sich nie allein auf die Einschätzung einer

Rating-Agentur verlassen, denn diese kann auch mal daneben liegen. Prominentes Beispiel: Die US-Bank Lehman Brothers besaß noch kurz vor der Pleite die Bestnote AAA.

Boom
Wenn an der Börse die Kurse extrem ansteigen, ist von einem Boom die Rede. Allerdings folgt auf einen Boom oft der → Crash.

Börse
Die Kurse, also Preise, von Wertpapieren und Terminkontrakten werden durch Angebot und Nachfrage bestimmt. Der Handelsplatz, an dem Käufer und Verkäufer aufeinandertreffen, ist die Börse.

Börsenkrach
→ Crash

Briefkurs
Zu diesem Kurs können Sie ein Wertpapier (Aktie, Zertifikat) an der Börse kaufen. Der Preis, zu dem Sie verkaufen können, wird → Geldkurs genannt.

Börsenplatz
Order-Angabe dazu, wo ein Wertpapier ge- oder verkauft werden soll (in Deutschland zum Beispiel: Xetra, Frankfurt, Stuttgart, München, Berlin, Hamburg).

Broker
Ein Broker ist ein Börsenmakler, der die Aktien seiner Kunden kauft und verkauft. Ebenso heißen aber auch Depot-Banken, die für ihre Kunden Wertpapiere verwalten und entsprechende Orders ausführen, Broker. Das gilt insbesondere für die Direktbanken, die die Aufträge ihrer Kunden per Telefon, Fax oder Internet entgegennehmen und abwickeln.

Buchgewinn
Der aktuelle Kurs liegt über dem Kaufkurs. Dieser Gewinn wurde jedoch noch nicht durch einen Verkauf zu einem echten (realisierten) Gewinn.

Buchverlust

Der aktuelle Kurs liegt unter dem Kaufkurs. Dieser Verlust wurde jedoch noch nicht durch einen Verkauf zu einem echten (realisierten) Verlust.

Buchwert

Das Vermögen einer Aktiengesellschaft abzüglich ihrer Schulden.

Buchwert je Aktie

Das Vermögen einer Aktiengesellschaft abzüglich der Schulden – umgerechnet je Aktie.

Bulle

Mit »Bulle« wird ein Anleger bezeichnet, der auf steigende Kurse setzt. Das Gegenstück ist der → Bär. Der Begriff hat seinen Ursprung im Angriffsverhalten des Bullen, der im Kampf mit seinen Hörnern nach oben stößt.

Call

Englische Bezeichnung für Kaufoptionsschein. Wörtlich bedeutet »call« rufen oder fordern. Der Inhaber eines Calls hat somit das Recht, den Basiswert zu einem vorher festgelegten Preis zu fordern und auch zu bekommen.

Cashflow

Der Cashflow ist eine Kennzahl, die über die Liquidität und die finanzielle Entwicklung eines Unternehmens Aufschluss gibt. Sie zeigt, wie viel liquide Mittel das Unternehmen aus eigener Kraft erwirtschaftet.

Chart

Ein Chart zeichnet den historischen Kursverlauf eines Wertpapiers oder eines Indexes in einem bestimmten Zeitraum nach. Dabei können mehrere Jahrzehnte betrachtet werden, aber auch sehr kurze Zeitspannen, etwa ein Tag.

Chart-Analyse (= Chart-Technik)

→ Technische Analyse

Crash

Der Crash ist das Gegenteil eines → Booms, nämlich der radikale Absturz der Aktien nach einem Boom. Dies kann einzelne Aktien betreffen – brechen alle oder fast alle Aktien ein, ist auch die Rede von einem Börsen-Crash.

Dachfonds

Ein Fonds, der ausschließlich in andere Fonds investiert (nicht in einzelne Aktien oder Anleihen). Ein Schwachpunkt: Es fallen durch die zwei Fondsebenen mehrfach Gebühren an.

DAX

DAX ist die Abkürzung für Deutscher Aktienindex. Er ist der wichtigste deutsche Börsenindex, wurde am 1. Juli 1988 zum ersten Mal berechnet und repräsentiert die 30 wichtigsten deutschen Aktiengesellschaften. Der DAX ist ein gewichteter → Performance-Index, die Gewichtung der Mitgliedsunternehmen wird nach der → Marktkapitalisierung und dem → Streubesitz vorgenommen. Die Zusammensetzung des DAX wird regelmäßig angepasst.

Daytrading

Handelsstrategie, bei der in sehr kurzer Zeit – oft am gleichen Tag – ein Wertpapier ge- und wieder verkauft wird.

Depot

Wer Wertpapiere kauft und verkauft, braucht dafür einen Ort der Verwahrung. Dies ist ein Depot, das zur Grundvoraussetzung für die Teilnahme am Wertpapierhandel wird. Als Anleger können Sie ein Depot bei jeder Bank eröffnen. Bei Filialbanken müssen Sie mit Depot-Gebühren rechnen. Viele Direkt-Broker hingegen verzichten auf entsprechende Gebühren.

Derivat

Ein Finanzinstrument, das von einem Basiswert (Aktie, Index, Rohstoff, Währung) abgeleitet wird. Zertifikate und Optionsscheine gehören zur Gruppe der Derivate.

Diversifizierung

Um das Risiko eines Kapitalverlustes zu begrenzen, sollten Sie als Anleger Ihr Kapital auf verschiedene Aktien oder Anlageformen (Aktien, Anleihen, Fonds) verteilen und darauf achten, dass diese Anlageformen nicht alle gleich auf verschiedene Börsenszenarien reagieren. Dieser Vorgang nennt sich Diversifizierung.

Dividende

Die Dividende ist der Anteil am Gewinn der → Aktiengesellschaft, der pro → Aktie an die Aktionäre ausgeschüttet wird. Seit 2009 müssen Sie auf Dividenden → Abgeltungssteuer bezahlen. Haben Sie einen → Freistellungsauftrag erteilt, bleibt zumindest ein Teil davon steuerfrei.

Dividenden-Rendite

Mit der Dividenden-Rendite wird sozusagen die »Verzinsung« einer Aktie bezeichnet. Sie ist der prozentuale Anteil der ausgeschütteten Dividende am Kaufkurs der Aktie.

Dow Jones

Der Dow Jones ist der älteste Aktienindex der Welt und auch heute noch einer der wichtigsten Indizes der Börsenwelt. Vollständig lautet sein Name Dow Jones Industrial Average. Er repräsentiert die 30 wichtigsten Aktien der USA und zeigt deren durchschnittliche Entwicklung.

Eigenkapital

Position in der Bilanz. Das Eigenkapital repräsentiert den Anteil der Eigentümer (bei einer AG die Aktionäre) am Vermögen des Unternehmens.

Eigenkapitalquote

Der Anteil des Eigenkapitals an der Bilanzsumme. Faustformel: Eigenkapitalquoten über 30 gelten als solide.

Emerging Markets

Als Emerging Markets werden an der Börse die aufstrebenden Märkte bezeichnet (auch Schwellenländer oder Wachstumsmärkte). Es gibt spezielle Fonds mit dem Schwerpunkt Emerging Markets.

Emission

Als Emission wird die Ausgabe von Aktien an Anleger bezeichnet, wenn ein Unternehmen an die Börse geht. Ebenso heißt die Ausgabe von Anleihen durch einen Staat oder ein Unternehmen sowie von Zertifikaten und Optionsscheinen Emission.

EuroStoxx 50

Der EuroStoxx 50 ist ein Aktienindex, der die 50 größten Aktienwerte aus den Euroländern versammelt. Achtung: Gemeint ist dabei die Währungsunion. Europäische Länder, die den Euro nicht eingeführt haben, wie etwa Großbritannien, die Schweiz oder Norwegen, sind in diesem Index nicht vertreten.

ETF

Die Abkürzung steht für »Exchange Traded Funds«, also börsengehandelte Indexfonds. ETFs sind die gängigste Form von Passivfonds. Hier wählt kein Fondsmanager einzelne Aktien aus, sondern der Fonds ist eine originalgetreue Nachbildung eines bestimmten Index wie beispielsweise des → DAX oder → Dow Jones.

Fonds

Bei einem Fonds zahlen viele Anleger in einen gemeinsamen Topf einer Fondsgesellschaft ein, aus dem dann verschiedene → Wertpapiere gekauft werden. Durch die Streuung verringert sich das Risiko eines Kapitalverlusts. Die Papiere, die das Fondsvermögen bilden, bestimmen gemeinsam, ob der Fonds Gewinne oder Verlust zu verzeichnen hat, ob die Fondsanteile im Wert steigen oder fallen. Werden Zinsen oder Dividenden ausgeschüttet, fließen diese dem Fondsvermögen zu und erhöhen den Wert der einzelnen Anteile.

Fondsmanager

Der Fondsmanager ist als Mitarbeiter einer Fondsgesellschaft für die Auswahl der Wertpapiere in einem oder in mehreren Fonds verantwortlich. Betreut er einen aktiv gemanagten Fonds, wählt er im Rahmen des gegebenen Fondsthemas die Wertpapiere aus. Bei einem

Pharmafonds sucht er also nach vielversprechenden Pharmawerten, bei einem Japanfonds nach entsprechenden Aktien japanischer Unternehmen usw. Bei einem passiv gemanagten Fonds hingegen wird ein Index nachgebildet (→ Indexfonds).

Freistellungsauftrag

Mit einem Freistellungsauftrag bei Ihrer Bank oder Sparkasse stellen Sie sicher, dass Sie bis zu einem Betrag von 801 Euro für Ledige und 1.602 Euro für Verheiratete keine Kapitalertrags- bzw. Abgeltungssteuer auf die Zinsen, Dividenden und Kursgewinne, die Sie kassieren, zahlen. Erst auf Erträge, die diesen so genannten → Sparerpauschbetrag übersteigen, müssen Sie Steuern zahlen.

Fremdkapital

Die Summe der Schulden/Verbindlichkeiten in der Bilanz. Das Fremdkapital errechnet sich aus der Bilanzsumme minus dem → Eigenkapital.

Fundamentalanalyse

Bei einer Fundamentalanalyse wird versucht, mithilfe von Unternehmensdaten wie Bilanz, Gewinn- und Verlustrechnung, Kurs-Gewinn-Verhältnis und Dividenden-Rendite sowie mithilfe von branchenbezogenen und gesamtwirtschaftlichen Daten eine Prognose zu stellen, wie sich der Kurs einer Aktie entwickeln wird.

Geldkurs

Zu diesem Kurs können Sie ein Wertpapier (Aktie, Zertifikat) an der Börse verkaufen. Der Preis, zu dem Sie kaufen können, wird → Briefkurs genannt.

Genussscheine

Spezielle Zinspapiere. Genussscheine besitzen Eigenschaften von Aktien und Anleihen. Das Risiko ist größer als bei Anleihen, daher sind auch die Renditeaussichten höher.

Geschlossene Fonds

Unter geschlossenen Fonds versteht man Fonds, deren Anteilseigner zu Mitunternehmern werden. Entsprechende Anteile können nur während einer bestimmten Zeichnungsfrist erworben werden. Wenn genügend Kapital eingesammelt wurde, wird die Zeichnungsfrist beendet und die beabsichtigte Investition vorgenommen. Wer Anteile an einem geschlossenen Fonds erwirbt, muss diese in der Regel bis zum Ende der Laufzeit halten. Ein Verkauf an der Börse ist nicht vorgesehen. Als Privatanleger sollten Sie um geschlossene Fonds daher einen großen Bogen machen.

Gewinn
Der Gewinn ist die Differenz aller Einnahmen und aller Ausgaben. In der Bilanz ist dies ein wichtiger Posten, der maßgeblich für die Kursentwicklung von Aktien ist. Für den Gewinn gibt es verschiedene Begriffe und Definitionen, z. B. Jahresüberschuss, EBIT (Earnings before Interest and Taxes = Gewinn vor Steuern und Zinsen) und EBITDA (Earnings before Interest, Taxes, Depreciation and Amortisation = Gewinn vor Steuern, Zinsen und Abschreibungen).

Gewinnmitnahme
Viele Anleger verkaufen ihre Wertpapiere nach einem Kursanstieg, um so den Gewinn zu realisieren – sie nehmen also einen Gewinn mit, statt zu riskieren, dass es später zu Kursverlusten kommt.

Gewinn- und Verlustrechnung (GuV)
Zusammen mit der Bilanz stellt die Gewinn- und Verlustrechnung den → Jahresabschluss einer Gesellschaft dar. Darin wird der Erfolg oder Misserfolg einzelner Unternehmenszweige sichtbar. In der GuV sind die Aufwendungen und Erträge in Form von Salden einzelner Erfolgskonten einander gegenübergestellt.

Hauptversammlung
Einmal im Jahr lädt eine Aktiengesellschaft alle Aktionäre ein. Auf dieser Hauptversammlung treffen die Anteilseigner gemeinsam Entscheidungen und begutachten die Arbeit von Vorstand und Aufsichtsrat. Jede Aktie (Ausnahme: → Vorzugsaktien) berechtigt dazu, eine Stimme abzugeben, je mehr Aktien jemand besitzt, desto größer ist also sein Einfluss auf das Unternehmen. Ein Aktionär kann sich aber auch durch seine Bank, eine Person seines Vertrauens oder durch eine Aktionärsschutzvereinigung vertreten lassen.

Hausse

Steigen über einen längeren Zeitraum hinweg die Kurse an der Börse oder in einzelnen Bereichen an, ist die Rede von einer Hausse. Das Gegenteil dazu ist eine → Baisse.

Immobilienfonds

Immobilienfonds sind spezielle Fonds, deren Fondsvermögen ausschließlich in Immobilien investiert wird. Die Rendite ergibt sich aus den Mieteinnahmen und aus der Wertsteigerung der Immobilien im Fonds.

Index

In einem (Aktien-)Index befindet sich eine festgelegte Anzahl von Aktien. Der deutsche Leitindex DAX vereint zum Beispiel die 30 wichtigsten deutschen Aktiengesellschaften.

Indexstand

Ein Indexstand ist eine Kennzahl, die die Wertentwicklung in einem bestimmten Marktsegment wiedergibt. Dabei werden die Börsenkurse einer repräsentativen Mischung von Aktien oder Rentenpapieren aus diesem Segment zugrunde gelegt.

Indexfonds

In einem Indexfonds sind in Zusammensetzung und Gewichtung exakt die Aktien enthalten, die im abgebildeten Index (z. B. DAX, EuroStoxx 50 oder Dow Jones) vertreten sind. Die Entwicklung dieser Fonds verläuft daher parallel zum Index (nur die Verwaltungskosten werden abgezogen). Interessant für Sie als Anleger ist auch, dass Indexfonds sehr günstig sind. Die wichtigsten Indexfonds sind die sogenannten → ETFs.

Index-Zertifikate

Ebenso wie ein Indexfonds bildet ein Index-Zertifikat den zugrundeliegenden Index exakt ab, meist zu einem Zehntel oder einem Hundertstel. Steht der DAX z. B. bei 7.000 Punkten, kostet ein Zertifikat dann 700 oder 70 Euro. Allerdings sind Zertifikate Schuldverschreibungen des Emittenten, also von einer Bank oder Versicherung. Während bei Indexfonds das Fondsvermögen als Sondervermögen bei einer Pleite des Emittenten geschützt ist, gibt es bei Index-Zertifikaten ein Emittentenrisiko. Wird das herausgebende Institut insolvent, haben Inhaber von Index-Zertifikaten keinen Anspruch auf Auszahlung.

Investment-Club
Bei einem Investment-Club legen private Anleger ein gemeinsames Depot an. Im Idealfall haben die Teilnehmer an einem solchen Club unterschiedliche Interessen und Spezialgebiete, für die sie dann jeweils die notwendigen Hintergrundinformationen beschaffen.

IPO (= Initial Public Offering)
Geht ein Unternehmen an die Börse, ist auch von einem IPO die Rede. Die Abkürzung steht für »Initial Public Offering«. Übersetzt heißt das: erstes öffentliches Bieten, also der Zeitpunkt, zu dem erstmals Aktien an Investoren verkauft werden. Anschließend setzt der Handel mit diesen Aktien an den Börsen ein. Für die betreffenden Unternehmen bringt ein Börsengang einiges an Aufwand mit sich. So ist es z. B. zu zusätzlichen Informationen für die Anleger verpflichtet. Ziel eines IPO ist es, frisches Kapital für das Unternehmen einzusammeln.

ISIN (= International Security Identification Number)
Die ISIN ist die internationale Form der → Wertpapierkennnummer (WKN). Anhand einer festen Folge von Buchstaben und Ziffern lässt sich ein Wertpapier eindeutig bestimmen. Wenn Sie eine Order aufgeben wollen, müssen Sie als Erstes die ISIN oder die WKN eingeben.

Jahresabschluss
Das Handelsgesetzbuch (HGB) schreibt vor, dass am Ende eines Geschäftsjahres ein Abschluss der Buchführung erfolgen muss. Der Jahresabschluss eines Unternehmens setzt sich zusammen aus der → Bilanz sowie der → Gewinn- und Verlustrechnung.

Kurs-Buchwert-Verhältnis (KBV)
Das Kurs-Buchwert-Verhältnis ist eine wichtige Kennzahl, wenn Sie Aktien vergleichen und bewerten wollen. Dazu teilen Sie den Kurs

der Aktie durch den Buchwert je Aktie. Je höher der KBV ist, desto teurer ist die Aktie. Faustformel: Ein KBV unter 1 gilt als günstig (wobei eine einzelne Kennzahl nie reicht, um eine Aktie zu bewerten).

Kurs-Cashflow-Verhältnis (KCV)

Das Kurs-Cashflow-Verhältnis ist eine wichtige Kennzahl, wenn Sie Aktien mehrerer Unternehmen vergleichen und bewerten wollen. Dazu teilen Sie den Kurs der Aktie durch den Cashflow pro Aktie. Je höher der KCV ist, desto teurer ist die Aktie. Das KCV gilt als das präzisere → KGV.

Kurs-Gewinn-Verhältnis (KGV)

Das Kurs-Gewinn-Verhältnis ist eine wichtige Kennzahl, wenn Sie Aktien vergleichen und bewerten wollen. Mit ihr errechnen sie, wie oft ein erwirtschafteter Gewinn pro Aktie im Aktienkurs enthalten ist. Dazu teilen Sie den Kurs der Aktie durch den Gewinn pro Aktie. Je höher der KGV ist, desto teurer ist die Aktie.

Kursindex

Ein Kursindex ist ein Aktienindex, in dessen Verlauf nur die Kursgewinne, nicht aber die Dividenden eingerechnet werden. Das Gegenteil von einem Kursindex ist ein → Performance-Index.

Kurs-Umsatz-Verhältnis (KUV)

Wenn ein Unternehmen keinen Gewinn macht, sondern einen Verlust, lässt sich das KGV nicht berechnen. Oft wird dann zu Vergleichszwecken das Kurs-Umsatz-Verhältnis errechnet. Diese Kennzahl zeigt, wie häufig der Umsatz pro Aktie an der Börse gezahlt werden muss. Auch hier gilt: Ist der KUV hoch, dann ist die Aktie teuer.

Kurswert

Der Kurswert ist der Preis (z. B. in Euro), den Anleger aktuell für eine Aktie bezahlen müssen. Der Kurswert ergibt sich aus Angebot und Nachfrage und wird an der → Börse ermittelt. Ist die Nachfrage auf dem aktuellen Kursniveau größer als das Angebot, wollen also mehr Anleger die Aktie kaufen als verkaufen, steigt der Kurswert und umgekehrt.

Leitzins

Der Leitzins eines Landes oder Währungsraumes gibt die untere Grenze des Zinssatzes an, zu welchem Zinssatz sich die Banken bei der Zentralbank gegen die Verpfändung sicherer Wertpapiere Geld leihen können, sprich: zu dem sie sich refinanzieren können, wie es in der Fachsprache heißt.

Limit

Ein Limit ist die Kursschwelle, bis zu der Sie ein Wertpapier kaufen oder ab der Sie ein Wertpapier verkaufen wollen. Dieses Limit können Sie bei der Ordereingabe selbst festlegen. Vor allem, wenn Sie in Aktien investieren, die nur wenig gehandelt werden, sind Limits sinnvoll. So verhindern Sie, zu teuer zu kaufen oder zu billig zu verkaufen. Limitierte Orders werden allerdings nachrangig ausgeführt. Zuerst werden Orders mit der Orderart → »Billigst« beziehungsweise → »Bestens« ausgeführt. Eine Besonderheit ist ein → Stop-Loss-Limit.

Marktkapitalisierung

Mit der Marktkapitalisierung ist der Wert eines Unternehmens an der Börse gemeint. Dafür wird einfach die Anzahl der Unternehmensaktien mit dem aktuellen Börsenkurs multipliziert.

MDAX

Der MDAX ist der deutsche Aktienindex, der die Entwicklung von mittelgroßen deutschen Unternehmen widerspiegelt. Das »M« steht für Midcap, also Midcapitalization, übersetzt heißt das etwa mittelgroße Marktkapitalisierung.

Mid Caps

Bezeichnung für Aktien mit einer mittelgroßen Marktkapitalisierung. Der passende Index in Deutschland ist der → MDAX.

Nebenwerte

→ Small Caps

Optionsschein

Mit einem Optionsschein haben Anleger z. B. die Möglichkeit, eine bestimmte Menge Aktien zu einem fixen Zeitpunkt zu einem festgelegten Preis zu kaufen (oder verkaufen). Dabei kommt in der Regel ein Hebel zum Einsatz. Bei einem Hebel von 3 steigt oder fällt der Wert eines Optionsscheins dreimal so stark wie die zugrunde liegende Aktie, die den Basiswert stellt. Nur wer an den Börsen spekulieren will, sollte zu Optionsscheinen greifen.

Parkettbörse

Im Gegensatz zu vollelektronischen Börsen wie etwa → Xetra werden an Parkettbörsen Kauf- und Verkaufsorder noch mit menschlicher Hilfe abgewickelt. Diese Aufgabe übernimmt ein Börsenhändler (= Makler). Er gleicht die verschiedenen Orders miteinander ab und legt daraufhin den Preis fest. In Deutschland sind z. B. noch die Frankfurter Wertpapierbörse und die Börsen in Stuttgart, München, Hamburg, Düsseldorf und Berlin Parkettbörsen.

Performance

Welche Gewinne und Verluste hat ein einzelner Anleger unter Berücksichtigung des eingegangenen Risikos gemacht? Darüber gibt die Performance Auskunft. Letztlich sollte diese immer positiv für das → Portfolio ausfallen, auch wenn einige Aktien möglicherweise in der Verlustzone sind.

Performance-Index

Ein Performance-Index ist ein Aktienindex, bei dessen Verlauf sowohl der Kurs als auch die gezahlten Dividenden der einzelnen Mitglieder eingerechnet werden. Ein Performance-Index schneidet daher stets besser ab als ein → Kursindex.

Pennystocks

Pennystocks sind Aktien, die an den Börsen nur noch zu wenigen Cent gehandelt werden – daher stammt auch der Name, der wörtlich übersetzt »Pfennigaktien« bedeutet. Hinter den Pennystocks stehen oft Aktiengesellschaften, die ihre Geschäftstätigkeit aufgegeben haben. Die Empfehlung solcher Papiere ist meist reine Abzockerei, deshalb sollten Sie diese nur kaufen, wenn Sie vorher das Geschäftsmodell genau überprüft haben, einen Betrug ausschließen können und von einer positiven Entwicklung der Aktiengesellschaft überzeugt sind.

Portfolio = Portefeuille

Portfolio ist die Gesamtheit aller Papiere im Depot eines einzelnen Anlegers oder im Fondsvermögen. Dazu zählen alle Aktien, Wertpapiere etc.

Präsenzbörse

→ Siehe Parkettbörse

Put

Englische Bezeichnung für Verkaufsoptionsschein. Das Wort »put« bedeutet eigentlich »platzieren«. Mit einem Put erwerben Sie das Anrecht, den → Basiswert für einen Preis an der Börse zu platzieren, der von vornherein feststeht.

Rating

Beurteilung der Bonität (Kreditwürdigkeit) durch eine Rating-Agentur. Zu den großen internationalen Rating-Agenturen gehören: Standard & Poor's, Moody's und Fitch. Die Bestnote für die größte Sicherheit lautet »AAA« (Triple A).

Rendite

Mit der Rendite wird der prozentuale Gewinn pro Jahr ausgedrückt. So gibt die Kapitalrendite an, wie hoch der Jahresgewinn eines Investors ist, ausgedrückt in Prozent des eingesetzten Kapitals. Analog dazu gibt die Umsatzrendite an, welchen Gewinn das Unternehmen gemacht hat, ausgedrückt in Prozent des Umsatzes.

Rentenfonds

Ein Rentenfonds ist ein gemanagter Fonds, dessen Fondsvermögen überwiegend in festverzinslichen Anleihen, in der Regel Staatsanleihen, investiert ist.

Renten

Anderer Begriff für festverzinsliche Wertpapiere, also beispielsweise → Anleihen.

REX

Abkürzung für Deutscher Rentenindex. Darin sind 30 idealtypische Anleihen, Obligationen und Schatzanweisungen der Bundesrepublik Deutschland enthalten.

SDAX

Der SDAX ist der deutsche Aktienindex, der die Entwicklung von deutschen Unternehmen mit einer geringen Marktkapitalisierung widerspiegelt. Das S steht für Small, also klein, übersetzt heißt das etwa geringe Marktkapitalisierung.

Shareholder Value

Die stetige Steigerung des Unternehmenswertes ist das Ziel des Management-Prinzips des Shareholder Value. Dabei geht es vor allem um die Ausschüttung der Dividende an die einzelnen Anteilseigner (Shareholders) und die Entwicklung des Aktienkurses.

Small Caps

Bezeichnung für Aktien mit einer geringen Marktkapitalisierung (auch Nebenwerte genannt). Der passende Index in Deutschland: → SDAX.

Sparerpauschbetrag

Nach dem neuen Steuerrecht seit 2009 bleiben Kapitalerträge bis zu 801 Euro bei Ledigen und 1.602 Euro bei zusammen veranlagten Verheirateten von der Kapitalertragssteuer (= Abgeltungssteuer) befreit. Dieser Teil der Kapitalerträge heißt Sparerpauschbetrag. Vom Sparerpauschbetrag profitieren Sie auf jeden Fall. Am einfachsten geht das, indem Sie einen Freistellungsauftrag bei Ihrer Depot-Bank stellen. Dann werden bei Kapitalerträgen bis zu diesem Betrag keine Steuern an den Fiskus abgeführt.

Spread

Die Differenz zwischen Kauf- und Verkaufskurs (→ Brief- und Geldkurs) an der Börse.

Stammaktie

Wenn von Aktien die Rede ist, sind meistens Stammaktien gemeint.

Wer sie besitzt, hält einen Anteil an einer Aktiengesellschaft, wird also Miteigentümer. Mit der Stammaktie erwirbt der Investor das Stimmrecht auf der Hauptversammlung, ein Bezugsrecht für neue Aktien (sofern dies nicht ausdrücklich ausgeschlossen wird) sowie das Recht auf einen Anteil am Gewinn der Gesellschaft (→ Dividende).

Standard & Poor's 500

Der Standard & Poor's 500 (S & P 500) ist ein Index, der den US-amerikanischen Markt widerspiegelt. Zu seiner Berechnung werden die Kurse der 500 größten Aktiengesellschaften der USA herangezogen. Er zeigt damit ein genaueres Bild der US-Wirtschaft als der → Dow Jones.

Stop-Loss-Limit

Mit einem Stop-Loss-Limit legt ein Anleger fest, zu welchem Kurs ein Wertpapier automatisch aus seinem Depot verkauft werden soll. Erreicht das Papier bei fallenden Kursen diesen Wert, wird ein Verkauf ausgelöst. Für den Anleger ist ein Stop-Loss-Limit ein Mittel, sich gegen Verluste abzusichern. Wichtig: Wer ein Stop-Loss-Limit setzen möchte, muss dafür eine Verkaufsorder aufgeben und bei der »Orderart« entsprechende Eingaben machen.

Streubesitz

Zum Streubesitz gehören alle Aktien eines Unternehmens, die an der Börse frei handelbar sind. Im Gegensatz dazu gibt es auch Aktien, die sich fest in den Händen etwa der Familie der Mehrheitseigner, des Bundes oder des Managements des Unternehmens befinden.

Technische Analyse

Bei der technischen Analyse wird versucht, ausschließlich mithilfe bestimmter Indikatoren am Markt die Entwicklung einzelner Aktien vorherzusagen. Dazu gehören etwa die Beobachtung des Börsenkurses in Form von Chart-Analysen oder der Höhe der Umsätze einzelner Aktien.

Ultimo

Ein Order-Zusatz, der besagt, dass der Auftrag bis zum Monatsende gelten soll (und nicht nur am heutigen Börsentag).

Umsatz

Beim Umsatz (auch Erlöse) werden alle Gelder, die durch Verkäufe erzielt wurden, zusammengefasst. Der Umsatz ist ein wichtiger Posten in der Gewinn- und Verlustrechnung (GuV).

Value-Aktie

Eine substanzstarke Qualitätsaktie.

VDAX

Der deutsche Volatilitätsindex misst die erwartete Schwankungsbreite der 30 DAX-Werte. Je höher der Kurs des VDAX, desto stärker schwankt der deutsche Leitindex.

Verrechnungskonto

Wer ein Wertpapier-Depot hat, hat auch ein Verrechnungskonto. Das Guthaben auf diesem Konto wird genutzt, um Wertpapiere zu kaufen, Verkaufserlöse werden darauf gutgeschrieben. Ebenso dient das Verrechnungskonto dazu, Dividenden und Zinsen an den Investor auszuzahlen.

Volatilität

Volatilität ist die Bezeichnung für die Schwankungsanfälligkeit eines Börsenkurses innerhalb eines bestimmten Zeitraums. Ist ein Wertpapier sehr volatil, müssen Sie mit größeren Kursausschlägen nach oben und unten rechnen. Volatile Werte bringen damit auch meist ein höheres Risiko mit sich als Werte, deren Wert weniger schwankt.

Vorzugsaktie

Stimmrecht gegen spezielle Vorzüge – das ist der Deal, der sich hinter der speziellen Aktiengattung der Vorzugsaktien verbirgt. Meist erhalten Vorzugsaktionäre eine höhere Dividende als Ausgleich für den Verzicht auf ihr Mitspracherecht in Unternehmensangelegenheiten. An der Hauptversammlung dürfen Vorzugsaktionäre trotz des fehlenden Stimmrechts teilnehmen.

WKN (= Wertpapierkennnummer)

Jedes Wertpapier muss eindeutig gekennzeichnet sein, um Missverständnisse auszuschließen. Dazu dient eine feste Folge von Ziffern und Buchstaben, die Wertpapierkennnummer (WKN). Diese brauchen Sie bei jeder Orderaufgabe.

Xetra

Xetra heißt das vollelektronische Handelssystem der Deutschen Börse AG. Ohne dass ein Makler eingreift, gleicht ein Computer alle vorliegenden Kauf- und Verkaufsorders miteinander ab und führt die Transaktion automatisch durch.

Zertifikat

Das sind Inhaberschuldverschreibungen, die meist von Banken emittiert werden. Sie können als Wertpapiere gekauft und ins Depot gelegt werden. Zertifikate gehören zu den abgeleiteten Wertpapieren (Derivaten). Ihre Entwicklung wird – nach unterschiedlichen Rechenformeln – aus der Entwicklung eines Basiswertes abgeleitet. Der Basiswert ist meist eine Aktie, ein Index, ein Rohstoff oder Edelmetall.

Zinskupon

So lautet die Bezeichnung für die Verzinsung, mit der eine → Anleihe ausgestattet ist. Früher, als Anleihen noch gedruckte Papiere waren, waren tatsächlich Kupons daran geheftet, die der Anleiheeigner beim Emittenten gegen Geld einlösen konnte. Das erklärt den Namen.

Über die Autoren

Judith Engst, Jahrgang 1970, ist freiberufliche Wirtschafts- und Finanzjournalistin. Sie war jahrelang Chefredakteurin einer Loseblattzeitschrift und schrieb mehrere Bücher. Im Fokus ihrer journalistischen Tätigkeit stehen die Themen »Geldanlage, Recht, Steuern und Finanzen«. Internet: www.judith-engst.de

Rolf Morrien, Jahrgang 1972, ist freiberuflicher Börsenjournalist. Seit 2002 ist er Chefredakteur des Börsendienstes »Der Depot-Optimierer« und seit 2012 Chefredakteur des Börseninformationsdienstes »Morriens Einsteiger-Depot«. Schwerpunkte sind die Aktienmärkte Deutschland, Österreich und Schweiz. Zusammen mit Janne Jörg Kipp hat er 2010 das Buch »Staatsbankrott voraus!« und 2011 das »Anti-Crash-Buch« veröffentlicht. Mit Judith Engst schrieb er 2013 das Buch »Börse ganz praktisch« (das ist der Nachfolger des Ihnen vorliegenden Bestsellers »Börse leicht verständlich«).

Stichwortverzeichnis

A

Abgeltungssteuer 29,
163ff., 181, 195, 202,
204, 212
Ad-hoc-Mitteilung 195
AIG 22f.
Aktien 3, 5f., 9f., 13f.,
17ff., 24-27, 30ff., 35-38,
42f., 46ff., 50f., 55-63,
65, 68-91, 95, 97-101,
104, 112, 121-128, 130-
133, 136, 139-146, 148-
153, 155f., 158, 168ff.,
172-174, 176, 178, 181-
185, 188-214
Aktienauswahl 58, 60, 69,
80
Aktienfonds 6, 58, 121,
123f., 134, 168, 173, 195
Aktienindex 124, 127,
133f., 147, 201f., 203,
208ff., 212
Aktien-Split 196
Aktive Fonds 136
Angst 3, 18f., 25, 59
Anlage KAP 29, 164f.
Anlagestrategie 5f., 20
Anleihen 3, 7, 14, 17, 19,
31ff., 36f., 38, 41, 55, 91-
97, 121-127, 131f., 157,
168, 172ff., 183, 197,
201ff.
Asset 197
ATX 154
Aufgeld 116
Ausgabeaufschlag 40, 112,
121, 128, 162
Ausschüttende Fonds 121

Ausschüttungen 27, 69, 73,
82, 87f., 88, 97, 121, 124,
159, 162
Außerbörsliche Genuss-
scheine 96
Automatische Stop-Loss-
Marken 45, 50

B

Baisse 71, 79, 197, 206
Bär 197, 200
Basispreis 116f., 182, 184f.
Basiswert 102-109, 111,
113ff., 117ff., 185f.,
192f., 197, 210f., 215
Basket-Zertifikate 105
Bestens 5, 42f., 197
Bezugsverhältnis 103, 115,
117f.
Bilanz 58, 82, 87, 145, 198,
202, 204ff.
Billigst 42f., 198, 209
Blue Chips 56f., 60, 192
Bonds 92, 95, 99, 124
Bonität 63, 94, 197f., 211
Bonuszertifikate 107
Boom 58ff.,71, 77, 80,
82ff., 112, 133, 169, 176,
178, 199, 201
Börse -1, 1, 3f., 9f., 13f.,
16, 18f., 21, 23, 25, 31,
34-40, 42-48, 50, 57,
63f., 69, 77., 84ff., 89f.,
92, 95f., 98, 101, 105,
109ff., 114, 118f., 124ff.,
132f., 137ff., 140, 142-
147, 150, 153ff., 157,
159, 162, 170, 173, 175f.,

178, 182f., 184f., 188-
195, 197, 199, 201
Börse Berlin 39
Börse Düsseldorf 38
Börse Hamburg-Hanno-
ver 37f., 40
Börse München 38
Börse Stuttgart 36ff., 45,
57, 92, 99, 102, 114
Börsenkrach 199
Börsen-Performance 79
Börsentagebuch 4, 170, 175
Branchenindizes 105, 155f.
Briefkurs 185, 199
Broker 26ff., 31-34, 42,
53, 80, 86, 159, 161f.,
172, 199
Brokerwechsel 27
Buchgewinn 199
Buchverlust 200
Buchwert 57, 67, 175, 186,
200
Buffett, Warren 19, 60, 64,
86f., 177
Bulle 197, 200
Buy and hold 86, 88

C

Call 114, 116f., 200
Cashflow 11, 62f., 67, 200,
208
CECE-Euro-Index 154
Chart 200
Chart-Analyse 200
Cost Average Effect 4, 159f.
Crash 5, 49, 70f., 73, 84,
87, 112, 125f., 134, 181,
200f.

„HANDELN SIE JETZT UND SPAREN SIE GELD UND ZEIT BEI WACHSENDEN GEWINNEN!"

 Rolf Morrien ist seit vielen Jahren einer der angesehensten Börsen-Experten Deutschland. Ständig ist er auf weltweiten Konferenzen unterwegs und hält Vorträge in überfüllten Hallen. Doch seine absolute A-Priorität sind die Leser.

Deshalb hat er jetzt auch einen neuen Börsendienst für Sie entwickelt, mit dem Sie einfach schnell und günstig, krisensicher anlegen können. Wie das geht, hat er Niklas Freier im Interview verraten.

Niklas Freier: Herr Morrien, wie kam es dazu, dass Sie einen neuen Börsendienst entwickelt haben?

Rolf Morrien: Auf allen Konferenzen und Vorträgen, an denen ich teilnehme, versuche ich vor allem immer eines: Mich mit meinen Lesern auszutauschen. In diesen Gesprächen fiel mir immer wieder auf, dass die Bedürfnisse vieler Anleger noch immer nicht gedeckt sind – obwohl es ja bereits ein recht breites Angebot an guten Börsenbriefen gibt.

Niklas Freier: Und was fehlte den Lesern?

Rolf Morrien: Zusammengefasst lässt sich der Leidensdruck der Leser auf drei Ursachen verteilen: Die Leser haben zu wenig Zeit, ihnen sind viele Börsendienste zu teuer und die Depot-Eröffnung verwirrt viele und nimmt ebenfalls viel zu viel Zeit in Anspruch.

Niklas Freier: Und für all diese Probleme haben Sie jetzt eine Lösung?

Rolf Morrien: Ja. Denn genau unter diesen Gesichtspunkten habe ich meinen neuen Dienst „Das Einsteiger-Depot" entwickelt. Auf nur vier Seiten fasse ich alles Wichtige zusammen,

was meine Leser brauchen, um erfolgreich in Aktien zu investieren. Dabei konzentrieren wir uns auf nur drei Aktien. Die besten Aktien der Welt. Ich nehme meinen Lesern die Arbeit ab. Sie müssen einfach nach meiner Anleitung handeln und dazu nicht mehr als 30 Minuten die Woche investieren.

Wie wertvoll diese 30 Minuten sein können, liegt auf der Hand. Denn nur wer sich konsequent und dauerhaft um seine Finanzen kümmert, ist auch auf lange Sicht vor Verlusten geschützt und kann überdurchschnittliche Renditen erzielen.

Das Einsteiger Depot wird Ihnen dabei helfen, ein nachhaltiges Fundament für Ihr Depot zu schaffen, damit Sie Ihre privaten Anlageziele erreichen.

Niklas Freier: Wie gelingt es Ihnen, die passenden Aktien zu finden?

Rolf Morrien: Den Anlage-Erfolg meiner Leser überlasse ich nicht dem Zufall. Ich nehme mir täglich Zeit für die richtige Analyse und Beurteilung der wirtschaftlichen Situation. Dementsprechend versuche ich die optimale Auswahl und Mischung der Anlageinstrumente zu treffen. Unter der angemessenen Einschätzung dessen, was man unter der „Psychologie der Märkte" versteht.

Ich nehme meinen Lesern damit die komplette Arbeit ab. Es ist nämlich eine Seite, bestimmte Tatsachen und Zusammenhänge mit Blick auf den von Ihnen erwarteten positiven Kursverlauf einer Aktie zu deuten. Eine ganz andere ist es, sich unter den gegebenen Umständen auch situationsgerecht zu verhalten. In meinem Börsendienst sage ich Ihnen, was zu tun ist!

Niklas Freier: Und das wollen Sie auf nur vier Seiten für Ihre Leser zusammenfassen? Was ist denn der genaue Inhalt?

Rolf Morrien: Die Leser meines Börsendienstes „Das Einsteiger Depot" erwartet ein Klassiker Depot für den Start mit 3 Top-Aktien, deren Erfolg ich durch meine langjährige Erfahrung garantieren kann. Dank meiner Empfehlungen erhalten die Leser die perfekten Kauf- und Verkaufspunkte zu jeder Aktie und zudem liefere ich in jeder Ausgabe wichtige Erklärungen und Hintergrundberichte, um Sie in Zukunft unabhängiger zu machen.

Niklas Freier: Das hört sich vielversprechend an. Ist der Dienst für Anfänger geeignet?

Rolf Morrien: Ich habe das Einsteiger Depot auf den ausdrücklichen Wunsch meiner Leser

entworfen. Der Dienst ist in ganz besonderem Maße dazu geeignet, als Anfänger an der Börse einzusteigen. Ich begleite Sie Schritt für Schritt zum eigenen Depot und helfe Ihnen den Einstieg an der Börse zu schaffen. Aufgrund seiner Einfachheit ist der Dienst auch für alle erfahrenen Börsenanleger geeignet, die Geld und Zeit sparen wollen.

Niklas Freier: Wie viel Startkapital benötigt man?

Rolf Morrien: Sie können meinen Dienst vollkommen kostenlos ausprobieren. Es reichen schon 1.000 € pro Aktie aus, um erfolgreich zu investieren und an unserem Gewinnprojekt über 10.000 € mitzumachen. Da wir mit 3 Aktien starten, reichen 3.000 € vollkommen aus.

Niklas Freier: Vielen Dank für das Gespräch, Herr Morrien!

Rolf Morrien | Judith Engst

BÖRSE
GANZ PRAKTISCH
Einsteiger fragen, Börsenprofis antworten

Endlich
einfach

FBV

**Nachfolger
des Bestsellers
Börse leicht
verständlich**

192 Seiten
Preis:19,99 € (D)
ISBN 978-3-89879-832-7

Rolf Morrien
Judith Engst

BÖRSE
GANZ PRAKTISCH
Einsteiger fragen,
Börsenprofis antworten

Wie eröffne ich ein Depot-Konto? Welcher Broker passt zu mir? Wie wähle ich Aktien richtig aus? Wie vermeide ich unnötige Fondsgebühren? Welche Tricks gibt es, um Steuern zu sparen?

Die Autoren haben in den vergangenen 13 Jahren über 10 000 Leserfragen ausgewertet. Wer dieses Buch kauft, findet in leicht verständlicher, gut umgesetzter Form wichtige Informationen, die nicht nur den Wissensdurst stillen, sondern vor allem bares Geld wert sind!

Die ideale Lektüre für Anfänger, die mit Sachverstand investieren wollen.

Verschenken Sie kein Geld!

Rolf Morrien I Lars Günther

Die Deutsche Skatbank hat 2014 Geschichte geschrieben: Als erste deutsche Bank verlangt sie von ihren Kunden einen Strafzins: Die elementare Regel unseres Wirtschaftssystems, dass man für gespartes Geld Zinsen erhält, gilt nicht mehr. Für Sparer hat das dramatische Folgen: Nach Inflation, Steuern und Bankgebühren sinkt Jahr für Jahr die Kaufkraft ihrer Ersparnisse.

Doch es gibt Auswege. Solide Geldanlagen, die auch heute noch Renditen oberhalb der Inflationsrate abwerfen. Der Autor stellt kurz und knapp die Chancen und Risiken von Unternehmensanleihen, Genussscheinen, Wandelanleihen, Aktienanleihen, dividendenstarken Aktien, REITs, Pfandbriefen, Lebensversicherungen und weiteren Kapitalanlagen vor.

112 Seiten I Broschur I 6,99 € (D) I ISBN 978-3-89879-908-9
Mehr Informationen zu Investmentthemen finden Sie unter www.portfoliojournal.de